真知灼见济世
格物致善育人

卓见·李敏财经讲堂

小企业内部控制

自主管控的路径与方法

李敏 著

上海财经大学出版社

图书在版编目(CIP)数据

小企业内部控制：自主管控的路径与方法 / 李敏著. —上海：上海财经大学出版社,2021.5
(卓见·李敏财经讲堂)
ISBN 978-7-5642-3733-2/F·3733

Ⅰ.①小… Ⅱ.①李… Ⅲ.①小型企业－企业内部管理 Ⅳ.①F276.3

中国版本图书馆 CIP 数据核字(2021)第 040066 号

□ 责任编辑　李嘉毅
□ 封面设计　贺加贝

小企业内部控制
——自主管控的路径与方法

李　敏　著

上海财经大学出版社出版发行
(上海市中山北一路 369 号　邮编 200083)
网　　址:http://www.sufep.com
电子邮箱:webmaster @ sufep.com
全国新华书店经销
上海华业装璜印刷厂印刷装订
2021 年 5 月第 1 版　2021 年 5 月第 1 次印刷

710 mm×1000 mm　1/16　15.5 印张(插页:2)　278 千字
印数:0 001－3 000　定价:56.00 元

前 言

  风险纠缠不清,危险不断侵袭,励精图治的人们托颏静思:怎样避免失控与失败?怎样才能健康无恙?怎样确保基业长青?……

  主动管控风险,走自立自控自强之路,这是小企业健康持续发展的正道。

  目前,我国小企业的数量超过企业总数的98%,关注小企业的生存健康就是重视我国企业中的绝大多数。2018年《小企业内部控制规范(试行)》实施后,期望能够总结切实有用的管控方法,提炼行之有效的管控路径与管控智慧。小企业特别需要提高内部控制认知度、提升风险控制自觉性,"控起来"进而"强起来"。但现实不尽如人意,特别是对风险或危险熟视无睹的现状令人担忧。

  正视风险,就是不能有"鸵鸟心理",不能无为而治。管控守正,功在自立自强;失控偏邪,险在致乱毙命。防风险,治危险,除危害,保平安,既是内部控制的出发点和归宿点,也是可持续发展的"指路牌"。内部控制不是万能的,但缺乏内部控制是万万不能的。有效的内部控制应当倡导安全保健、差别控制、资源整合、管控融合等先进理念,以管控风险的确定性来抵御相关风险的不确定性。

  本书以《小企业内部控制规范(试行)》为指南,沿着小企业内部控制应当关注的重点风险与重点领域及其内部控制五要素的运行路径,以防范风险和有效制衡为管控主线,积极探寻行之有效的控制策略、控制措施与应用场景。全书注重理论联系实际与提炼经验教训,具有很强的实务操作指导性。

  全书共10章:第1至3章论述了小企业内部控制的基本理论、基础知识与《小企业内部控制规范(试行)》的主要内容,为内部控制、管控融合与差别控制奠定认知基础,确定目标方向和行为指南;第4至9章以识别风险为导向,以梳理业务流程为基础,详细阐述小企业内部控制的重点领域、防控要点、应对策略与管控措施等,包括以资金资产为主线的收支流转风险管控、以借款和担保为对象的债务风险管控、以税负率为核心的税务风险管控、以节省为"内功"的成本费用风险管控、以防范欺诈为重点的合同风险管控、以警觉数据失控为中心的信息化风险管控等,这些管控路径及其相关内容都具有很强的现实针对性和操作指导性;第10章重点探讨小企业自控自强与持续运营的路径，包括控制行为与控制能力、洞察风险与警示危险、自我评价与监控结合、协调发展与持续运行等，助力小企业内部控制健康运行。

本书是论述内部控制基础理论与行为规范在小企业中实践的著作，旨在提供自主、自立、自控、自强的理念、路径、措施与方法，这是小企业健康成长的制胜法宝。从"自立"走向"自强"必经"自控"之路，从"要我控"转变为"我要控"才是自觉自省。智者居安思危，时时探寻消灾避祸的路径；仁者防微杜渐，处处思虑防危降损的良方。健康安全是内部控制的根本宗旨，防范风险是内部控制的神圣使命，管控融合是内部控制的有效路径，对成长中的小企业大有裨益。

本书以大量"实证分析""专题讨论""老法师提醒""经典案例评析"为特色，有机融入教训警示、经验提升、逻辑考量、规律提炼等，内容新颖、层次清楚、图文并茂、通俗易懂，适合教学、培训与自学使用，尤其适合董事、监事、经营者、管理者、财务人员、注册会计师以及审计人员阅读。本书配有教学用的PPT，可与出版社联系。

小企业的兴衰成败绝非偶然。管控自强，失控败落。面临风险，你准备好了吗？面临危险，你能应付自如吗？小企业只有励精图治、守正笃实、自控自强，才能长盛不衰。

本书是资深注册会计师、资产评估师、高级会计师、主任会计师李敏的著作。李敏具有丰富的内部控制管理咨询经验与从教经历，是多所著名大学的客座教授、财务会计咨询专家和司法会计鉴定专家，30年来已出版《内部会计控制规范与监控技术》《内部会计控制规范》《小企业会计控制》《企业内部控制》《企业内部控制简明教程》《会计控制与风险管理》《企业内部控制规范》《公共部门控制规范》《小企业会计控制手册》《小企业内部控制操作规范手册》《危机预警与财务诊断——企业医治理论与实践》《洞察报表与透视经营——算管融合的财务分析逻辑》《小企业简易会计新模式——税法导向与差别报告的应用价值》等作品近百种。本书凝聚了作者潜心研学的感悟精要、辛勤笔耕的日积月累；同时，感谢陈惠珠、徐成芳、李英、徐铭、丁东方、沈玉妹、李嘉毅给予的帮助。

内部控制谋求与时俱进。纵然作者不懈努力，局限于认知视野等，疏漏与差错难免。遵从知行合一，恳求宝贵意见，以期推陈出新。

李 敏

2021年5月

目 录

前言/1

第1章 总论/1
1.1 生存现状与健康使命/1
1.2 正视风险与居安思危/6
1.3 量身定制的中国方案/10
1.4 差别控制与管控融合/16
经典案例评析：华为走自立自控自强之路/29

第2章 自主自控的基本原理/32
2.1 内部控制的基本认知/32
2.2 内部控制的基本原则/42
2.3 受托责任与控制活动/49
2.4 加强管控的重点领域/53
经典案例评析：王安电脑败落的惨痛教训/58

第3章 应对策略与管控措施/60
3.1 管控风险的应对策略/60
3.2 不相容岗位相分离控制/67
3.3 内部授权审批控制/72
3.4 会计控制的核心作用/76
3.5 财产控制与安全完整/81
3.6 单据控制与真实可靠/84
经典案例评析："空手"为什么能"套白狼"？/88

第4章 资金失控及风险管控/90

4.1 认清资金失控风险点/90

4.2 梳理资金流程控制点/96

4.3 明确资金风控的重点/102

4.4 落实资金防控的要点/107

经典案例评析：无视失控现状必将后患无穷/117

第5章 债务失控及风险管控/119

5.1 认清债务失控风险点/119

5.2 梳理借款流程控制点/122

5.3 明确担保风控的重点/126

5.4 落实债务防控的要点/132

经典案例评析："东郭先生"吞下担保苦果/135

第6章 税务失控及风险管控/136

6.1 认清税务失控风险点/136

6.2 梳理税务流程控制点/141

6.3 明确税务风控的重点/144

6.4 落实税务防控的要点/148

经典案例评析：咎由自取的"黑名单"/153

第7章 费用失控及风险管控/155

7.1 认清费用失控风险点/155

7.2 梳理费用流程控制点/158

7.3 明确费用风控的重点/164

7.4 落实费用防控的要点/167

经典案例评析：谁来管控"米缸"里的"老鼠"/170

第8章 合同失控及风险管控/171

8.1 认清合同失控风险点/171

8.2 梳理合同流程控制点/178

8.3 明确合同风控的重点/181

8.4 落实合同防控的要点/183
　　经典案例评析：阳奉阴违的"黑白合同"/187

第9章　信息失控及风险管控/189
9.1 认清信息失控风险点/189
9.2 梳理信息流程控制点/194
9.3 明确信息风控的重点/198
9.4 落实信息防控的要点/199
　　经典案例评析：警觉网络欺诈与财务失控/204

第10章　自控自强与持续运行/206
10.1 控制行为与控制能力/206
10.2 洞察风险与警示危险/214
10.3 自我评价与监控结合/217
10.4 协调发展与持续运行/223
　　经典案例评析：错误会使你变得与众不同吗？/231

附：小企业内部控制规范（试行）/234

第 1 章 总 论

管控守正、励精图治,就能有效抵御各种风险的不断侵袭。

1.1 生存现状与健康使命

1.1.1 生存健康是最根本的使命

近年来,我国小企业尤其是民营小企业从小到大、由弱至强、从国内走向国际,实现了快速发展,经济实力大大提升,竞争地位不断提高,成为经济发展领域的新亮点。大多数小企业期望快速成长,侧重于市场拓展与营收增长,对内部控制与公司治理不够重视。即使是发展预期较好的小企业,在经历了创业阶段后,也面临生存危机和竞争压力,需要提升对内部控制的认知程度。如何让小企业江山永固、基业长青,是摆在内部控制面前极为重要的课题。

控还是不控,关乎生存健康,是一个最根本的问题。根本就是指事物的本源、根基、最重要的部分。生存健康,使命必然。使命,使者所奉行的命令,即重大责任所在。一家小企业能够自主经营、自我管控、有责任担当,就能自强制胜,即通过能动性的主观努力求取健康发展。

随着金融风暴、"次贷"危机、"新冠"疫情接二连三,经营失能、管理失控、企业失败纷至沓来。不少经营管理者举步维艰,在左思右想:为什么风险不期而遇,为什么危险接踵而至,小企业究竟应当怎样应对自如呢?

回答:防风险,治危险,除危害,保平安,这才是最重要的管控路径。

但小企业势单力薄,怎样才能防范风险、避免失败呢?

回答：主动管控才能自强制胜，励精图治才能健康平安。

管控自强，失控败落。企业守正笃实、奋发图强，就能长盛不衰；否则，阴盛阳衰、疾病缠身，难免短命身亡。内部控制作为治理小企业不可或缺的基石，其最现实的作用就在于主动防御，以管控风险的确定性来抵御相关风险的不确定性，从而为小企业开展各项业务活动提供合理保证，这既是内部控制的出发点和归宿点，也是健康安全与持续发展的"指路牌"。

据国务院新闻办公室于 2019 年 9 月 20 日发布的消息，2018 年年底，我国中小企业的数量已经超过 3 000 万家，个体工商户的数量超过 7 000 万户，贡献了全国 50% 以上的税收、60% 以上的 GDP、70% 以上的技术创新成果和 80% 以上的劳动力就业。它们是国民经济和社会发展的生力军，是扩大就业和改善民生的重要支撑，也是企业家精神的重要发源地。小企业稳，则就业稳、经济稳。

我国小企业多且发展快。国家统计局于 2019 年 12 月 18 日发布的第四次全国经济普查系列报告显示，2013 年（第三次全国经济普查年份）至 2018 年，我国中小微企业总量规模不断扩大。2018 年年末，我国中小微企业法人单位为 1 807 万家，比 2013 年年末增加 966.4 万家，增长 115%，占全部规模企业法人单位（简称全部企业）的 99.8%，比 2013 年年末提高了 0.1 个百分点。其中，中型企业为 23.9 万家，占比为 1.3%；小型企业为 239.2 万家，占比为 13.2%；微型企业为 1 543.9 万家，占比为 85.3%。小型企业和小微企业合并称作小企业，占比高达 98.5%。因此，关注小企业的生存健康状况就是重视企业中的绝大多数。

小企业特别需要强身健体，维持生计。与其被动挨打，不如主动管控。积极与消极只是一字之差，但成功与失败却有天壤之别。

成为百年老店的要诀就是确保企业守正笃实、久久为功[①]，进而健康无恙、行稳致远。自控自律才是自立自强的制胜法宝和不二法门。自主经营、自负盈亏的小企业必须重视内部控制，学会通过自控自律，走向自立自强，这就是小企业安全健康成长的必由之路。

1.1.2　小企业生存健康状况报告

我国小企业有着很高的"出生率"，也有着较高的"死亡率"。从开（成立）与关（注销）的信息中可以透视小企业的生存健康状况。从 2014 年至 2018 年，年度注

---

① "守正笃实，久久为功"出自《史记·礼书》。守正，就是要有主心骨；笃实，就是要脚踏实地，埋头苦干；久久为功，就是要有"咬定青山不放松"的定力，有持之以恒的毅力。

销企业数分别为50.59万家、78.84万家、97.46万家、124.35万家和181.35万家。从注销和新设企业比例来看,2018年新设企业与注销企业的数量比为3.69∶1。① 每天都有小企业开张,也有小企业倒闭,每天都在上演着生死沉浮的故事。创业者往往会说:"创业不易,守业更难。"事实上,不论是创业、守业还是传承,最应当关注的就是"健康安全"这个根本性的问题。

请阅读以下几组数据,虽时点不一、对象范围有所差异,但揭示的问题同样发人深省——任何小企业的兴衰成败绝非偶然。

2011年民建中央形成的《后危机时代中小企业转型与创新的调查与建议》认为,我国中小企业主要面临六大困境:一是招工融资难,二是准入门槛高,三是税费负担重,四是企业利润薄,五是转型压力大,六是发展环境差。我国中小企业的平均寿命只有3.7年,而欧洲和日本的企业平均寿命为12.5年、美国的企业平均寿命为8.2年,德国500家优秀中小企业中有1/4存活了100年以上。所以,我国小企业要改变盲目求快的发展思路,就要坚持可持续发展,方能保障基业长青。

2012年9月CHINA HRKEY发布的《中国中小企业人力资源管理白皮书》显示,中国中小企业的平均寿命仅为2.5年,集团企业的平均寿命仅为7至8年。中国企业数量众多,但生命周期短,重复走着"一年发家,二年发财,三年倒闭"之路,能做强做大的企业寥寥无几。

2013年7月30日国家工商总局发布的《全国内资企业生存时间分析报告》通过综合分析2000年以来全国新设企业、注(吊)销企业生存时间等数据,总结了我国企业生存时间方面呈现的主要特点:近五成企业的生存时间在5年以下;企业成立后3至7年为退出市场高发期,即企业生存的"瓶颈"期;近5年退出市场的企业的平均寿命为6.09年;多数地区的企业的生存危险期为企业成立后的第三年。报告称,企业的生存问题尤其是中小企业的生存问题一直是理论界和相关政府部门关注的焦点,国外也有许多相关调查研究。美国《财富》的统计数据显示,美国62%的企业的寿命不超过5年,只有2%的企业能存活50年;日本《日经实业》的调查显示,日本企业的平均寿命为30年。报告要求企业突破"瓶颈"期与危险期,迎接成长关键期。

2018年9月30日经济视野网发表的《当前我国民营企业发展面临的困难与问题》指出,我国民营企业的平均寿命只有2.9年。北京中关村"电子一条街"的

---

① 2019年1月10日,国务院新闻办公室举行的国务院政策例行"吹风"会上,国家市场监督管理总局副局长马正其说,2018年注销数量最多的五个行业是批发和零售业67.39万户、租赁和商务服务业27.09万户、制造业17.43万户、科学研究和技术服务业12.50万户、建筑业10.26万户,分别占注销总量的37.2%、14.9%、9.6%、6.9%和5.7%。

5 000家民营企业中,生存时间超过5年的只有430家,其余91.4%的企业已不复存在,生存期超过8年的企业仅占3%左右。

2019年6月24日中国人民银行、银监会和保监会等部门联合发布的《中国小微企业金融服务报告(2018)》指出,我国中小企业的平均寿命为3年左右,成立3年后的小微企业持续正常经营的约占1/3。而美国中小企业的平均寿命为8年左右,日本的中小企业平均寿命为12年。

2019年9月27日中国经济新闻网报道:2019年1月8日至1月13日,仅6天时间,网上企业倒闭的新闻多达16 410条。2019年年底,网上流传着这样的帖子:中国创业企业的平均寿命不到1年,中小企业的平均寿命不到2.5年,行业巨头的平均寿命不到20年。是不是在市场面前,没有一家企业能够永保太平?

"天眼查"发布的"2020年第一季度全国企业大数据"显示,2020年第一季度,我国有46万家企业注(吊)销。"晓报告"发布的"2020年1至2月企业死亡数据报告"显示,2020年1至2月有24.7万家企业倒闭,其中,初创企业是最容易倒闭的群体。如同吴晓波在《大败局》中所说的那样,97%的创业企业会在18个月内死去。从数据上看,企业的成立时间越短,倒闭的概率就越大。成立3年以内的初创企业,在2020年1至2月倒闭企业中的占比高达55%。初创企业往往体量有限、抗风险能力弱,容易最先被"洗牌下线"。

中国古训:"道德传家,十代以上,耕读传家次之,诗书传家又次之,富贵传家,不过三代。""一代创业,二代守业,三代衰亡"已成为一道"魔咒",具有普遍性或全球性。

摩根大通曾发布研究成果,将《福布斯》全球400首富排行榜与20年前同一排行榜的数据相比较,结果发现全球大部分超级富豪过去20年不能守住巨额财富,即世界上大多数不同类型的企业在创立后的20年内先后倒闭,"败家率"高达80%!

美国布鲁克林家族企业研究学院的研究表明,约有70%的家族企业未能传到下一代,88%未能传到第三代,只有3%在第四代及以后还在经营。

麦肯锡的一项研究表明,全球范围内家族企业的平均寿命只有24年,其中只有大约30%的家族企业可以传到第二代,能够传至第三代的家族企业数量不足总量的13%,只有5%的家族企业在三代以后还能够继续为股东创造价值。

福布斯中文网在《绝大多数顶级富豪家族为何富不过三代?》[1]中发布的调查

---

[1] www.forbeschina.com,2014年4月21日。

数据显示,只有大约5%的富豪家族的资产是继承来的,绝大多数富豪家族(约70%)的资产是当前这一代人通过拥有企业而创造出来的,其余25%的富豪家族的财富则是医生、律师等高收入职业的产物。相关数据还表明,大约有1/3的企业传到了下一代,只有约10%的家族企业传到了孙子女一代,而传到三代之后的企业就更少了。

1.1.3 失控是企业失败的元凶

企业能够慎终如始,守其本,复其初,安其序,不失其常,努力处于安定有序的状态,就不会坏了心思、乱了分寸。分析小企业内部控制现状,有的自控自强,有的差强人意,有的事与愿违,有的大失所望。处于不同发展阶段的小企业的情况可以参差不齐,但不能没有风险控制意识。然而现实是,不少小企业对风险或危险熟视无睹,这正是最大的隐患。小企业在生存与发展的过程中需要处理的事务太多,控不过来,难以应付,就乱了。

失控是指事物不是按照管理预计的轨道发展,而是偏离轨道并引发了不可控制的局面。风险乃至危险所引发的控制缺陷或管理失控,主要是指小企业在实现控制目标的过程中因"自身不完美"所表现出来的"不足"或"不当"等。风险源于目标实现过程中的负面影响。

忘却创业时的初心而迷失正确的方向,放弃肩负的使命而放纵错误的行为,失去管控能力而陷入难以摆脱的困境……失控已经成为小企业失败的元凶。元凶,罪魁祸首也。管理失控,引发混乱;投资过度,蒙受罹难;负债无度,招致失败;收益失真,拖累企业;资产失实,导致亏空……小企业大多不是死于外部竞争,而是死于内部失控或内耗。

邓白氏公司通过对大量实证资料所做的研究表明,企业产生财务危机直至破产的原因主要有以下几个方面:疏忽的原因占4%,欺诈的原因占2%,重大灾害的原因占1%,经营与财务管理不善的原因占91%,其他原因占2%。从中可以看到,90%以上的企业失败与管理不善的失控状态相关。美国忠诚与保证协会(SFAA)的调查结论:70%的企业破产是由于内部控制不力导致的。也就是说,失控已经成为企业失败最大的成因。

随着经济转型与就业压力加剧,创业成为一种职业选择方向。腾讯企鹅智库曾对创业企业做过一项调查。创业简单,活下来难。创业者第一次创业的失败率为90%,第二次创业的失败率仍然在80%以上。北京中关村,最热闹的时候,一天诞生10家企业,但平均寿命不足3年。

病痛始觉健康的重要，失败更懂控制的必要。痛苦的经历总是最有力的教训。只为失败的结果而遗憾，不为失败的原因而反思，才是真正的遗憾。

1.2 正视风险与居安思危

1.2.1 内部控制的实质是风险控制

小企业内部控制究竟控什么？是业务、岗位、人员、流程、业绩，还是风险或舞弊？从这个最基本的认知出发，可以形成内部控制操作理念与思维逻辑，成为内部控制行为的遵从导向。

控制的原意是指掌握住，不使任意活动或超出范围，或使处于自己的占有、管理或影响下。"掌握"具有主动性。主动就是能够由自己把握，不靠外力促进而自动，从而使自己处于占有、管理或影响的有利地位。为什么要"掌握"呢？因为有"任意活动或超出范围"的可能，即存在难以掌握的风险或危险。

市场经济是风险经济。经济环境瞬息万变，竞争格局错综复杂，信息爆炸头晕目眩，时间与速度成为万事万物变化发展最重要的变量，任何小企业都面临着各种不确定性。内部控制的对象就是这些不确定性中的风险。

风险按照来源不同，可以分为外部风险和内部风险。小企业的外部风险包括竞争对手风险、顾客风险、政治环境风险、法律环境风险、经济环境风险等。小企业的内部风险包括产品风险、营销风险、财务风险、人事风险、组织与管理风险等。小企业内部控制主要面对内部风险，兼顾外部风险。风险管理是内部控制最主要和最重要的对象与内容。

任何资产运营或资金运作都是有风险的，任何经营活动都会随风险起伏，随时间波动。但只要风险、危险、威胁、隐患等在人们的控制范围内，就可以认为是安全的，否则就是有风险或者危险的，甚至会导致危害等。

有人因此期望零风险。然而风险是具有不确定性和波动性的客观事实，谁也不能否定它的存在性，但却可以通过有效管控，降低它的不确定性、减弱它的波动性。

"天有不测风云，人有旦夕祸福。"企业的成长道路不可能一帆风顺，就像变幻的天气，时风时雨。未雨绸缪，时刻做好准备，随时应对突变，这才是赢家的风范。

据说，"控制"一词的产生与渔民出海的风险相关。古时，渔民出海前往往要祈祷，祈求神灵保佑自己在出海时能够风平浪静、满载而归。渔民在长期的捕捞实践中深深体会到"风"给出海捕鱼带来的难以预测的危险。有"风"有"险"，就有寻求安全与"控制"的需要,就要明辨方向掌稳舵,而不是迷失航向;就要战胜风险,而不是葬身鱼腹。追根究底,对风险的认知和对内部控制的需求与生俱来,想要"掌管""支配",就要"控制住"。

对于依水而居的渔民来说,出海捕捞是一种协同作业,有一定的流程和岗位之分,这些岗位、人员、流程本身就在管理的范畴内,但还不是控制直接关注的对象。出海捕捞的风险包括迷航、翻覆等各种不确定性,即"风"在哪里、"险"在何处、程度如何,包括自然风险、设备风险、运营风险、管理风险等。控制的对象应该是指这些"风"和"险",控制措施包括认准方向掌好舵、齐心协力行好船等。观察与梳理关于出海捕捞的岗位、人员、流程不仅必要,而且是识别风险的"窗口"。换句话说,识别与管控风险应当嵌入岗位、人员、流程中。越是熟悉岗位、人员、流程,越能有效识别风险。

逻辑推断与实证研究充分证实,企业内部控制的对象就是经营管理活动过程中客观存在的风险。《小企业内部控制规范(试行)》全文 40 条(详见附录),其中共有 37 处用到"风险"一词:从目的、原则、要求、开展思路到建设步骤,再到具体实施,最后到监督完善,自始至终都在强调风险。

之所以如此强调风险,原因有三个:一是小企业本身就是一个风险组织,内部控制的对象是风险,强调风险管理的重要性就是强调内部控制的重要性;二是任何对风险进行约束的管理活动一旦付诸实施,都与控制活动相关;三是小企业自身规模较小,困难较多,且抗风险能力较弱,为了健康发展,识别风险和预测危险特别重要。

正视风险就是用正确的观点看待风险,不躲避,不敷衍,包括应当切实重视、会神注视、聚精凝视、仔细审视等。任何无视、忽视、轻视、漠视风险的思想与行为本身就可能是最大的风险。风险不仅不可避免,而且不期而遇,贯穿于经营活动的全过程,所以,要下好先手棋,打好主动仗。唯有自身强大,才能从容应对。只有正视疾病,才能医治疾病。与其坐等病情恶化,不如主动寻医问药。

专题讨论 1.1 | 无视风险的"鸵鸟心理"不可取

遇到风险,一味躲避,以为这样风险就会过去,其实风险依然存在。据说鸵鸟是一种很有趣的动物,当被追赶并认为自己跑不掉时,它们就会把头埋到沙子里,自己看不到追赶者,就以为把追赶者甩掉了。这种忽略让人烦恼的信息,不去思考问题的"鸵鸟心理"无异于掩耳盗铃、自欺欺人。在风险面前,为什么感觉脑子一片空白且动弹不得?因为"鸵鸟"已经把自己的头埋进了沙堆。

1.2.2 风险与盈亏都具有不确定性

如果一项行动只有一种结果,那就没有风险。如果一项行动有多种可能的结果,那就存在风险。例如,用 10 万元购买国库券,假设国家不会违约,那就可以确知一年后将得到的本利和,几乎没有风险,所以国库券的收益被视为无风险报酬。如果将这 10 万元用于购买股票,则不能确定将来的收益到底有多少,所以股票收益被称为风险报酬。由此可知,风险是指在一定条件下和一段时间内可能发生的结果的变动程度。

风险和不确定性有区别。风险是指事前可以知道可能的结果以及每种结果的概率。不确定性是指事前不知道可能的结果,或者虽然知道可能的结果,但不知道它们出现的概率。例如,银行利率会不会下降,对非专业人员来说,事前只知道存在"会"与"不会"两种结果,但不知道这两种结果出现的可能性及其各自的程度,这种情况就属于"不确定性";对专业人员来说,事前可以估算出两种结果出现的概率,这种情况就属于"风险"。概率的测定有两种方式:一种是客观概率,是指根据大量历史数据推算出来的概率;另一种是主观概率,是指在没有大量历史数据的情况下,根据有限的资料和经验合理估计出来的概率。经验和认知对风险的研判很重要。

机会和风险都是对未来或未实现事项的研判,是基于过往经验的推断,是可以用概率加以表述的"可能性"。机会与风险都与目标的实现程度相关。通常,机会是对达成目标有正向影响的可能性,风险是对达成目标有负向影响的可能性。

盈亏波动的不确定性意味着机会与风险并存,所以,小企业不仅要险中求生,而且要险中求胜。机会代表盈利的可能,风险代表亏损的可能,两者如同一枚硬币的两面。就像无法抗拒盈利一样,请不要拒绝风险,而要管控风险,因为盈利与风险在小企业的生存与发展过程中如影随形。不能盈利就难以生存,更无法发展。若想获利,就必须识别与管控风险。控制不了的风险可能是小企业管理所面临的潜在危险之一。

按照风险-收益均衡原理,不要奢望高收益下的低风险,高收益通常得冒高风险。美景总在险山中,好事尽在磨难里。人们追求收益的愿望越强烈,越要增强管控风险的能力。

"风险"是一个历史的、动态的、渐进的概念。COSO 报告[①]第一版强调风险的

---

① COSO 是美国反虚假财务报告委员会下属的发起人委员会(the Committee of Sponsoring Organizations of the Treadway Commission)的英文缩写,1985 年,由美国注册会计师协会、美国会计协会、财务经理人协会、内部审计师协会、管理会计师协会联合创建。1992 年 9 月,COSO 发布《内部控制整合框架》(简称 COSO 报告),影响全球。在风险管理和内部控制理论研究领域,COSO 的地位举足轻重。

"负面性",第二版扩大了风险范畴并兼顾风险"正面"和"负面"的影响,最新版将"风险"定义为事项发生并影响战略和商业目标实现的可能性。

1.2.3　风险的必然性、偶然性与规律性特征

风险不但不可避免,而且会不期而遇,指的是风险的必然性。天有不测风云,风险真的会突如其来吗?问的是风险的偶然性。2020年的"新冠"疫情肆虐全球,偶然吗?疫情十万火急,防控刻不容缓,其中必有某些规律性。

风险具有客观存在的普遍性,这已经成为日常生活的共生条件;危机不再是非典型状态,这已成为风险社会面临的新常态。风险是否发生、发生的时间以及产生的结果(损失程度)都具有偶然性;但是经过对大量事故的发生进行统计分析后可以发现风险产生的某种必然性或某些规律性特征。例如,出海捕鱼可能遭遇风浪、横穿马路可能被车撞翻、经商可能面临诈骗、投资可能血本无归……其中的偶然性与必然性共存。

古时,人们通过占卜获得对风险或吉凶的认识。现在,人们应当利用风险管理工具来了解和掌控风险。就像天气,虽是变化无常的,但可以被预测。例如,日晕一般预示下雨的可能性大,而月晕多预示要刮风;月晕有时候会有缺口,缺口的方向往往预示刮风的方向。正所谓"日晕三更雨,月晕午时风"。

1.2.4　风险的相对性、可变性与预警信号

风险的存在是绝对的,但风险的表现形式及其程度却是相对的,条件不同,风险则不同。风险的可变性导致风险的多样性和多层次性。例如,气象预警风险的信号一般分为蓝、黄、橙、红四个等级,严重程度依次加深,分别表示一般、较重、严重、特别严重。

本书研讨的对象是小企业经营管理活动过程中存在的相关风险,如价格、销量、成本、利润等都可能是难以准确预测并会发生增减变动的对象,是有风险的,这就需要小企业在经营管理过程中加以控制;否则,它们就会像脱缰的野马一样失去控制。

1.2.5　居安思危才能谋划长远

安全与危险都是客观存在的,不因人的主观意志而转移。但风险的存在并不一定表示不安全。绝对的安全状态是不存在的,所有安全都只能是相对的。如果一味追求没有风险(或危险),我们的工作和生活就无法进行。

安全感是人们对自身安全状态的一种自我评价。这种主观认知与客观状态有

时一致，有时相差甚远。有的人在比较安全的状态下会惶惶不安；而有的人虽然身处险境，却自以为是，对危险视而不见。这些现象除了说明安全感与安全的实际状态并不完全一致外，也说明了提高对安全的感知和对风险的防范是十分必要的。

安全是指没有危险，包括没有受到威胁、危害、损失等。小企业要盈利，也要安全。追求安全是人的本能，只有安全，才可能健康；只有健康，才是安全的。

居安思危体现一种特有的控制理念与控制文化，其态度的积极作用在于努力实现"不存侥幸""不存隐患""不存危机""不受威胁""不出事故""不受侵害"等安全状态，确立"谨防风险""谨防失控""谨防危机""谨防失败"的先进理念。

因为有"险"，所以要防范"风"的肆虐；因为有"危"，所以要居安思危、化危为机。一家小企业能够在危机中寻新机，在变局中谋新局，前提就是能够识别风险、认清危机、知晓变局、警觉恶变。

假如风险可以预知，就可以提前对其进行干预；假如风险可以测评，就可以有针对性地进行管控；假如风险可以预警，就可以警惕危险导致危害或失败；假如风险可以监测，就可以对其进行有效监控。若能将上述"假如"的不确定性通过努力转变为相对的确定性，风险就掌控在我们的手中了。

"居安思危，思则有备，有备无患。"(《左传·襄公十一年》) 大凡奋斗的强者，在成功路上往往善于居安思危。华为的任正非一直在考虑如何应对华为的"冬天"："华为总会有'冬天'，准备好棉衣比不准备好。"联想的柳传志说："我们一直在设立一个机制，好让我们的经营不'打盹'，你一'打盹'，对手的机会就来了。"海尔之所以成长为屈指可数的大企业，是因为张瑞敏始终"战战兢兢、如履薄冰"……未雨绸缪防在先，居安思危谋长远。

1.3　量身定制的中国方案

1.3.1　健康发展的立法宗旨

究竟为什么要"控"？应该怎么"控"？让我们先详解中国方案，通晓中国思维，彰显中国特色，这也是本书论述的主要内容。

《财政部关于印发〈小企业内部控制规范（试行）〉的通知》（财会〔2017〕21号）阐明其立法主旨："引导和推动小企业加强内部控制建设，提升经营管理水平和风险防范能力，促进小企业健康可持续发展。"《小企业内部控制规范（试行）》第一条就开宗明义："为了指导小企业建立和有效实施内部控制，提高经营管理水平和风险防范能力,促进小企业健康可持续发展。"其中,"健康"两个字是第一次在我国内部控制立法指导思想中凸显。只有健康安全,才能可持续发展。

健康发展是指小企业的运营机制能够正常运转,没有疾病或缺陷,这不仅是小企业生存目标的理性选择,而且是小企业健康发展的先进理念。所以,小企业内部控制应当以健康安全、持续发展为根本宗旨,以经营管理中的业务流程为基础平台,以防范风险、有效制衡为管控主线,以有序开展管控融合的动态活动为表现特征。

《小企业内部控制规范(试行)》是我国第一部为小企业量身定制的内部控制规范,是我国实施差别控制的重要制度安排,在内部控制发展史上具有"里程碑"的意义,"健康可持续发展"的理念影响深远。2019年4月,中共中央办公厅、国务院办公厅印发的《关于促进中小企业健康发展的指导意见》(中办发〔2019〕24号)的宗旨也在于"促进中小企业健康发展"。

财政部会计司在发布《小企业内部控制规范(试行)》前做出的《小企业内部控制调研报告》显示,我国小企业具有种类多样化、治理水平差异化、管理非正式化、监督机制相对缺乏、激励机制不够完善以及信息披露流于形式6个方面的特征。数据显示:开展内部控制建设的比例,小型企业(42%)小于大型企业(70%),未上市企业(46%)小于上市企业(90%),非国有企业(48%)小于国有企业(55%),存续时间短的企业小于存续时间长的企业(3年以下的企业为38%,3至10年的企业为42%,10年以上的企业为57%)。总体来说,小企业的内部控制体系建设仍处于起步阶段,"亚健康"情况普遍。所以,制定并发布相关内部控制规范将有力促进小企业查漏补缺,成为解决小企业管理中诸多困惑的必然要求。

笔者从事注册会计师审计三十余年。会计师事务所最常见的业务包括三类:一是企业出生时需要开具的"出生证明"——验资报告,二是每年给企业进行"财务状况体检"开具的"健康证明"——年度审计报告,三是企业消亡时开具的"死亡证明"——清算审计报告。其中,年度审计报告映射出小企业"亚健康"居多,问题不少;而被清算的小企业问题则更多。

人体检防疾病,小企业体检防风险。有以下三种状态可供选择:

健康:是指在身体、精神和社会等方面都处于良好的状态,包括主要脏器无疾病,各系统具有良好的生理功能,有较强的身体活动能力和劳动能力,对疾病的抵抗能力较强,能够适应环境的变化。

疾病:是指机体在一定的条件下受病因损害后,因自我调节紊乱而发生的异常生命活动过程。"疾",病字头下是个"矢"("箭"),那些外来的侵害正在朝你放冷箭,如感冒、风寒等引起的不适。"病"字里面是一个"丙"(火的意思),"丙"在五脏里,过旺,人就得病了。

亚健康:是指人体处于健康与疾病之间的一种状态,表现为一段时间内的活力降低、功能和适应能力减退等。

小企业应当及早发现健康不达标的情况和已经存在的各种风险,尤其应当定期或不定期地对风险进行辨别、分析、评价,对重大风险做到早发现、早治疗,避免"恶化"或"下医治已病"。对未来可能发生的风险未雨绸缪,防患于未然,就是"上医治未病"。风险管理是"健康俱乐部",危险管理是"癌症俱乐部"。小企业应当自觉走进"健康俱乐部",而不要等到大难临头被送进"癌症俱乐部"。

无视或缺乏内部控制的小企业犹如一座年久失修的大厦,不知何时会倒塌。所以,小企业必须自立、自控、自强,并将内部控制作为降低风险的主要手段,在权衡成本与效益后,采取适当的控制措施将风险控制在可承受的范围内。竞争压力越大,生存危机越多,越要确立健康安全的认知,这应当成为小企业健康成长的先进理念与行为共识。

凡事借助外力,往往陷入被动。努力依靠自身,才能从容不迫。一家小企业如同一个人的机体,应当建立健全防范风险的保健机制,这对于小企业的健康发展极为重要。保健,就是保护健康,包括增进健康、防治疾病所采取的各种"防"与"控"的配套措施和方法等。边"保"边"健",才能持续健康。健康管理就是通过预防与干预等手段保护健康、保持健康、保证健康、保全健康,包括事前、事中、事后"三管齐下"或"齐头并进",尤其是在采取行动前或当时,就能起到预防风险、引导匡正、防错纠偏的作用,这正是内部控制的力量所在。

1.3.2 简便实用的中国规范

按照我国企业内部控制规范设计的总体框架,《企业内部控制规范——基本规范》(简称《基本规范》)是纲,适用于在我国境内设立的所有企业;"企业内部控制配套指引"和"小企业内部控制规范"是基本规范框架下的两个子系统,分别适用于大中型企业和小微企业。

我国小企业数量众多,抗风险能力普遍较差,经营管理水平参差不齐,若要求其内部控制建设完全遵循企业内部控制规范体系的要求进行,会存在适用性不强、实施成本较高等问题。为适应小企业的需求,财政部发布了《小企业内部控制规范(试行)》(以下简称《小内控》)。

大道至简。《小内控》只包括总则、内部控制建立与实施、内部控制监督、附则4章,共40条(如表1.1所示),其中的差别控制彰显中国特色。

表 1.1　　　　　　　　《小企业内部控制规范(试行)》概览

章　名	条　款	主　要　内　容
第一章 总则	第1至7条	主要明确了制定《小内控》的目的、依据和适用范围,小企业内部控制的定义、目标、原则和总体要求,以及小企业负责人的责任等内容
第二章 内部控制建立与实施	第8至27条	主要明确了小企业内部控制建立与实施工作的总体要求,风险评估的对象、方法、内容、方式、频率,特别说明了小企业常见的风险类别、常用的风险应对策略,明确了小企业建立内部控制的重点领域、常见的内部控制措施、内部控制实施的基本要求、内部控制与现有企业管理体系的关系、内外部信息沟通方式、人员培训和控制措施的更新优化等内容
第三章 内部控制监督	第28至35条	主要明确了小企业内部控制的监督机制,包括实施监督的方式、对监督人员的要求、日常监督的重点、内部控制存在的问题及整改、定期评价频率、内部控制报告、监督与评价结果的使用等内容
第四章 附则	第36至40条	主要明确了微型企业参照执行,小企业可以参照执行《基本规范》及其配套指引,《小内控》的解释权归属和生效时点等问题

《小内控》是依据《基本规范》制定而成,是《基本规范》在小企业范围内的具体规范。遵循"从高不就低"的原则,已经执行《基本规范》及其配套指引的上市公司、大中型企业和小企业,不得转而执行《小内控》;同时,鼓励有条件的小企业执行《基本规范》及其配套指引。这样安排既妥善处理了突出重点和兼顾一般的关系,又为小企业成长为大中型企业或上市公司提供了上升通道,可以降低两项制度之间的转换成本。

1.3.3　知行联动的运行机制

(1) 主动学习与理解内部控制知识

面对复杂多变的经营环境,每家小企业和每个管理者都应当不断充实知识储备、对各种结果做好准备、具有对过程管理和资源配置的影响力以及恢复系统和修补措施的能力等,因而学习内部控制知识宜早不宜迟,先学先受益。

《小内控》从2018年1月1日起施行,主要定位于符合《中小企业划型标准规定》(工信部联企业〔2011〕300号)的非上市小企业,是广大非上市小企业开展内部控制建设的指南和参考性标准,小企业可以自主决定是否执行。虽然该文件并不要求强制执行,但不能误以为《小内控》与小企业无关。没有《小内控》,小企业也要有内部控制,这是一条自立自强的必经之路。

无论是哪种性质、属于哪个行业、处在哪个发展阶段的小企业,都需要成长,都期盼做强做大,都对如何加强内部控制、提升管理能力有着迫切的现实需求。为此,小企业更需要不断培育健康理念、积累经验教训,主动提高内部控制认知、学习内部控制知识、完善内部控制规范。非学无以广才,非志无以成学。

内部控制知识具有内在逻辑性,包括工具、方法与体系等。工具、方法与体系既有区别,又有联系。以厨房为例,菜刀、案板、打蛋器等都属于厨师的"工具",使用这些工具的方法形成不同的技能,以炒锅为平台,配合各种厨具(工具)和精细化的烹饪方法就构成"餐厨体系"。内部控制是以防范风险、有效制衡为主线的管控体系,包含不相容岗位相分离控制、内部授权审批控制、会计控制、财产保护控制、单据控制等各种工具(措施),恰当地运用这些工具就形成了相应的管控方法,而这些工具、方法的协调与配合运用就形成一定的内部控制体系。

内部控制的各种工具和方法应当学以致用、知行联动,避免"功能失调"或"过度管控"等产生的不良后果。所以,应当注意经验积累与应用价值等,一方面要学精悟透、融会贯通,另一方面要守正笃实、日新其力。

栽种思想,成就行为;栽种行为,成就习惯;栽种习惯,成就性格;栽种性格,成就命运。有效落实内部控制的措施和方法应当秉承"功能达成、操作简化"的理念,因为效果是检验内部控制成效的唯一方法;还应当考量方法的经济性,强调建设与执行的关系、建设与完善的关系以及长效保障机制等。

(2)主动应用内部控制策略与措施

小企业在应用内部控制知识时,既不需要将内部控制知识标签化——当作管理现代化的"装饰",也要避免不顾实际需求与应用场景进行机械化应用的情形。

内部控制的应用场景本质上是"人"与"知识"的结合,体现为"何人"在"何种应用场景"下选择应用"何种知识"的过程。

何人在用?主要是董监高[①]及其管理团队。董监高必须懂内部控制,并大力倡导内部控制,这是"委托人的责任"。管理团队要细心钻研内部控制,自觉应用内

---

① 董事、监事和高级管理人员。董事是指小企业的董事会成员,监事是指小企业的监事会成员,高级管理人员是指小企业的经理、副经理、财务负责人和章程规定的其他人员。治理层是指对小企业的战略方向以及管理层履行经营管理责任负有监督责任的人员或组织。管理层是指对小企业经营活动的执行负有管理责任的人员或组织,并受到治理层的监督。

部控制措施，落实其"受托责任"。管理者可能既是问题的发现者，也是解决方案的提出者、落实者。小企业开展内部控制活动可以"自上而下"，也可以"自下而上"或"左右横向协同"。如何使各层级的管理者不被动、不旁观，学习与提高认知相当重要。

用于何种应用场景？内部控制的应用总是与企业环境、管理现场、业务流程、工作岗位等息息相关，同管理与变革交织。

全局应用场景涉及小企业治理层面及其未来发展的整体走向，如小企业战略、长期经营计划、全面预算控制等。基于战略与经营计划的预算管控既体现业财融合原则，以及"过程管理"与"结果导向管理"的高度统一，也体现于治理框架和组织规制中。

局部应用场景涉及产品线、部门、区域甚至价值链中的某类活动或某种作业等，如产品研发、供应商选择、采购与物流、生产流程优化、营销及售后服务等，涉及某一个具体的管控对象，目的在于通过防错纠偏，优化或改进流程，提高效率，优化效果。例如，在供应商选择的某一场景中，可以利用财务与非财务信息，建立以价格、质量、交货期、合同履约等供应商选择的衡量维度作为评价标准，构建动态更新的供应商名录及采购数据。在这一应用场景中，内部控制需要介入采购与预算计划、供应商选择、付款等具体活动，并通过支持业务流程优化、提高采购效率、防止采购舞弊等，增强采购流程对小企业价值创造的提升能力。

如何应用内部控制知识？内部控制知识的运用主要体现在工具、方法与体系中。随着知识迭代和更新速度的加快，内部控制知识越来越丰富、越来越复杂。但小企业应用的内部控制知识并非越多越好、越复杂越好。这是因为：一方面，对内部控制知识的应用是有目标需求和应用场景的，因而是有针对性、个性化的应用；另一方面，内部控制知识越来越强调各自的逻辑一贯性，强调各自的"管理闭环"，防止过度管理、无序应用。

小企业可以按照内部控制的规范要求，结合实践中遇到的问题来理解新知识和解决新问题，学以致用，用以促学，学用相长，做到知行合一。

(3) 主动健全内部控制运行机制

小企业能否防控风险、保持健康，与一定的管控体制和机制相关。体制是建立在一定的制度规定性上的架构或结构，机制是一定的体制所表现出来的构造、功能、关系及其作用，即内部控制各个部分的存在是机制运行存在的前提，且以一定的运作方式把内部控制的各个部分联系起来，使之协调运转并发挥作用。在这些方面，小企业尤其是家族制小企业可能由于"先天不足"，不同程度地存在"三权"（决策权、执行权、监督权）不分、职责不清、授权不明等问题，当所有者或实际控制人认为自己有能力洞悉小企业的所有情况时，就不愿意为额外的内部控制成本买单。超过50%的小企业主要以口头或其他非正式沟通的方式来传递管理要求，如果管控不力，势必造成混乱或风险蔓延。

机制按照功能分为制约机制、激励机制和保障机制。制约机制是保证管理活动有序化、规范化的一种机制，激励机制是调动管理活动主体积极性的一种机制，保障机制是为管理活动提供物质和精神条件的机制。机制运作的方式各有所长，可以适当选择：一是以行政-计划式的运行机制（方式）将各个部分统一起来，二是以指导-服务式的运行机制（方式）协调各个部分之间的关系，三是以监督-检查式的运行机制（方式）协调各个部分之间的关系。

机制、体制、制度三者相互交融。小企业通过建立适当的体制和制度，可以形成相应的机制。制度可以规范和制约体制与机制的运行，体制与机制可以保证制度的落实，对制度的巩固和发展起着积极的促进作用。其中，还要特别重视人的因素，体制再合理，制度再健全，执行的人不行，机制还是难以到位。

1.4　差别控制与管控融合

1.4.1　差别控制的历史表现

在社会经济发展的不同阶段，内部控制的认知差异明显存在。早在古罗马时期，对会计账簿实施"双人记账制"，不仅定期核对双方的账簿记录，而且检查有无记账差错或舞弊行为，进而达到控制财物收支的目的。1934年美国《证券交易法》首先提出了"内部会计控制"，旨在保护资产、保证会计资料的可靠性和准确性、提高经营效率、推动管理部门所制定的各项政策贯彻执行。1953年10月，审计程序委员会（CAP）发布了《审计程序公告第19号》，将内部控制划分为会计控制和管理控制。1992年9月，COSO发布《内部控制——综合架构》，2004年9月调整为《企业内部控制——风险框架》，2017年9月又更新为《企业风险管理框架》……

不同控制环境下的内部控制理论与实践存在差异。即使是内部控制环境本身，也随着内部控制的发展演变而逐步完善。人们对内部控制环境的认识经历了孕育、萌芽、明确、重视和强调等演变过程，对其定义逐渐从模糊到清晰，内部控制环境在内部控制系统中的地位越来越高。

不同国家不同制度背景下的内部控制不同，即使是同一个国家和制度背景下的营利组织与非营利组织的内部控制也不一样。国际上分企业内部控制和公共部门内部控制,我国目前分企业内部控制和行政事业单位内部控制等。

内部控制作为一种制度安排,会涉及制度的具体环境、适用的具体对象等具体问题。所以,允许企业内部控制具有一定程度的灵活性和统一性。灵活性对应企业面对风险变化的主观能动性,统一性对应企业整体上控制目标的一致性。"趋同"与"个性"之间的比例关系决定内部控制制度的多样化程度。

我国企业内部控制制度建设起步虽晚,但发展很快,要求较高,其主要演变特点可概括为以下几个方面:

一是从会计控制入手。1999年10月31日修订《中华人民共和国会计法》时首次以法律的形式对建立健全内部控制提出原则要求。其中,第四章"会计监督"第二十七条要求各单位建立健全本单位内部会计监督制度。2001年6月22日,财政部发布《内部会计控制规范——基本规范(试行)》《内部会计控制规范——货币资金(试行)》等一系列会计控制具体规范,开始迈开"会计控制"的步伐。

二是以上市公司为重点。2006年5月17日,证监会发布《首次公开发行股票并上市管理办法》,第二十九条规定,"发行人的内部控制在所有重大方面是有效的,并由注册会计师出具了无保留结论的内部控制鉴证报告"。这是我国首次对上市公司内部控制提出具体要求。2007年2月1日,证监会发布《上市公司信息披露管理办法》,明确提出上市公司必须建立信息披露内部管理制度。

三是重视央企的内部控制。2006年6月16日,国资委发布《中央企业全面风险管理指引》,对内部控制和全面风险管理的总体原则、基本流程、组织体系、风险评估、风险管理策略、风险管理解决方案、监督与改进、风险管理文化、风险管理信息系统等进行了详细阐述。

四是全面加强企业内部控制。2006年7月15日,财政部发起成立了企业内部控制标准委员会。2008年6月28日,财政部、证监会、审计署、银监会、保监会联合发布了《基本规范》,2010年4月26日又发布了《企业内部控制配套指引》,包括18项"企业内部控制应用指引""企业内部控制评价指引"和"企业内部控制审计指引"。于是,一套以防范风险和控制舞弊为中心,以控制标准和评价标准为主体,结构合理、层次分明、衔接有序、方法科学、体系完备的企业内部控制规范体系得以建立。[①]

五是实施差别控制。《小内控》适用于在我国境内依法设立的、尚不具备执行《基本规范》及其配套指引条件的小企业,符合《中小企业划型标准规定》所规定的

---

① 相关内容详见李敏主编的《企业内部控制规范》,上海财经大学出版社出版。

微型企业标准的企业参照执行该规范。对于《小内控》中未规定的业务活动的内部控制，小企业可以参照执行《基本规范》及其配套指引。至于执行《基本规范》及其配套指引的企业集团，其集团内属于小企业的母公司和子公司，应当执行《基本规范》及其配套指引。

小企业的治理水平两极分化较为明显。对于所有权和经营权高度统一、所有权结构单一的非上市民营小企业，鼓励执行《小内控》。对于所有权和经营权分离或所有权结构多元化的上市小企业、正在做强做大或准备上市的小企业，鼓励执行《企业内部控制规范》。

不同行业的企业允许存在差异化的内部控制版本。例如，金融行业内银行系统、保险系统、证券系统的内部控制版本客观上存在差异。

承认差别是一种理性的态度。会计上允许存在差别报告，即根据不同财务会计报告使用者的不同要求，有选择、有重点地披露某些使用者所需要的信息，使财务会计报告能满足不同使用者的需要，提高财务会计报告的相关性和有用性。例如，《中小企业国际财务报告准则》(IFRS for SMEs)有别于国际财务报告准则体系(IFRS)，我国 2013 年实施的《小企业会计准则》有别于企业会计准则体系。[①]

1.4.2 差别控制的国际动态

最初的 COSO 报告旨在探讨财务会计报告中舞弊产生的原因，并寻找解决之道。1992 年发布的《内部控制——综合框架》主要针对公众公司或大中型企业。COSO 报告经数次修改，仍然作为各国大中型企业内部控制不断趋同的主要对象。2002 年美国颁布了《萨班斯法案》，其第四百零四条要求公众公司管理层每年对其财务会计报告内部控制的效果进行评估和报告。

然而，较小型公众公司在面对执行第四百零四条的挑战时，承受了意料之外的成本。为了指导较小型公众公司执行该条款，COSO 于 2006 年发布了《较小型公众公司财务报告内部控制指南》(简称《指南》)，就较小型公众公司如何按照成本-效益原则使用《内部控制——综合框架》设计和执行财务会计报告内部控制提供指导。

《指南》对"较小型公众公司"的特征做了如下描述：一是较小的业务范围，并

---

① 解读《小企业会计准则》的具体内容，请进一步阅读李敏编著的《小企业简易会计新模式——税法导向与差别报告的应用价值》(上海财经大学出版社出版)。该书旨在倡导简易会计与差别报告在我国小企业中的恰当运用，推崇《小企业会计准则》的核算模式和创新成果，以及业财融合、财税融合、算管融合的应用价值。

且每一项业务只涉及较少产品;二是从渠道和地域上而言,市场相对集中;三是管理层在重大的所有权利益和权力上占据主导地位;四是相对于控制的广度,管理的层级较少;五是相对简单的交易处理系统和规程;六是较少的员工,而每位员工担负更多职责;七是在各种支持性岗位(如法律、人力资源、会计和内部审计)上所提供的资源有限。对小企业个性特征的具体考量为实现差别控制提供了积极的基础。但遗憾的是,《指南》所关注的是"较小型公众公司",而不是小微企业,整体要求依旧"高高在上";所偏重的是财务会计报告控制,而非小企业内部控制,其局限性显而易见。

1.4.3 差别控制的现实依据

我国实施差别控制是有依据的。我国小企业数量众多、类型多样、差别显著,即使是同行业的小企业之间也存在差异。我国小企业占企业总数的98%以上,小企业中95%以上是非公有经济,并以非上市为主,上市占比不到1%。即使是上市小企业,也是以民营为主。小企业种类的多样性导致其内部控制程度的差异化,况且小企业规模不同,发展阶段不同,内部控制的要求必然存在差异。

与大中型企业相比,规模较小的企业存在内部控制劣势:

一是治理结构不健全,控制环境不理想。科学规范的企业治理结构和管理制度是可持续发展的保障。但不少小企业仍未建立现代企业制度,企业治理结构不健全、不规范。以小企业创始人集权为核心的治理结构导致家族成员在小企业中担任主要管理者,往往具有所有者和经营者双重身份。小企业围着老板转,所有权、经营权、决策权、执行权、监督权均由家族内部成员控制,缺乏来自内外的有效监控、反馈和制约。不少小企业内部职能的运作在很大程度上依靠家族成员之间形成的一系列非正式制度,以人情、人治代替制度规范,权力容易凌驾于制度之上,从而使所制定的内部控制制度难以得到遵循。"一言堂"现象较为严重,由实际控制人根据定性分析与个人风险偏好做出决策的情况较多,且组织架构与管理结构较为简单,缺乏监督机制。

二是组织结构简单,人员素质不高。小企业的部分领导人侧重技术,商业知识和财务能力相对贫乏,特别是"一把手"的内部控制意识淡薄,导致职责不清、管理混乱、效率低下、资产资金管理等重点领域问题频发。多数小企业规章制度缺失,专业人才匮乏,管理水平不高,能够"管好资金、管牢物资、管住人才"的不多。还有一些小企业法律法规意识淡薄,有法不依,财务报表存在信息失真和监管失控等严重问题。

三是内部控制认知欠缺,管控经验不足。小企业对建立内部控制制度普遍不够重视,内部控制制度残缺不全或有关内容不够合理,甚至有章不循,或流于形式,或失去了应有的刚性和严肃性等。小企业推行内部控制还存在不少人为障碍(限制),已有的制度规范可能因执行人员的粗心大意、判断失误等而失效,还可能因有关人员相互勾结、内外串通、合伙舞弊而失效,更可能因管理当局越权控制、执行人员滥用职权或屈从于外部压力等原因而失效。

四是商业模式不稳,竞争能力不强。不少小企业长期依靠低成本优势、低层次模仿、低水平加工参与竞争,一方面产品技术含量低、缺乏核心竞争力,另一方面逐利心切、好高骛远。个别小企业责任意识淡薄,污染环境、拖欠工资、"山寨"产品、虚假宣传等负面事件使其形象受损,处于"微笑曲线"的底端。

五是缺乏监督机制,制约意识淡薄。例如,对于出纳人员同时从事银行对账单的获取、银行存款余额调节表的编制等工作,一个人保管支付款项所需的全部印章等现象视而不见,甚至一些小企业为了工作方便,随意越轨,致使舞弊案件屡见不鲜。一些小企业的管理层内部控制意识淡薄,使具体事项的控制制度不健全,机构设置流于形式,相关监督控制基本上停留在会计核算层面,即使这样,相关制度的执行也不到位;同时,有限的技术资源难以满足对计算机信息系统保持恰当的控制;等等。

但与大中型企业相比,规模较小的企业也存在内部控制优势:

一是高层直接参与,实现集权管控。小企业的创始人往往就是小企业的直接管理者,这种制度安排对于实现目标十分关键。如果高管具有深厚的背景知识,包括运营、程序、合约以及抗风险能力等,就有利于小企业健康安全地发展,也就是说,小企业负责人的控制意识和控制能力至关重要。

二是高效决策机制,便于迅速行动。小企业的董监高可以更深入地获取小企业活动的信息,深入参与小企业决策,更能够从小企业发展历史的角度来思考问题,决策后就能落实行动,有助于迅速参与市场竞争。由此,高管能否有效决策相当关键。

三是直接干预岗位分离和内部控制。由于资源和员工数量有限,一些岗位难以单独设立,但管理层会采取一些措施来弥补这些缺陷,包括管理层直接检查交易细节、定期盘点实物、与会计记录核对、复核账户余额、直接与客户对账等,因此,管理层精通内部控制措施并加以积极运用就显得更加重要。

一些家族企业小而精、小而强,能够抱团打天下是其天然优势。所有权与经营权的集中统一使家族企业的经营成本大为降低,并提高了家庭成员为小企业奋斗的积极性。尤其是在家族企业形成初期,家族制这种组织形式具有节约代理成本、降低小企业运行成本,以及管理机制灵活等优点,使得家族企业在动荡的环境中能够依靠家族的凝聚力迅速成长;同时,家族企业自主经营、自负盈亏、机制灵活,看准了就做,做不好就改,改不了就换,船小掉头快。

"瑕瑜互见,长短并存"。家族企业虽有先天的优势,但也有内在的缺陷。随着小企业的发展壮大,企业治理的复杂化和经济的全球化带来了风险竞争,纯粹家族式企业的治理弊端开始显现。如今一些家族企业在股权与内部治理上的纷争所导致的失控问题令人震惊,如中式快餐"真功夫"由于家族内讧而自相残杀。

但家族制并不是导致"富不过三代"的根源,家族企业之所以"短命",关键在于其治理机制和内部控制机制没有与时俱进。香港有一个闻名华人餐饮界的品牌——"李锦记",其是一家具有一百二十多年历史的家族企业,成功顶住了各种风雨。2015年,安永在《持久力:家族企业怎样才能创造持久的成功?》的报告中发现了家族企业成功的七个主要因素,即代际传承、女性领导力、内部治理、沟通与冲突化解、家族品牌建设、企业社会责任与可持续发展、网络安全,其中,大部分因素与内部控制休戚相关。"寸有所长,尺有所短",只有善于取长补短、吸取经验教训,才能不断成功。

1.4.4　差别控制的中国思维

(1) 差别化的立法宗旨

内部控制的立法宗旨是关于小企业内部控制的目的或对小企业内部控制应有目标的表述,它不仅陈述了控制的职责与任务,而且阐明了为什么要履行这些职责和完成这些任务以及完成任务的行为规范是什么,从而为内部控制确定了总目标、总方向和总的指导思想,体现了委托人的基本需求与受托人实施控制的价值观、信念和指导原则等。

财政部为什么要制定《小内控》呢?是"为了指导小企业建立和有效实施内部控制,提高经营管理水平和风险防范能力,促进小企业健康可持续发展"。财政部力图通过建立和有效实施差别内部控制,引导和帮助小企业通过加强内部控制建设,提升经营管理水平和风险防范能力,减少各类经济损失,从而健康成长。追求健康是小企业生存的前提,是经营成功的条件,是有效管理的基础。

(2) 差别化的控制目标

内部控制目标有高低之分、多少之别,小企业应当从哪些方面入手呢?

《小内控》从合法性、安全性、可靠性三个方面明确了内部控制的基本目标,对比《基本规范》的 5 项目标要求，《小内控》减少了 2 项，没有直接提到"提高经营效率和效果"以及"促进企业实现发展战略"的控制目标，因而小企业的内部控制目标更加简明直观。

（3）差别化的风险认知

尽管小企业需要关注多方面的风险，但其最需要考虑的是围绕核心目标所产生的风险。尤其是在最初设计和执行内部控制时，就需要对风险予以考虑，并对确定目标后的风险进行分析，进而形成风险管理基础。

小企业遭遇的风险虽然错综复杂，但通过抽丝剥茧，化繁为简，提炼出各自所面临的主要风险或风险所在的重点领域，可以引导小企业明确控制重点，促使所开展的内部控制活动具有较强的针对性。《小内控》提出的应重点关注的风险包括合规性风险、资金资产安全风险、信息安全风险和合同风险，具有针对小企业的对象的差别性。

设计小企业内部控制可以基于健康安全的视角或风险管理的视角，也可以基于制度建设或文本撰写的视角，还可以基于价值链分析的视角等。本书主要基于健康发展理念下的风险管控视角，同时兼顾制度建设需求与价值链考量等。

（4）差别化的控制原则

原则是说话、行事所依据的准则，或观察问题、处理问题的准则，不可违背。树立原则意识，就是要守纪律、讲规矩，不能乱来。

《基本规范》的制定是以大中型企业为对象，没有针对小企业的特殊情况。对小企业而言，要全面遵循《基本规范》，难度较大。例如，企业治理的相关条款要求企业建立规范的治理结构和议事规则，这对治理水平相对不高的小企业来说适用性不强。财政部的调查问卷结果显示，内部控制规范对大型企业的适用度较高，其中，51%的企业认为完全适用，3%的企业认为成本高而不适用；但对小型企业而言，只有31%的小企业认为完全适用，11%的小企业认为成本高而不适用，3%的小企业认为完全不适用。

哪些内部控制原则是小企业必须遵循的？《小内控》考虑了小企业的资源限制，在坚持成本-效益考量的基础上，重点突出实用性和可操作性，引导小企业在有限的资源下防范各类风险，切实降低小企业内部控制的实施成本，有效提升小企业管理水平和风险防范能力。所以，《小内控》在确定小企业内部控制的基本原则和指导思想方面具有以下几个鲜明的特点：一是没有提出"全面性原则"。"全面性"要求内部控制贯穿决策、执行和监督的全过程，覆盖企业及其所属单位的各种业务和事项，这对于小企业来说要求太高，但小企业可以努力去做，如确立由小企业负责人及全体员工共同实施的全员控制理念。二是没有单独提出"重要性原则",而是将"重要性"体现在风险导向中,落实在重要业务事项和高风险领域。三是没有强调"制衡性原则",因为小企业在制衡方面还有待完善,目前可以更多地倡导管控融合、管控联动的做法。

因为个体有差异,抗药性也不同,所以药物没有好坏,合适的才是最好的。差别控制体现在《小内控》的字里行间和小企业的内部控制实务中。承认差异并体现差异是一种实事求是的理性态度。内部控制差异犹如语言差异或文化差异般难以消除,关键在于认知"差"在何处、"异"有多大、如何协同或协调。国际趋同并不是为了消除所有差异,而是要异中求同或同中求异。由于各家小企业的内部控制实际情况千差万别,因此不可能也没有必要存在一个固定不变的控制模式,或采用完全相同的控制方法。

1.4.5 管控融合的整合思维

(1) 资源整合中的管控融合

小企业因资源有限,很难效仿大中型企业全面开展各项内部控制活动。所以,一方面要帮助小企业解决好资源、人员经验不足等问题,有效推进内部控制活动;另一方面应当通过整合现有资源达到事半功倍的效果。

实证分析1.1 | 不少管理问题本身就是内部控制缺陷

某小企业正在修订与完善内部控制制度,对照有关法律法规,发现以下三个问题令人关注:一是为提高工作效率,所有资产处置、对外投资和资金调度统一由总经理审批;二是为加快货款回收,允许销售部门及其销售人员直接收取货款;三是为扩大分公司的经营自主权,允许分公司自行决定是否对外提供担保等。

针对上述问题,对照内部控制规范的要求,该小企业认识到其内部控制存在如下缺陷:

一是小企业应明确规定相关工作授权批准的范围、权限、程序、责任等内容,建立规范的对外投资决策机制和程序,各级管理层必须在授权范围内行使职权和承担责任,经办人员也必须在授权范围内办理业务。小企业虽小,但所有资产处置、对外投资和资金调度等事宜统一由总经理审批,违背了授权批准控制的原则,属于授权不当,不符合决策控制的要求。

二是销售与收款属于不相容职务,不得由同一个部门或个人办理销售与收款业务的全过程。

三是小企业应当加强对担保业务的控制,严格控制担保行为,建立担保决策程序和责任制度。该小企业允许分公司自行决定是否对外提供担保,违背了有关担保控制的要求,也不符合授权批准控制和风险控制的要求。

管控融合就是利用现有资源进行有效整合,以获得整体的最优效果。资源贫乏的小企业更要通过整合资源,取长补短。互补需要融合,融合才能互补。小企业可以通过汇合、组合、重组、一体化综合等多种多样的整合方式,对不同区域、管理单元中分散存储和管理的各类信息资源进行识别与选择、汲取与配置,在有机融合的基础上联结成结构有序、管理一体化、配置合理的有机整体,这对于开展内部控制活动具有以下积极作用:① 主动性,通过实现信息需求者和信息提供者的互动,由"要我提供"变为"我要提供";② 广泛性,尽可能扩大信息源,利用一切可以利用的相关人员随时随地采取各种方式收集各类信息;③ 动态性,及时反映小企业生产经营活动的过程;④ 多样性,通过运用各种处理手段,将信息以各种输出形式提供给相关的信息使用者;⑤ 整体性,综合考虑小企业内部、外部的相关信息使用者的需求,针对各方面的需要对信息进行整理、合成。

内部控制和企业管理相互关联,在不少场合高度相关,有时甚至内在一致。凸显与倡导管控融合的思维与做法是为了防止小企业只是出于不违背监管的要求,而不是出于自控自强的需求,在形式上另起炉灶,在文本上另搞一套了事。不仅如此,在小企业的操作实务中,如果人为地将"管"与"控"割裂,不仅会加大小企业的负担,使管理"超载",而且不切实际。要管理就会有控制,控制本身就是管理的关键;要控制就会有管理活动,控制不住,管理就无效。管理中有控制,控制就是在管理,两者相辅相成、相得益彰。

(2) 管控融合的理性分析

管理是集体活动的产物。远古时期几个人聚在一起打猎就需要管理,现在成百上千人在一起工作更需要管理。

"科学管理之父"弗雷德里克·泰勒(Frederick Winslow Taylor)认为,"管理就是确切地知道你要别人干什么,并使他用最好的方法去干"。(《科学管理原理》)

"现代经营管理之父"亨利·法约尔(Henri Fayol)认为,管理是所有人类组织都有的一种活动,这种活动由五项要素组成——计划、组织、指挥、协调和控制。(《工业管理与一般管理》)

"现代管理学之父"彼得·德鲁克(Peter F. Drucker)认为,"管理是一种工作,它有自己的技巧、工具和方法;管理是一种器官,是赋予组织生命的、能动的、动态

的器官;管理是一门科学,一种系统化的并到处适用的知识;同时管理也是一种文化"。(《管理——任务、责任、实践》)

小企业要经营,必须有管理。经营和管理分工协作,如胶似漆。经营的"眼睛"向外,偏重于小企业的外部活动,想挣钱,要开源;管理的"眼睛"向内,偏重于小企业的内部活动,想省钱,要节流。经营涉及市场、顾客、行业、环境、投资等,关乎小企业的生存与盈亏,侧重于动态性谋划发展的内涵,偏重于选择对的事情做。管理涉及制度、人才、激励、控制等,关乎效率和成本,侧重于正常合理运转,偏重于把事情做对。两者好比人的两条腿,欲行稳致远,则缺一不可。经营与管理的融合被称为经营管理(简称经管),通常是指能按经营目的顺利地执行、有效地调整所进行的系列管理运营活动,其基本任务是合理地组织生产力,使供、产、销各个环节相互衔接、密切配合,人、财、物各种要素合理结合、充分利用,以尽可能少的活劳动消耗和物质消耗生产出尽可能多的符合社会需要的产品。

管理存在于小企业的各项活动中,是有效保证小企业目标实现的过程,其最一般的特征就是既"管"又"理"。一些管理者深有体会地说:管理管理,就是管住原则,理出思路;管好人才,理好钱财。

管为细长而中空之物,其四周被堵塞,中央可通达。使之闭塞为堵,使之通行为疏。管表示有堵有疏、疏堵结合,既包含疏通、引导、促进、肯定、打开之意,又包含限制、规避、约束、否定、闭合之意。理,本义为顺玉之纹而剖析,代表事物的道理、发展的规律,包含合理、顺理的意思。管理之道,管中有理,管中有控,犹如治水,疏堵结合、顺应规律而已。

小企业要管理,就必须有控制。控制蕴含在管理及其活动过程中,并起着关键的职能作用,它是按既定目标和标准对组织的活动进行监督、检查,发现偏差,采取纠正措施,使工作能按计划进行,或适当调整计划以达到预期目的。控制是一个延续不断、反复发生的过程,目的在于保证小企业的活动及其成果与目标一致。

管理与控制原本就是兼容的。一方面,管理的初衷源于控制的动机,想要控制,控制就在管理的实践中丰满起来,并具有关键性的作用。管理的过程就是控制的过程,控制既是管理的一项重要职能,又贯穿于管理的全过程。另一方面,控制本身也是一种专业的管理活动,不少控制内容是新近发展起来的,已经超出传统管理学的范畴,与审计学、经济学、社会学、政治学、心理学、生物学、医学等接壤,产生了内部控制要素、风险管理框架、内部控制评价与审计等新的内容。从学科建设来看,内部控制学已经成为一门独立的学科,且随着经济的发展而变得越来越重要。

国内外早已开始倡导"管理控制"。美国管理控制师协会于1931年成立,1934

年创办了《管理控制师》杂志。德国重视管理控制教育与管理控制师的培养。暨南大学管理学院的白华教授提出了"管控融合论"。《小内控》将"管控融合"写进国家级内部控制文本,可谓高屋建瓴、独具匠心。

控制学与管理学存在明显的交集,但不完全重合。图1.1中的交叉部分就是管控融合的"用武之地"。

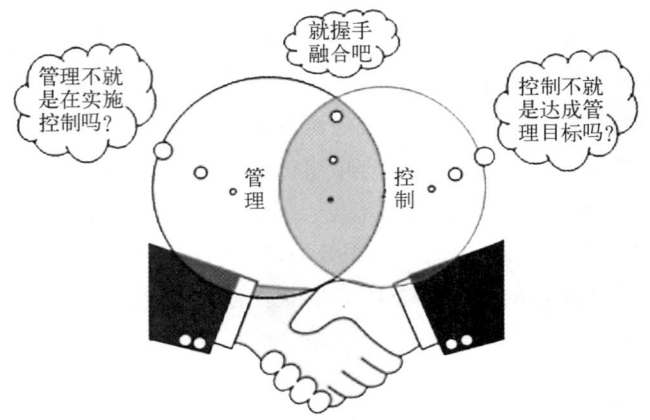

图 1.1　管理与控制的逻辑关系解析

北京工商大学商学院杨有红教授的研究表明,内部控制系统与管理会计工具和方法运用之间存在千丝万缕的联系,内部控制是保证管理会计工具和方法科学应用的前提条件,贯穿管理会计应用环境、管理会计活动、管理会计工具与方法、信息与报告四个要素。它们之间的密切联系是两者高度融合的基础。小企业在普及管理会计工具与方法应用的过程中,应该采用"双管齐下"的做法:在内部控制的优化过程中充分考虑管理会计工具与方法在企业中的应用,管理会计工具与方法的应用需充分体现内部控制这一应用环境的要求。

一方面,专业研究上的学科分工可以越来越细;另一方面,实务中管理与控制确实难解难分。简单的"缝合",就像用针线将两者强行连在一起,但是管理的职能并不等于控制的职能。本书倡导"管控融合"的思维与做法,期望通过融合内部控制活动与企业管理活动,不仅在所有小企业中推而广之,而且落到实处、体现实效,从而切实改变目前不少小企业对内部控制踌躇观望、对风险管理听之任之的现状。

真正有效的风险管理工作是要支持管理决策的,而不仅仅是建立内部控制制度和流程。一些知名的管理咨询公司的成功经验证明,为客户提供风险管理方法就是为企业的战略和管理决策提供支持,将风险管理工作融入管理决策的各个环节,不仅体现风险管理的真正价值,而且深受小企业的欢迎。

"管"与"控"有机融合比单纯的控制更具有整体性和综合性,它要求在管理思维下健全控制标准,在控制过程中达到管理要求,寓控制于管理过程中。例如,一些小企业的管理体系是按照计划、执行、检查、处理(PDCA)的循环思路设计的,围绕产品实现过程,对标准化控制的相关活动和资源耗费过程进行综合管理,通过寻找各环节的控制点与分析失控状况,最大限度地消除价值链中的冗余,让小企业依据需求定职能,按照职能树目标,根据目标立标准,依照标准去管控,用最有效的方法达到最佳的运行效果。

(3) 探索主动管控融合的路径与方法

小企业主动走"管控融合"之路,形成有利局面,使事情按照自己的意愿发展,这是提高内部控制实效性的有效路径。从管理风险的角度去解读,管理就是控制,就是要把持好,不让风险泛滥成灾。尤其是以业务为中心进行融合管控体系的探索与实践,在业财融合过程中,在管控融合基础上提升企业的综合治理能力,更能增强控制的覆盖面与权威性。例如,内部控制所关注的对象是战略中的风险、业绩中的风险、业务中的风险、流程中的风险、岗位中的风险、人员中的风险等。这种关注虽然与战略、业绩、业务、流程、岗位、人员相关,但不包括也不能涵盖对战略、业绩、业务、流程、岗位、人员的管理内容与管理过程。倡导管控融合有助于在这些方面扬长避短、取长补短,从而发挥相得益彰的效应,还可以弥补内部控制的某些局限性。

实现管理目标的路径各式各样,不同的管理方法各有千秋。小企业可以考虑多法并用,通过倡导融合与整合,努力探寻最优的过程控制,设计融合并行的管理模式、管理方法和管理工具。

小企业人手少,岗位分工等相关资源有限,倡导管控融合的思维逻辑既符合小企业管理的一般原理,也考虑了小企业实现管控融合的需求,更可以体现管控的效率与效果。小企业可以有以下几条路径去开展管控融合的相关活动:

一是以落实内部控制措施为抓手,推进相关管理工作的协同开展,如落实按职级、按岗位层层授权的审批管控体系。一些小企业提出"以管理活动为基础,以内部控制措施为抓手,以监督检查做保证"的内部控制构想是有道理的。

二是在开展管理活动的过程中有重点地推进内部控制工作,经试点成功后加以推广,如在划小核算单位的基础上形成算、管、控融合的一体化运行机制。

三是推进"防控救治,以防为先"的管控模式,因为预防是最有效、最经济、最重要的路径与方法。任何控制策略和措施都是为防范与管控风险服务的,防范与管控相辅相成,"以防为先"对于小企业的安全健康特别重要。

四是探索"三流合一"的全过程管控模式。对小企业而言,其管理信息最终会汇集到物流、资金流、信息流。通过"三流合一"的全过程管控,有助于实现小企业经营管理的全透明。从小企业的财务管理领域发力,向业务管理领域延伸,融合业务管理与财务管理,使财务控制的节点前移,并通过及时产生看得懂的财务报表来实时反馈小企业的经营状况,从而使业务管理和财务管理均得到提升(如图1.2所示)。

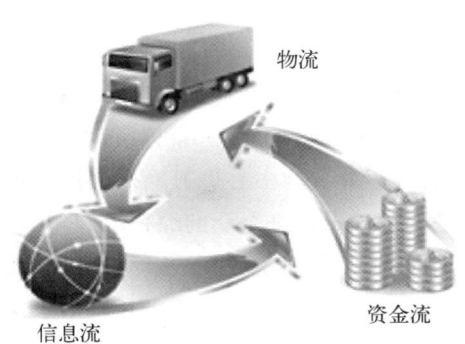

图1.2 "三流合一"的全过程管控模式

五是建立小企业标准化体系,按照用量标准、价格标准、差异比较、原因分析的思路,建立健全覆盖管理全过程的必要的标准文件,发挥标准化对管控活动的支撑和保障作用。

六是借助信息化互联网等工具的应用与推广实施管控融合的自动控制系统。例如,管控一体化(MES)是处理企业资源计划(ERP)与现场控制层的中间层,它以生产过程控制系统为基础,通过对企业生产管理、过程控制等信息的处理、分析、优化、整合、存储和发布,运用现代化小企业生产管理模式建立覆盖小企业生产管理与基础自动化的综合控制系统。

小企业还可以结合具体管控场景,理论联系实际,探寻更多更好的路径,设计更多更好的方案。

老法师提醒1.1 | 请关注内部控制的简约用法与融合理念

遵从内部控制约定俗成的习惯说法和简洁明了的表达方式,本书将《小企业内部控制规范(试行)》简称《小内控》,将"内部控制"简称"内控",将"风险控制"简称"风控",将"自我控制"简称"自控",将"防范与控制"简称"防控",将"管理与控制"

简称"管控",将"监督与控制"简称"监控",并积极倡导资源整合、管控融合、监控结合等先进理念,助力小企业内控有效运行。

经典案例评析

华为走自立自控自强之路

企业能否活下去,取决于自己,而不是别人。活下去,不是要苟且偷生,而是要健康安全。活下去并非易事,要健康地活下去则更难,因为企业每时每刻都在面对外部变幻莫测的环境、激烈的市场竞争和内部复杂的人际关系等。企业只有在不断自立、自控、自强的过程中才能活下去。

1987年,华为技术有限公司(简称华为)创立于深圳,是一家只有6名员工和21 000元资本金的小企业,到了2008年,其被商业周刊评为全球十大最有影响力的企业。2018年7月31日,华为荣获2018年第三十二届中国电子信息百强企业排名第一位。2019年8月22日,全国工商联在青海西宁发布了《2019年中国民营企业500强报告》,华为以7 212亿元的营业收入当之无愧地成为"中国民企500强"榜首,这已是华为蝉联"中国民企500强"榜首的第四年。三十多年来,华为之所以越活越强,与其主动管控、积极应对休戚相关。

一家致力于持续稳定发展的企业必然重视内部控制,任何从小到大持续发展的企业都应如此。华为从一家默默无闻的小企业一跃成为热门企业,其管理控制方针是通过建立健全管理控制系统和必要的制度,确保企业战略、政策和文化的统一性。在此基础上对各级主管充分授权,形成一种既有目标牵引和利益驱动,又有程序可依和制度保证的活跃、高效和稳定的局面。

在华为推行内部控制之初,财经工作曾被视为业务的对立面,内部控制的目的似乎会阻止业务的高效开展。在混沌和迷茫中,华为渐渐找准了自己的定位,提出"内部控制价值要体现在经营结果改善上"的管理目标,并沿着这个目标把内部控制工作揉细了、掰碎了,一个一个区域、一个一个组织逐个讲解、逐个沟通,逐个确定本领域、本组织的内部控制工作目标。有了目标,就要承诺;有了承诺,就要实现;内部控制管理在经营活动中渐渐扎了根、发了芽,一线团队也渐渐接受了内部控制概念,愿意沿着内部控制的管理要求开展工作。

为了使控制工作发挥有效的作用,华为遵循了以下基本原理:

一是组织适宜性原理。一个组织的结构设计越是明确、完整和完善,所设计的控制系统越是符合组织机构中的职责和职务要求,就越有助于纠正脱离计划的偏差。

二是控制关键点原理。为了进行有效的控制,需要特别注意在根据各种计划衡量工作成效时有关键意义的因素(关键点)。华为要求主管人员将注意力集中于计划执行中的一些主要影响因素,而不应随时注意计划执行情况的每一个细节。因为控制住了关键点,也就控制住了全局。

三是例外原理。主管人员应注意一些重要的例外偏差,也就是把控制的主要注意力集中在那些超出一般情况的特别好或特别坏的情况,从而实现高效率的控制。例外原理必须与控制关键点原理相结合,即应把注意力集中在关键点的例外情况上。

四是控制趋势原理。控制全局的主管人员应着重注意现状所预示的趋势,而不是现状本身。控制变化的趋势比仅仅改善现状重要得多。趋势是多种复杂因素综合作用的结果,是在一段较长的时间内逐渐形成的,并对管理工作的成效起着长期的制约作用。趋势往往容易被现象所掩盖,不易被觉察,也不易控制和扭转。不能当趋势可以明显地描绘成一条曲线,或是可以描述为某种数学模型时再进行控制,而应从现状中揭示倾向,特别是在趋势刚显露苗头时就进行控制。

五是反映计划要求原理。控制是实现计划的保证,控制的目的之一是实现计划,计划越是明确、全面、完整,所设计的控制系统越能反映计划,控制工作就越有效。每一项计划和每一种工作都各有特点,对于其控制标准的确定,控制关键点和主要参数的选择所需信息的种类和收集的方式、评定工作成效的方法等,都必须根据不同计划的特殊要求和具体情况来确定。

华为主张强化管理控制,同时认识到,偏离预算(或标准)的行动未必是错误的,单纯奖励节约开支的办法不一定是好办法。华为鼓励员工和部门主管在管理控制系统不完善的地方,在环境和条件发生变化的时候,按华为宗旨和目标的要求,主动采取积极负责的行动。经过周密策划、共同研究,在实施过程中遇到挫折应得到鼓励,发生失败不应受到指责。

华为对发展中的风险念念不忘,谨慎小心,防患于未然。1997年,在华为创立10年之际,创始人任正非深有感触地说:"10年来,我天天思考的都是失败,对成功视而不见,也没有什么荣誉感、自豪感,只有危机感。也许是这样,才存活了10年。"2001年,任正非在散文《北国之春》中写道:"华为经历了十年高速发展,能不能长期持续发展?会不会遭遇低增长,甚至是长时间的低增长?企业的结构与管理上存在什么问题?员工在和平时期快速晋升,能否经受得起冬天的严寒?快速发展中的现金流会不会中断,如在江河凝固时,有涓涓细流,不致使企业处于完全停滞？……这些都是企业领导人应预先研究的。华为总会有冬天,准备好棉衣比不准备好。我们该如何应对华为的冬天?"这种"生于忧患,死于安乐"的危机意识根植于华为的企业文化中。

华为针对战略风险、运营风险、财务风险构筑起三层防护,沿着每项业务活动建立起包括行政长官、内部控制和稽查、审计三道防线,并通过CFO组织、账务组织和资金组织三个独立组织来落实管控工作。

慎终如始,内无妄思,外无妄动,则无败事。华为之所以倡导居安思危,是因为危中有机,机中有危,是危机感延续了华为的生命,驱动华为由小到大、不断成长。华为至今还在研究"如何活下去",并寻找"活下去"的理由和"活下去"的价值。因为增长不等于发展,更不等于可持续发展。

第 2 章　自主自控的基本原理

> 懂原理,知目标,明方向,守原则,重管控,走自主自立自控自强之路。

2.1　内部控制的基本认知

2.1.1　小企业自主自立的基本特征

小企业自主自立,就是要在市场经济中自主经营、自负盈亏、自我约束、自我发展。

自主就是自己主动,不受别人支配;或遇事有主见,能对自己的行为负责。自立就是无须他人扶助,自己能够独立;或依靠自己的力量有所建树,不需要他人的帮助独立完成某事。小企业能够自主自立最明显的标志就是自我控制(即自控),自控是小企业走向自主、自立、自强的必由之路。

翻阅历史,社会的基本经济单位在经历了原始社会的氏族部落、奴隶社会的奴隶主庄园、封建社会的家庭和手工作坊等形式的演进后,在资本主义社会诞生了企业这种社会组织形式。在公司出现以前,个人独资企业是最典型的企业形式,合伙组织中最典型的是家族经营团体。一百多年来,随着不断采用新技术,企业的规模随生产迅速扩大;随着经营权与所有权分离,形成一批职业化的管理阶层;随着普遍推广科学管理制度,内部控制与风险防范也越来越受到重视。企业因为走向自控、自律、自强而不断成熟,逐渐形成现代企业。

自主自立是一种权利。小企业可以自主选择企业的性质与行业归属等。作为自立型的经济组织,小企业可以选择公司制或非公司制形式。我国的公司是指依照《中华人民共和国公司法》在我国境内设立的以营利为目的的企业法人,包括有限责任公司和股份有限公司。我国的非公司企业是指合伙企业、个人独资企业和个体工商户等。目前,我国小企业数量众多,分布面广。按照所有权划分,我国小企业的性质涵盖了国有企业、集体企业、民营企业、股份公司、外资企业等多种类型,其中95%以上是非公有经济;按照行业划分,我国小企业几乎分布于所有的行业类型,以制造业和服务业为主;按照上市与否划分,我国小企业以非上市为主,上市企业占比不到1%。即使是上市小企业,也是以民营为主。《2014中国中小上市公司公司治理50强》的统计显示:85.2%的中小板企业和80.6%的创业板企业的实际控制人是单一自然人或家族,90%的中小上市公司的"出身"是民营企业。

  自主自立还是一种能力。小企业应当具备独立存在、主动作为、不受别人支配的能力,包括自主创业、自主学习、自主经营、自我管理的能力。例如,自主经营是指经营人能够独立自主地对小企业的生产和经营活动做出决策和实施经营管理,及时对市场信号做出反应。自主经营是对自由人性在小企业活动中最形象的诠释。但自由与自律是辩证的,自由人性又会受法律与道德规范的制约。其中,法律规范是小企业经营活动中的一种"刚性规范",而内部控制是小企业自我制约的理想行为,小企业在经营活动中形成自觉的规范意识是其自由自主经营得以实现的一个重要保障和前提条件。所以,对小企业行为的选择必须有一定程度的管控。目前,大多数小企业在创建初期选择了规模小、业务简单、机制灵活、组织精干的管理模式,且由拥有多数所有权的少数人员管理小企业;即使设置董事会、监事会,不少也只是形式;内部控制刚起步或还缺乏必要认知,管理者普遍一人身兼多岗,内部控制基础较差,管理水平较低,产出规模较小,竞争力较弱。所以,要关注小企业的重要性和特殊性,关注小企业的生存发展与管控现状。

  自主自立更是一种精神。一个不自信的人,很难在生活中独立;一家缺乏自信的企业,很难在市场中自强。自信就是相信自己。但自信不是盲目的,其来源于自主自立的精神。例如,小企业的资源不如大中型企业,所以应当扬长避短,而不是自馁(因失去自信而畏缩)。小企业可以通过整合资源、集中优势力量从事专业化、专门化生产,从而形成相对优势。"避短"就是有所不为,如果小企业不顾自身条件,随波逐流,看到市场上什么赚钱就做什么,盲目搞多元化经营,就极有可能陷入不能自拔的"泥潭"。任何企业的发展过程都是由小到大的。在小的时候,由于自身规模小,人力、财力、物力等资源有限,既无力经营多种产品以分散风险,也无法在某一产品的大规模生产中与大中型企业抗争,因而需要将有限的人力、财力和物力投向那些细分市场,专注于某一精细化产品,以求在市场竞争中站稳脚跟,进而获得更大的发展。这是一种恰如其分的战略思想与竞争定位，也是能自持自守、不为外力所动的自立精神。从大多数自强发展的小企业的成功经验来看，通过选择能使小企业发挥自身优势的细分市场来进行专业化经营，走以专补缺、专精致胜的成长之路，做到有所为、有所不为，是小企业获得生存与发展的有效途径与制胜法宝。

自主自立又是一种责任。小企业遇事不仅要有主见，而且要对自己的行为负责。独立经营、独立核算下的自负盈亏，就是指对自己的经营得失（盈亏）承担全部或相应的经济责任，这是小企业作为独立经济人的重要标志。小企业自负盈亏，可以使责、权、利统一，有利于发挥小企业生产经营的积极性，增强小企业的活力，促进生产力的发展，也有利于进一步完善社会生产关系。所以，自负盈亏对小企业来说，既是目标，又是结果；既是动力，也是压力。自负盈亏与财产利益密切相关，这种无形的作用力无时无刻不在影响和制约着小企业的行为与决策。一方面，它使小企业与市场紧密地连接在一起，驱动小企业自觉地捕捉市场信息，根据市场的供求变化调整自己的行为，努力以尽可能小的成本消耗换取尽可能大的利润收益；另一方面，它引导小企业的行为趋于合理合法化，从而形成内部良性的经营运行与制约机制。

实践证明，小企业有了自主经营的权利并不能必然保证其自负盈亏。虽然自主经营是自负盈亏的必备条件，但后者并不是前者的必然逻辑延伸。自主经营只表明小企业生产经营应具备的权利是否到位，它针对的是小企业的行为本身，而不是这一行为所产生的后果。自负盈亏所解决的则是小企业生产经营的后果，即最终承受盈亏或债务等问题。自主经营与自负盈亏必需结合起来才能发挥自立应有的作用。在所有权和经营权分离的情况下，这种权利还是一种受托责任。这种责任一方面授予经营管理者对财产占有、使用和依法处理的权利；另一方面制约着经营管理者的经济利益，防止其不负责任、胡乱决策，导致资产滥用、资金流失、经营亏损等情况的发生。所以，小企业对自身的经营行为必须自律，否则会诱发不合理的市场行为，导致自主权滥用等。

内部控制应当是根源于自主经营、自负盈亏、自我约束、自我发展的内在需求的一种自觉行为，是一种管控介入的实践活动。经济越发展，管控越重要。得控则强，失控则弱，无控则乱。

2.1.2 小企业内部控制的权威定义

"内部控制是由小企业负责人及全体员工共同实施的、旨在实现控制目标的过程。"《小内控》给出的这个定义概括了什么是小企业内部控制、为什么要控制及怎样控制等重大问题，从中提炼出了小企业内部控制的责任主体与行为特征等。

第一，凸显了内部控制的责任主体。

小企业内部控制的责任主体是负责人及全体员工。之所以凸显"负责人"的责任，是因为这是小企业有效开展内部控制活动的重要前提。《小内控》第七条明确指出："小企业主要负责人对本企业内部控制的建立健全和有效实施负责。"当然，小企业负责人可以指定适当的部门（岗位）具体负责组织、协调和推动内部控制的建立与实施工作，但责任由负责人承担。

小企业的负责人通常是指小企业的法定代表人或者法律、行政法规规定代表小企业行使职权的主要负责人。任何小企业都应当促使控制环境不断完善，尤其是小企业的负责人，一定要以身作则、身先士卒。财政部的调研问卷数据显示，84％的被调查企业认为内部控制体系发挥效果的关键在于管理层重视，这与现场调研中获得受访者100％认同的"内部控制是'一把手'工程"的说法是一致的。

《小内控》的这项规定与我国历来强调会计控制应当由企业负责人负责的认识一脉相承。《中华人民共和国会计法》第四条明确指出："单位负责人对本单位的会计工作和会计资料的真实性、完整性负责。"第二十一条要求："单位负责人应当保证财务会计报告真实、完整。"第二十八条规定："单位负责人应当保证会计机构、会计人员依法履行职责，不得授意、指使、强令会计机构、会计人员违法办理会计事项。"《内部会计控制规范——基本规范（试行）》第五条也明确规定："单位负责人对本单位内部会计控制的建立健全及有效实施负责。"

《基本规范》将内部控制定义为："内部控制是由企业董事会、监事会、经理层和全体员工实施的、旨在实现控制目标的过程。"与《小内控》的定义对照，两者的主要区别在于控制主体分类的简化方面。《基本规范》分为四个层面——董事会、监事会、经理层和全体员工，符合《中华人民共和国公司法》的规范要求和大中型企业的治理现状；《小内控》分为两个层面——负责人及全体员工，符合小微企业的实际状况。

第二，明确了服务于控制目标的根本方向。

内部控制具有明确的目标指向性，即旨在实现控制目标。这是控制最根本的方向。也就是说，内部控制不是为控而控，也不是为制定制度而控，而是为实现控制目标而控。制度再多，管理失控或企业失败，就是内部控制无效。所以，以目标为导向是内部控制的"指路牌"或"指南针"。

对于控制目标的认识可以有一个渐进的过程,也允许在实践中不断完善与提升。

内部控制的最初形式是内部牵制,其重点是关注财产物资的安全与会计控制。一个连内部牵制机制都不存在的企业,无所谓内部控制。

COSO报告最早的目标是防止虚假财务会计报告,保证财务数据的准确性和财务会计报告的可靠性。随着内部管理需求的延伸,内部控制的外延与内涵不断扩大,逐渐承载了促进企业经营的效率与效果、维护企业资产安全、保障企业经营合规等责任。合规目标强调企业必须遵守社会基本规范,该目标与企业的生存密切相关,属于内部控制最低层次、最基本的目标。

实务中,小企业通常会率先考虑合规的保证与损失的风险。系统观察小企业的风险损失,主要集中在违法违规损失、资金资产损失和信息失真损失等方面。损失是对效率和效益的损害。所以,《小内控》在健康可持续发展宗旨的导向下,从合法性、安全性、可靠性三个方面明确提出了合规性目标、经营目标和报告目标,成为小企业是否健康安全的基本标志(如图2.1所示)。

```
           健康可持续发展宗旨
           下的内部控制基本目标
       ┌─────────┼─────────┐
  合理保证经营管理  合理保证资金、  合理保证财务会计报告
    合法、合规      资产安全      信息真实、完整、可靠
```

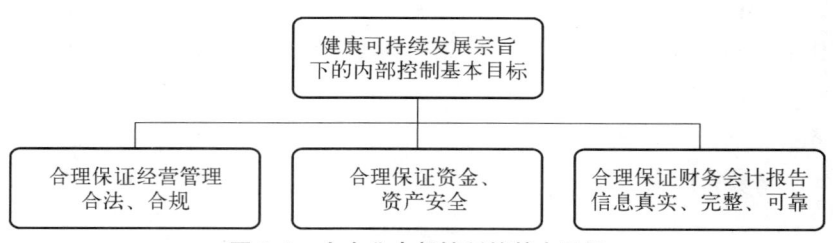

图2.1　小企业内部控制的基本目标

小企业对上述三个方面的基本目标(而不是全部管理目标)应当通过建立和实施内部控制措施、监督评价和保障机制等予以合理保证。这三个方面不达标,健康状况肯定有问题。

对比《基本规范》第三条,"内部控制的目标是合理保证企业经营管理合法合规、资产安全、财务报告及相关信息真实完整,提高经营效率和效果,促进企业实现发展战略",《小内控》减少了"经营效率和效果"及"发展战略"这两项,这并不是说小企业没有对经营效率、效果和发展战略的管理要求,只是《小内控》使小企业的控制目标更聚焦、更务实,从而有别于《基本规范》的层次。小企业规模小、管理资源不足,聚焦目标更有利于执行,而不是流于形式。换个角度说,《小内控》的目标定得比《基本规范》低,也不够全面,这是照顾到小企业的现状和发展阶段的不同要求。

"控"是为了"制",通过"控"的行为过程达到"制"的目标。所以,《小内控》第八条明确指出:"小企业应当围绕控制目标,以风险为导向确定内部控制建设的领域,设计科学合理的控制活动或对现有控制活动进行梳理、完善和优化,确保内部控制体系能够持续有效运行。"

第三,突出了过程控制的动态特征。

内部控制是指控制主体为了达到一定的控制目标,运用一定的控制机制和控制手段,对控制客体施加影响的活动过程,包括事前控制(前馈性的预防控制)、事中控制(现场的检查性控制)和事后控制(反馈性控制)。内部控制需要制定制度,但不只是为了制定制度,而是为了过程控制。

内部控制是以风险评估为基础的,风险在变,目标要变,内部控制应变。所以,内部控制实质上是过程管理,只有起点,没有终点,而且需要持续优化,与时俱进。

内部控制的行为特征就是掌握对象,不使任何活动超出其管控范围。被控制是指处于一种受控状态或自控自律状态;不被控制是指处于一种失控的、游离于规范约束外的状态。失控是小企业经营管理者最担心的事情之一。

内部控制最基本的功能就是制衡,因而内部控制的整个过程凸显制约与平衡的特点和作用。制衡是指两方或多方形成的一种上下牵制、左右制约、相互监督的关系,这不仅是内部控制最基础的功能特征,而且是内部控制的工作艺术。没有制衡就无所谓内部控制。

最初的内部控制表现为内部牵制。制衡的运作基础是内部牵制原理的有效应用。相互牵制是指对一项完整的经济业务,必须分配给两个或两个以上职位或人员分别完成,从而形成相互制约。内部牵制建立在两个基本假设上:一是两个或两个以上个人或部门无意识地犯同样错误的可能性很小,二是两个或两个以上个人或部门有意识地合伙舞弊的可能性大大低于一个人或一个部门舞弊的可能性。从实证分析中也可以得出结论:内部牵制机制确实能够有效地减少错误和舞弊行为。正因如此,在现代内部控制理论中,内部牵制依然占有相当大的比重,并且是组织机构控制、职务分离控制的坚实基础。

通过制衡等过程,可以使人们产生敬畏感。敬畏是对法律、规范、道德的崇敬感和归依感。敬畏心理是人们思想中最基础的品质和最基本的素养,也是一种自觉的道德约束和行为操守。"畏则不敢肆而德以成,无畏则从其所欲而及于祸。"([南宋]朱熹)无敬畏之心的人是可怕的,随心所欲的结局更加骇人。

通过制衡等过程,可以使人们在行为上有约束感。约束来自外在压力,约束感存于人的内心。一个人一旦有了约束感,就知道哪些事情能做,哪些事情不能做;知道哪些是有意义的事情,需要努力去争取;哪些是无意义的事情,需要坚定拒绝。不以善小而不为,不以恶小而为之。小恶不止,大祸立至。"凡善怕者,必身有所正,言有所规,行有所止,偶有逾规,亦不出大格。"([明]方孝孺)

通过制衡等过程,可以合理保证控制目标的实现。过程控制在于判断小企业的各种行为是否符合控制目标的要求并按照规定的指令执行,对偏离目标的行为防错纠偏。所以,在过程控制中,应该发挥包括明确操作规范、明晰职责权限、规范业务流程、顺畅信息沟通、监控风险动态、防范风险恶化等功能和作用。与过程管理对应的是结果导向——旨在实现控制目标,而不是偏离目标。好的过程就是要追求好的结果。

老法师提醒 2.1 │ 一念之间与自控定力[①]

一个练剑的人上山请教得道高僧,什么是天堂和地狱。不料他刚问完,高僧就说:"你满身杀气,早晚要被打入地狱,还来问我做什么?"那人听了十分气愤,拔剑要杀高僧。高僧说:"你看,眼前就是地狱。"那人似乎有所领悟,脸上露出了微笑。高僧又说:"看,天堂到了。"那人顿时大悟,大笑一声下山去了。

天堂与地狱就在一念之间。人的命运就是由无数的"一念之间"组成的。例如,面对贿赂,收或拒在一念之间。选择了拒,一生清白;选择了收,遗臭万年。又如,积土成山,在剩下最后一筐土的时候,你筋疲力尽,但选择了坚持,就是大功告成;选择了退却,就是功亏一篑。一个人的定力与自控自律休戚相关。许多成败得失都在一念之间。

2.1.3 具体控制目标与配套措施

目标应当是具体的、有针对性的、便于操作的,是可以通过具体履职情况、具体活动过程或具体控制措施来体现的。或者说,内部控制的具体目标与具体措施应当是配套的,从而促使控制活动具有针对性和有效性。

例如,某企业为了达到减少财务部门相关人员出错的目标,使他们之间互相监督,采取的具体控制措施包括:3年定期轮换财务部门相关员工的工作;每年必须至少接受一次以上突击检查;年底工作总结时必须实事求是、一分为二地解剖自身工作中的优缺点;主管上级每年至少一次找下属员工谈话;等等。

[①] 定力是指去除烦恼和妄想的禅定之力,或指处变和把握自己的意志力。

又如,某零售企业为了防止员工挪用与偷窃现金,并集中落实现金管理的具体控制目标,提出了以下具体控制措施:一是确保所有现金都有收入依据,有流水记录;二是每日分上下午两次汇集各柜台、各部门的现金收入,并核对无误;三是每日编制现金日报表,并复核无误;四是定期将所有现金收入存入银行,以减少风险,如果必须过夜,则必须保存在安全设施中。

由此可知,具体控制目标表述得越是明确细致,配套的控制措施就越能找到切实可行的依据。为此,具体控制目标的确定一般需要满足以下五个要求:

一是明确性。要用具体的语言清楚地说明要达成的行为标准。具体目标必须是具体明确的,才能传达到业务流程中所涉及的各个不同的部门或岗位。

二是可衡量性。具体目标是可以衡量的,才能准确衡量业务流程所需要达到的水平。

三是可实现性。具体目标是能够被执行人接受并且完成的。如果目标始终无法达到,那么该目标的设定就是不合理的。

四是相关性。这是指实现具体目标与其他目标的关联情况。具体目标一方面是为总体目标服务的,另一方面会与其他目标有一定的关联。

五是时限性。这是指目标的达成有时间限制。任何具体目标(尤其是业务目标)都应有一定的时间规定性。

小企业还可以综合评估自身的战略安排、资源条件、管理水平以及外部监管要求,合理确定分阶段的工作目标。阶段性目标可以是实现某一内部控制目标,也可以是实现某几个内部控制目标,但都应反映小企业所期望达到的具体控制目标的要求与管控水平。

专题讨论 2.1 | 内部牵制是内部控制最基础的要求

内部牵制要求每项业务必须由两个或两个以上人员或部门共同办理,从而实现上下牵制、左右制约、相互监督,这既是内部控制最基础的防错纠偏的功能,也是实现控制目标的基础要求。为此,管理者在实施内部牵制时,应当满足以下几项基本要求:① 权力分割。任何单独的个人或部门都无权完成业务处理的全过程。② 岗位轮换。任何人都不能长期担任同一重要职务或安排在同一重要岗位。③ 独立检查。通过各种途径,使业务处理的过程经常得到与业务执行者无不可避免的利害冲突的检查者的检查。④ 凭证控制。对各种业务凭证的启用、编号、保管、归档、销毁过程建立严格的登记和控制手续。⑤ 人员可靠。每个工作人员在能力上、品德上均能胜任其所担负的职责。

2.1.4 具体控制要素与有效控制路径

如果将小企业看成一个人的机体,那么内部控制要素就相当于这个机体的"免疫系统"。一个健康的"免疫系统"可以使一个人不生病或少生病;同样,一套健全的内部控制可以帮助一家小企业防范和化解风险。

内部控制包括控制环境、风险评估、控制活动、信息与沟通、监督五大基本要素。① 在整体有效的内部控制体系中,五大要素一般应同时存在并能持续运行。这些要素并不是独立于业务流程外的,而是融合并贯穿于每个流程中,且交叉协同。例如,在采购业务流程控制方面,既要考虑采购职责的设置、采购人员的能力配置,又要考虑采购中面临的内外部风险;既要明确授权、审核、审批、验收等控制活动,又要规范采购信息的流转和归档;最后还要做好对采购业务的持续内部监督和检查等。将五大要素视为一个完整的过程很有必要,它们之间的关系如图 2.2 所示,这也是实现内部控制有效运作的具体路径。

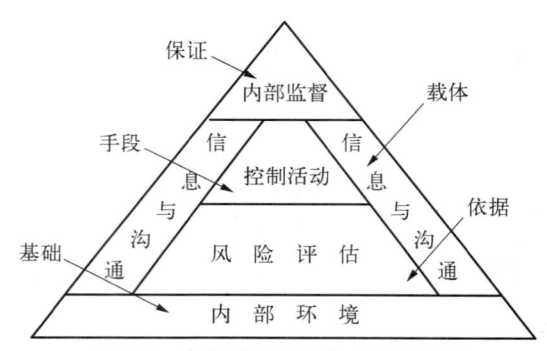

图 2.2 内部控制五要素之间的关系

小企业应当按照以下五条路径持续运行内部控制五大要素,从而构成一个管控闭环,不断增强小企业的"免疫功能"。也就是说,内部控制的各个要素不是静态的,而是动态运行的,其行为路径应当具有连续性、循环性或闭环性。

第一,优化控制环境,这是内部控制的活动基础与工作条件。

控制环境(也称内部环境)一般包括治理结构、机构设置及权责分配、内部审计、人力资源政策、企业文化等,其核心是权责分配与制衡,这既是小企业治理的关

---

① 2004 年 9 月 29 日 COSO 发布了研究报告,将风险评估细化为目标设定、事项识别、风险评估、风险应对,从而产生了内部环境、目标设定、事项识别、风险评估、风险应对、控制活动、信息与沟通、监控"八要素",这是对"五要素"的细化、延伸与发展。

键要素,也是内部控制的制度基础。内部环境是小企业对"免疫系统"的态度,关系到"免疫系统"各部分是否能相互协调配合等。良好的控制环境可以使每个员工都积极主动地发现存在的"病毒"。为此,要求小企业树立依法经营、诚实守信的观念,制定并实施长远发展目标和战略规划,为内部控制的持续有效运行提供良好的环境。

第二,开展风险评估,这是实施内部控制的必要前提与重要环节。

风险评估是指及时识别、系统分析管控活动中与实现其内部控制目标相关的风险,合理确定风险应对策略的一项持续性活动。其目标在于及时发现和识别"免疫系统"的不足,从而管控好风险。如果管理层缺乏风险意识,小企业又缺乏风险管理机制,由于抗风险能力弱而不能及时发现"免疫系统"的缺陷,就常常会使小企业遭受"病毒侵蚀"的风险。为此,要求小企业及时识别、评估与实现控制目标相关的内外部风险并合理确定风险应对策略,或依据所设定的内部控制目标和内部控制建设工作规划,有针对性地选择评估对象开展风险评估。风险评估的对象可以是整个企业或某个部门,也可以是某个业务领域、某个产品或某个具体事项。

第三,实施控制活动,这是内部控制的具体运作方式与配套措施。

控制活动是确保各项指令得以正确执行的政策、程序与措施,也是"免疫系统"发现"病毒"、处理"病毒"的过程和程序,是内部控制的主体和核心。其实质是将一项业务活动分离出授权、批准、执行、记录及监督等职能,并将这些职能分别授权不同的部门或不同的人员执行,形成一个相互牵制、互相制约的过程。任何控制力都是通过一系列控制活动实现的。为此,要求小企业根据风险评估结果开展相应的控制活动,将风险控制在可承受的范围内。

第四,及时信息沟通,这是内部控制不可或缺的必要条件。

信息与沟通是及时、准确地收集、制作、传递与内部控制相关的信息,确保信息在小企业内外部之间有效沟通,从而实现信息在不同岗位和不同部门之间相互交换的过程。如同免疫系统的各个部分要协调配合一样,小企业内部的各个部门之间也要通过及时沟通,根据内部控制系统反馈的信息,及时发现问题并提出建议,促进完善体制机制,更广泛、更全面地解决相关问题。为此,要求小企业在实施内部控制的过程中,采用灵活适当的信息沟通方式,以实现小企业内部各管理层级、业务部门之间,以及与外部投资者、债权人、客户和供应商等有关方面之间的信息畅通。内外部信息沟通方式主要包括发函、面谈、专题会议、电话等。

第五,落实监督检查,这是内部控制有效性的保证手段。

对于一个有效的内部控制系统而言,所有内部控制要素都必须到位,且运转有效。每一个要素的运行并不一定完美,有效的监控活动通常可以弥补其他要素的缺陷,降低内部控制评估的工作量,从而提升效率。监督是对内部控制的再控制,可以帮助内部控制查找自身缺陷,并促进其有效执行。为此,要求小企业结合自身实际情况和管理需要建立适当的内部控制监督机制,对内部控制的建立与实施情况进行监督检查,识别内部控制存在的问题并及时督促改进。

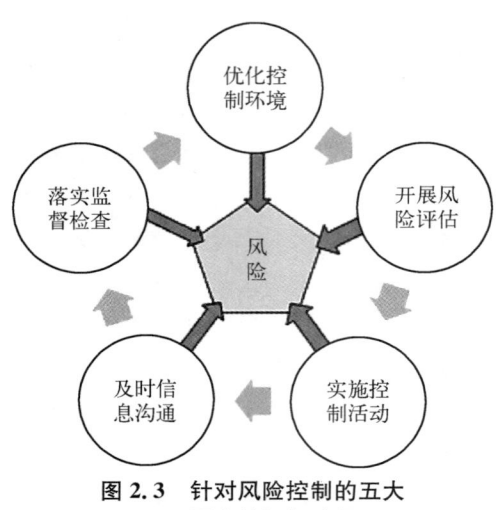

内部控制的五大要素应当成为日常管控的五条路径,从五个方面共同发挥作用,以防止、发现和矫正差错(如图 2.3 所示)。当五大要素都能够得以执行并发挥作用,从而使控制目标的实现得到合理保证时,内部控制就可以被认为是有效的。

综上所述,内部控制目标的实现过程(路径)是一个五大要素不断循环的运作过程,或者说是五大要素之间相互影响且整体运行的机制。这个不断循环向上的过程通常是这样运作的:在不断健全控制环境的基础上,通过设定具体的控制目标,收集与沟通相关信息,识别与评估影响控制目标的内外部风险因素后,针对高风险领域或管控的重点领域,采取相应的策略与措施,开展相关的管控活动。内部控制持续有效运行的基本路径(外在表现)是五大要素共同发挥作用,且在不断监督及改进的同时实现管理闭环,最终结果(实质内容)是在防范和化解风险的同时,接近或达到控制目标,从而合理保证小企业健康持续发展。

图 2.3 针对风险控制的五大要素的运行路径

2.2 内部控制的基本原则

2.2.1 风险导向原则

风险导向是实施小企业内部控制的第一原则。小企业开展内部控制,应当以识别风险为出发点,以处理风险、危险或危害问题为落脚点,以内外部风险变化作为更新内部控制措施的依据,强调并凸显风险导向的重要性。

防风险、治危险、除危害、保平安,这既是小企业健康安全的"指路牌",也是内部控制的出发点和归宿点。但若不能发觉危险或危害,就无法对其风险程度做出恰如其分的评估,这将不利于有效的风险控制。

直面问题——你所在的小企业或部门处于受控状态吗?尤其是高成长性、自主创新型、高科技含量的小企业,在将科技成果转换为商品的过程中面临较大的不确定性时,风险识别能力对其至关重要。

分析失控与失败的案例可以发现,管理中最大的问题就是对风险、危险、危害视而不见,因为任何小企业在管理活动中都会存在这样或那样的问题,即存在管理"短板",关键是这些问题是否被发现了,发现以后是否得到了解决。看不到问题本身就是问题,隐患就在于此。只有看清了问题,才能解决好问题。凸显问题导向,可以促使内部控制更具有针对性和实用性。

实证分析 2.1 | **张瑞敏怒砸冰箱的警示**

34岁的张瑞敏被派到青岛市一个街道小厂担任厂长。一天,他的一位朋友要买一台电冰箱,但挑了很多台电冰箱都有毛病,最后只能勉强拉走了一台。与此同时,张瑞敏收到一封用户来信,反映海尔生产的电冰箱存在严重的质量问题。张瑞敏立即带领管理人员去仓库检查,发现仓库里同一批次的四百多台电冰箱中,竟然有76台不合格。张瑞敏的心被深深地刺痛了,他意识到是下决心彻底解决关键问题的时候了。他立即召集全体员工到仓库现场开会,问大家对质量不合格的电冰箱该怎么办。当时多数人提出,这些电冰箱都只有小问题,并不影响使用,建议作为福利便宜一点卖给厂里的职工,以挽回企业的损失。张瑞敏却说:"我要是允许把这76台电冰箱卖了,就等于允许你们明天再生产760台、7600台这样的不合格电冰箱。放行这些有缺陷的产品,就谈不上质量意识。"他随即宣布,把这些不合格的电冰箱全部砸掉,说着他抡起大锤亲手砸毁了第一台。接着他又说,这些质量不合格的电冰箱是谁生产的,就由谁来砸。在场的很多老员工含泪砸掉了自己生产的电冰箱。

"砸冰箱"事件不仅砸醒了"海尔人"的质量意识,更砸出了海尔"要么不干,要干争第一"的精神,由此这家不知名的小厂的命运得以彻底改变。张瑞敏的举动慑服了所有"海尔人",确立了张瑞敏在海尔的威信和领导地位。24年后,张瑞敏带头砸毁76台不合格电冰箱时用过的铁锤被中国国家博物馆收藏为国家文物,文物编号为"国博收藏092号"。

张瑞敏怒砸冰箱后,成就了海尔对质量问题"零容忍"的态度及其以后在全球家电行业翘楚的地位。与此相反，曾经在胶片相机时代占据领先优势的柯达公司却因为担心冲击胶片业务，雪藏了数码相机技术，最后错失了数码相机产业发展良机，并被时代淘汰。

不少有效的管控措施是从发现问题、寻找差距开始的，这应当成为内部控制实施的逻辑起点和解决问题的前提。如果对问题视而不见、置之不理、麻痹大意，或盲人摸象、以偏概全、任意夸大，都是有百害而无一利的。马克思说过："准确地发现和提出问题就等于问题解决了一半。"习近平强调："没有危机感和紧迫感，看不到问题和症结所在，那危险就不远了。"

以问题为导向，就是以问题为线索，善于发现和提出问题、回答和解决问题，这是一种实事求是、求真务实的工作态度。正是因为有各种问题的存在，才使开展内部控制活动具有机制基础。不思进取就很难主动发现问题。问题意识折射的是宗旨观、责任心，彰显的是忧患意识和积极向上的工作状态。坚持问题导向，才能"知不足而后进"、防患于未然。

以问题为导向进行自我反思，可以使内部控制过程更加直接，重点更加突出，从而更有针对性。尤其是小企业的经营管理人员，身处小企业中，更应当围绕控制目标，以风险或问题为导向确定内部控制重点关注的领域，不做与问题无关的无用功，从而确保内部控制体系能够有效运行。

当然，发现问题并不等于立刻就能解决好问题。管控活动不仅有轻重缓急，而且有必要性与可能性等考量。小企业的资源有限，应当集中精力解决好影响生存、妨碍目标的重大问题，尤其是风险已经导致危险并产生危害的问题，即突出重点、抓大放小。有些"亚健康"问题可能普遍存在，风险低微，可以通过"体锻"与"保健"逐步解决；个别细小的问题，有些随时间的推移会逐渐消化，允许一定程度上的"带病运作"，因为治疗的代价太大；还有些问题，在没有明显破坏作用时可以不必采取行动，静观其变，或因势利导，这里也有成本-效益的考量。

2.2.2 适应性原则

设计小企业内部控制一定要与其管理现状相匹配，要与现有人员的能力和素质相适应，与现有业务的复杂程度相协调，不能超越管理现状，更不能简单"克隆"。别人的经验拿过来不一定能用。鞋的尺寸是否合适，只有穿鞋的人才最清楚。也就是说，内部控制应当与小企业的发展阶段、经营规模、管理水平等相适应。小企业因此可以根据本企业的实际情况，因地制宜、因人而异地设计本企业的内部控制制度，切不可脱离实际，好高骛远，设计空中楼阁式的制度。

内部控制还应当随情况的变化及时调整。因为内部控制不是一个静态的管理状态，而是一个动态的管理过程，需要定期进行内部控制现状的评价，及时发现风险的变化，从而进行不断优化。

内部控制不可能一蹴而就、毕其功于一役；更不能一阵风、刮一下就停；而应当保持力度、保持韧劲、善始善终、善作善成。因而内部控制建设不可能一劳永逸，随着小企业经营规模、业务范围、竞争状况和风险水平的变化及时调整有关控制的制度、措施、程序是正常现象。现有的控制制度需要不断更新和优化。

2.2.3　实质重于形式原则

内部控制之道，在于务实戒虚。只有脚踏实地，管控才能落地。做表面文章，政令难以落实。实施内部控制需要在务实戒虚上下功夫，把更多精力放在解决一个一个实际问题上，把问题想深、想细、想透，有什么问题就解决什么问题，是谁的问题就由谁来解决。

内部控制之理，应当守正笃行。内部控制的表现形式和实现手段可以很多，但必须树正气、重实际、说实话、求实效，应当紧密结合小企业自身的特点，在参照规范性指导文件的基础上，着重关注实用性问题。实用性就是指小企业设计的具体内部控制制度应当能够满足自身的需要，防止千篇一律。只有这样，构建出的内部控制体系才能既相对统一，又满足个性化的需求。

内部控制之要，在于有用管用。有用是管用的前提，管用是制度建设的内在要求。制度能否得到认同和落实，能否对实践产生积极的作用，关键在于制度是否"管用"。一要符合法律法规和上级政策精神，具有合规性；二要切合具体工作的实际，具有针对性；三要简便易行，具有可操作性。这就要求制度的制定者认真研究相关法规文件，透彻理解政策制度，同时要针对员工反映强烈的突出问题和新形势下出现的新情况、新问题，深入开展调查研究，找准问题的关键，剖析问题的根源，对症下药，堵塞漏洞；对一些程序性制度还可以设计业务流程图，使制度的执行直观可视。

小企业内部控制应当更加注重实际效果，而不局限于特定的表现形式和实现手段。区别于大中型企业，《小内控》设计时重点解决内部控制是什么（即内部控制的效果）、内部控制要做什么（即内部控制的内容）和怎么做内部控制（即内部控制的方法）。在制定《小内控》前的调研中，财政部就设想以"强化实施效果和工作方法、弱化控制手段"为构建《小内控》的主旨，从而凸显小企业的内部控制特色。

所以，小企业在采取内部控制措施时，首先应当对实施控制的责任人、频率、方式、文档记录等内容做出明确规定。有条件的小企业,可以采用内部控制手册等书面形式来明确内部控制措施。最好能够为小企业量身定制一本适合小企业运作的内部控制规范指南。也就是说,小企业完全按照大中型企业内部控制规范体系的要求全面开展内部控制建设,在客观上存在着适用性不强、实施成本高等问题。所以,从制度设计开始就应当"对症下药",防止"一般化"或"一刀切"。

从实务看,内部控制的表现形式可以是制度文本、制度汇编、内部控制手册等;可以说在嘴上、写在纸上、贴在墙上、归档在文件柜中。分析小企业的现状,大致有以下四种情况:

第一种情况:无制度文本,无控制行为,这是完全错误的。有些小企业误认为"内部控制就是制定制度""做出来这套东西就是摆着看的",还有的误以为"制度会束缚手脚,没必要""业务也来不及做,内部控制太多没必要""……"这些认识都是片面的。

第二种情况:有制度文本,无控制行为,即徒有形式。形式上的文字安排没有针对性的管控措施,往往就是"走过场",并没有实质意义。小企业开展内部控制活动应当因地制宜、因时制宜、因人制宜,既注重实质,又讲究精准,切忌犯"大企业病"而失去自己"小"的优势。

第三种情况:无制度文本,有控制行为,这是需要改进的。从实务看,没有制度文本或不编写内部控制手册不等于没有内部控制行为,更不等于不要内部控制。对于小企业来说,务实的内部控制行为更具有效性。所以,《小内控》并没有强求小企业一定要制定规范的内部控制制度或内部控制手册。

第四种情况:有制度文本,有控制行为,但还需要与时俱进。小企业在建立内部控制时,应当根据控制目标,按照风险评估的结果,结合自身的实际情况,制定有效的内部控制措施去落实相关控制活动,使内部控制制度更具实用性。

从管理效率分析,对具体对象进行具体分析要求对不同性质的矛盾采用不同的方法予以解决,而不能只套用一种标准模式而忽视实务之间的差异性。差异体现特色,可以揭示不同控制对象之间的差别。所以,内部控制文本的针对性越强,其管控的效率就可能越高。

事实上,内部控制不是孤立的、静止的。初始开展内部控制建设,可以不强求系统或全面,可以从局部重要业务领域起步,待经验相对丰富后再复制推广到其他领域。此时,内部控制的成果往往会更多地以业务流程的形式体现,而非正式的内部控制手册或政策文本。或者说,考虑到"实质重于形式",对于小企业,一般不强求内部控制成果的表现形式,而是允许其利用现有的管理基础,将内部控制要求与小企业管理体系相融合,这才是务实有效的做法。

专题讨论 2.2 | 小企业内部控制制度是区别于现有管理的一套新体系吗?

一些小企业以为内部控制和管理活动是各自独立的体系,内部控制制度和小企业管理制度是两个独立的文本,因而认为内部控制建设是从无到有地去形成一套新体系、新制度的过程,从而产生畏难情绪。有个别声称自身未曾开展内部控制体系建设的小企业,实际上已有一些管理工具和控制标准等,但他们不认为这些与内部控制有关。事实上,按照"管控融合"的思维,小企业没有必要同时依照两套标准来实施,如果在同一领域内出现两套管理体系或标准,那么必然有一些内容或标准是用来满足形式要求的,并不会真正被用于管理。如果小企业不能正确认识内部控制与管理的关系,而是将内部控制定位为一个形式上的管理体系,那么,任何为此而发生的成本都将是额外负担。

大中型企业在开展内部控制制度建设时,确实要求有一本内部控制手册,不少手册的结构是从内部环境、风险评估、控制活动、信息与沟通和内部监督等方面进行全面、系统的阐述。但在实际执行过程中,又面临着既有管理制度,又有内部控制手册,究竟谁服从谁,两者如何保证协调、如何更新一致等窘境。面对相同的问题,有两套制度文本的不同口径,这并不可取。

此外,企业管理的文档化水平与企业的规模正相关。与大中型企业相比,小企业规章制度的文档少,内部控制文本更是缺乏。调研显示,在小企业中,49%已建立并实施了内部管理制度体系,而在大型企业中,这一比例上升到了72%;同时,有21%的小企业认为现有管理制度对实际工作的指导性不强,而在大型企业中,持这个观点的比例仅有8%,主要原因是小企业发展变化快,经营内容、业务方式和人员相对不固定,工作程序和管理标准无法完全固化,即使记录下来也可能时效较差;同时,由于需要快速反应,内部沟通往往采用非正式的方法,无法留下完整的文档记录。

有些小企业采用"对标法"来开展内部控制建设,即按照内部控制规范和指引的条款逐条对照实施,其工作成果往往就是对标后的内部控制手册。这种方法将内部控制工作变成可以快速完成的任务,建设过程纯粹按图索骥,没有对政策的融会贯通,缺少因地制宜,不能将控制要求落实于执行,加之没有完善后续的更新机制,其工作成果势必被束之高阁。这些错误做法中蕴含了对内部控制的一些普遍性误解,即将内部控制建设视为一次性的项目,认为做完就一劳永逸了;内部控制建设就是编一套制度或一份手册,只要文本对标政策条款就可以了。

当然，也需要防止"工作无依据"或"管理经验失传"等情况。某人对某管理岗位驾轻就熟，而一旦调离，接替的人则要花很长时间来熟悉情况。造成这种现象的原因可能是小企业的某些规定只是口头性的或以简要的文字表述，缺乏清晰的岗位说明和工作流程图，这是一种欠缺。一套完整的内部控制制度至少应该包括：一是文字描述性的规定；二是工作流程图或流程的要点说明；三是相关凭证、表单、文件的样式及其流转。清晰的流程图可以让每一个人一目了然地知道办事程序、涉及部门、人员和管控要求，而且将好的经验固化下来，还可以通过流程图的改良来促进小企业内部控制的持续改进。

小企业需要一套规范的制度制定程序和形式规范，包括制度的编号、格式、分类、内容、审批程序、执行及其他应注意事项等，并以书面形式予以约束。一些小企业构建三个层次的制度体系，即基本制度、业务管理制度和具体操作规范（含办法、细则），如图2.4所示，可资参考。

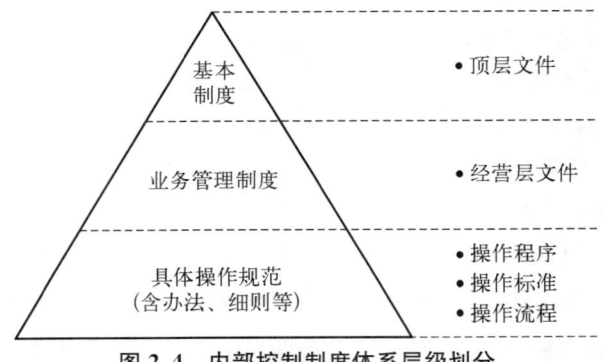

图2.4 内部控制制度体系层级划分

总之，制定制度对于提高内部控制认知和管控水平具有积极作用。小企业开展内部控制活动时，可以结合自身的发展阶段、管理水平、资源条件等具体情况，重视操作的效果，使制度符合个性特征和小企业特点。

2.2.4 成本-效益原则

小企业的管理者要能够体会到，加强内部控制所带来的最为重要的收益是增强了管理者的管控能力、小企业生存与发展的能力或进入资本市场的能力。

任何收益的取得必然会有付出，包括实现充分的岗位分离、大量的控制措施与监控手段等。这些成本对于小企业而言，可能是较重的负担。通常，越严密的内部控制越有控制力。但制度的设计与运行都需要花费成本。如果这些成本大于制度所产生的效益,就是不划算的。

依据重要性原则,重要的制度应设计得相对严密些,非重要的制度可以设计得相对宽松些。不应当追求越多、越全、越紧越好,而应当追求越有针对性、越有效越好。所以,不要随意提出"零差错"等不切实际的空洞口号。

成本小于效益是任何理性的管理活动都必须遵循的法则。实施成本包括花费的时间和支付的费用等,与缺乏控制时所遭受的损失相比,只有当控制的效益大于成本时,该项控制措施才是可行的。此外,在实际操作中,制衡越多,流转的部门就越多,业务效率就会越低,所以,在把握制衡性的同时还要注意效率问题。

内部控制流程中的动作一般包括效率性动作和控制性动作,两者可能是一对矛盾。效率性动作强调业务要尽快完成,其目的是经营效率最大化,但带来的后果可能是经营风险最大化;相反,控制性动作是为了防范各种风险,其目的是管理风险最小化,但带来的后果可能是影响效率最大化。所以,设计控制流程时选择数量合适的控制性动作很重要。在讨论某项措施是否需要时,关键看其对应的风险是否重大、是否可控和可接受、是否有替代性的控制措施等。

小企业切不可患上"大头娃娃症",期望通过设置部门和增加人员来提升管控能力:一边这个CEO,那个CFO,头衔林立;另一边增设部门导致行政色彩和官僚作风泛滥,决策缓慢,使一线人员耗费过多的时间和精力去完成这些职能部门下达的"额外任务",整体经营效率却没有得到提升……这种膨胀的部门和臃肿的"大头娃娃"看似聪明,实则危险。

2.3 受托责任与控制活动

2.3.1 控制源于委托人的受托责任

责任包含职责和任务,既指分内应该做好的事,又指没有做好而应承担的不利后果或强制性义务。

受托责任产生于财产所有权和经营管理权相分离。委托人将财产的经营管理权授予受托人,受托人接受托付后即承担所托付的责任。这是自主经营、自负盈亏的内在表现形式。例如,在现代企业中,披露受托责任的履职情况是财产所有权与管理权相分离的情况下会计的重要目标,是会计提供真实可靠信息的根本动因。又如,审计就是财产所有权与经营管理权相分离而形成的受托经济责任。

追本溯源,控制源于委托人的需求,没有受托责任,控制就会失去方向或动力。

确认受托责任的本质要求及其与内部控制的内在关系,有助于探寻受托责任视角下的内部控制原理,明晰内部控制的逻辑结构及其相关的内容、目标和责任框架等重大问题。

如今,受托责任已经成为一种普遍的经济关系或社会关系。小企业为了实现经营目标而在内部采取的包括调整、约束、掌控在内的一系列方法、手段与措施都可视为内部控制的行为。当然,这种行为有自觉的,有不自觉的,也有不知不觉的……

2.3.2 内部控制活动与受托责任密切相关

早期的内部控制主要着眼于保护财产的安全和完整、会计信息资料的正确和可靠,侧重于从钱物分管、严格手续、加强复核方面进行控制。随着商品经济的发展和生产规模的扩大,经济活动日趋复杂化,才逐步发展成近代的内部控制系统。内部控制产生和发展的历程与受托责任的本质要求内涵相连、休戚相关。小企业的内部控制不能离开受托责任而空谈,因为内部控制的精要在于受托责任。有受托责任,才有内部控制;理解受托责任,才能理解内部控制。内部控制之所以必要,是为了防范受托责任在整个实施过程中的不确定性或监管受托责任贯彻落实的整个过程及其结果。

从履行受托责任出发的内部控制,是一种保证小企业受托责任得到有效履行的控制机制,从而可以满足利益相关者对于经济绩效、社会绩效以及生态绩效的合理期许。

有人以为,自己的企业是独资的小企业,所有权和经营权合二为一,没有受托责任的问题,一切都是自己在管理,所以不需要内部控制。这种想法对吗?错!错在没有明白受托责任的内涵以及与内部控制的内在关联。

从小企业外部看,我国政府发布的包括内部控制在内的规范要求,是在我国设立的小企业必须遵循的行为规范,尊重与遵循内部控制规范涉及社会的、公共的、生态的责任,属于宏观的外部受托责任。

从小企业内部看,员工对管理层、管理层对董事会、董事对股东所承担的责任就是典型的受托责任。在小企业的各项管理活动中,受托责任关系无处不在,渗透在经济活动过程中。例如,决策者委托管理者签订合同,经营者委托采购员采购物品,保证各种库存物资账实相符、员工按质按量按时完成生产任务等。

受托责任主要包括两大方面:一是资源的受托方接受委托,管理委托方交付的资源,受托方承担有效管理与应用受托资源的责任;二是资源的受托方承担如实向资源的委托方报告受托责任履行过程与结果的义务。

2.3.3 企业层面的管理控制与业务层面的作业控制

由于受托责任与具体管理分工、与具体管理责任相关,因此控制是可以分层次的。有怎样的受托责任,就会产生怎样的控制活动。

深入一家小企业就会发现,内部控制大多体现在企业层面的管理活动与业务层面的作业活动,表现为不同层级的控制主体(管理主体)为了达到一定的目标,按照给定的条件,运用一定的控制机制和控制手段,对控制客体施加影响的过程和行为。

企业层面的管理控制(受托管理责任)是指对小企业控制目标的实现具有重大影响,与内部环境、风险评估、信息与沟通、内部监督直接相关的控制,包括组织构架控制、发展战略控制、人力资源控制、社会责任控制和企业文化控制等内容,具体反映小企业是如何实现管控融合或监控融合的,又是如何使内部控制评价、内部控制监督结果、企业绩效考核三者之间良性互动的。

实践经验表明,确定内部控制主责部门对于落实内部控制工作很重要。小企业可以指定适当的部门(岗位)具体负责组织、协调和推动内部控制的建立与实施工作。调查数据显示,小企业的内部控制主责部门主要设在办公室、财务部和由多部门组成的联合工作组,也有借助外部专家的力量开展内部控制建设的情况。

业务层面的作业控制(受托业务责任)主要体现小企业的控制活动是如何具体运作的,是小企业控制策略与控制措施的具体操作过程,与小企业的具体营业范围和业务活动密切相关,包括资金活动控制、资产管理控制、采购业务控制、销售业务控制、研究与开发控制、工程项目控制、担保业务控制、业务外包控制、财务会计报告控制等(本书第 4 至 9 章分别阐述了其中的资金资产风险管控、债务与担保风险管控、税务风险管控、成本费用风险管控、合同风险管控、信息化风险管控等小企业业务实施过程中最常见也是最重要的内部控制重点领域)。

2.3.4 业务流程与流程图的构成要素

控制活动大多体现在业务活动与相应的流程中。业务流程是为了达到特定结果(或价值目标),由不同的人或连续的、有规律的行动共同完成的一系列活动,即一系列动作的集合。业务活动之间不仅有严格的先后顺序,而且活动的内容、方式、责任等也都必须有明确的安排和界定,以使不同的活动在不同岗位之间进行交接成为可能。

流程应反映业务本质，并能整合业务活动过程。主要的业务流程是由直接存在于小企业价值链条上的一系列活动及其业务流程之间的关系构成的，一般包含采购与付款、存货与生产、销售与收款等资金资产活动。辅助的业务流程是由为主要业务流程提供服务的一系列活动及其之间的关系构成的，一般包含行政管理、后勤保障等。

流程管理是按业务流程标准，以目标和顾客为导向的责任人推动式管理。处于业务流程中各个岗位上的责任人都要行使流程规定的职权，承担流程规定的责任，遵守流程的制约规则，以下道工序为用户，确保流程运作的优质、高效。管理人员和决策层的重要职责是制定业务流程的运行规则和约束条件。建立和健全面向流程的统计及考核指标体系，这是落实责任和强化流程管理的关键。

人是业务流程的驱动者，因为每一个人都会在业务流程中充当一个角色。每一个人都能查看某些业务流程，他们需要充分理解这些业务流程的意义和目的，这些业务流程应当通过符合他们理解能力的方式（如图形，说明文字，相应的制度、规范、标准等）展现。通过良好的业务流程，每一个人都能清楚自己的职责，具有良好的沟通协作意识和团队意识，明确自己在业务流程中所扮演的角色。

流程图是描述相关业务控制活动过程中部门、人员之间的关系、作业顺序、风险点及控制措施等信息流向的图表，其绘制形式分为直式和横式两种，一般构成要素包含：① 控制目的，即开展业务活动、实施内部控制应当达到的目标。② 关联制度，即与流程相关的管理制度。③ 职责分工，即流程中涉及的主要部门及其具体职责分工。④ 控制实施证据，即采取控制措施所留下的证据，如纸质文件、业务流转表单、会议纪要、电子文档记录、邮件、照片等。⑤ 审核与审批。审核是指业务活动完成后的复核过程，一般是比编制略高一个层次的校对或核查；审批是指在编制、校核无误后进行最终审查和批准的过程，一般是呈请该项目最高管理层做出批准与否的决定。⑥ 风险点，即开展业务活动时可能发生的不确定事项。⑦ 控制点，即针对该风险点采取的相关措施，如审核、审批、盘点、分析、评价、监督、检查等。

流程图承载了控制思想，是管理理念的延伸。好的流程图可以体现内部控制制度的精髓，帮助人们识别关键流程，确定关键控制点，分析需要改造的节点，并通过关注流程要点，明确管理重点，解决流程中出现的问题；同时，便于执行人员阅读和理解，提高执行力。

流程图符号是流程图的语言，它由一系列几何图形组成，部分常用符号及其含义如表2.1所示。

表 2.1　　　　　　　　　　流程图中的主要标识

符　号	名　　称	意　　义
	开始	表示流程图开始
	结束	表示流程图终止
	活动	表示活动动作,即一个业务操作点
	判定/决策	表示判断或决策
→	路径	用来连接两个工作步骤
▲	风险点	表示业务流程步骤中存在的风险点
◆	控制点	表示业务流程步骤中针对风险的控制点

良好的业务流程设计是保证小企业有效运行的载体。清晰的定义和明确的业务流程接口可以降低业务之间的摩擦,增强向心力。为使所建立的业务流程更顺畅地运行,业务流程的改进与小企业组织结构的优化是一个相互制约、相互促进的过程。对于流程运行中存在的问题或管理"瓶颈",需要积极反馈、合理建议,以促进流程的持续改进。对业务流程的管理和改动不只是业务分析人员或管理人员的职责,每一个员工都要参与其中。

2.4　加强管控的重点领域

2.4.1　管控重点需要考量的相关因素

小企业内部控制虽然涉及管理的方方面面,包括企业层面和业务层面的各个领域,但控制必须有重点、有针对性,通常可以采用问卷调查、集体讨论、专家咨询、管理层访谈、行业标杆比较等方法,在风险评估的基础上对管控重点进行考量。风险评估的对象可以是整个企业或某个部门,也可以是某个业务领域、某个产品或某个具体事项。

下列因素可作为考量与评判内部控制的重要领域或重点项目的相关因素,或评价重点时的出发点:

一是发生频率。发生频率高的业务一般容易出错的风险大,反之亦然。

二是重要程度。重要程度即重要性水平,是指某个会计科目(或报表项目)占总资产或净利润等选定指标的百分比。该百分比越高,重要性水平越高,相应的风险就越大。

三是变动程度。变动程度是指判断某会计科目余额在选择的时间范围内的变动离散程度。变动离散程度越高,相应的风险就越大。

四是主观程度。主观性是指在决定某一会计科目的余额或发生额时,管理层判断的主观程度。一般认为,主观性越强,相应的风险就越大。

五是可疑程度。对于周转性或流动性强的资产类会计科目,发生舞弊的可能性较大,相应的风险就大;同时,对于很难准确评估金额的会计科目,如资产减值准备等,其风险也较大。

六是复杂程度。一般会特别关注较复杂的业务,或计算较复杂的账户。计算越复杂,相应的风险就越大。

2.4.2 仔细研判风险管控的重点

小企业应当着重探求风险管控的重点领域及其相应的对策,以便锁定靶标,使控制行为更具有针对性,包括特别关注内部控制的风险点、失控点、真空点,不断寻找关键控制点,并加以切实有效的管控。

风险点,即控制环节中可能存在错弊的、容易失控的、应当予以关注的地方,它可能存在于任何流程中的操作环节、步骤或过程,具有一定的普遍存在性,又被称为常见的风险控制点。

失控点,即失去控制的地方,通常是指内部控制环节中已经想到但没有设计好,或虽然想好但由于没有落实到位而产生控制缺陷的地方。一些别有用心的人同手中有权而与自己职责不相容的人员串通造假,小企业缺乏必要认知和相应的监督检查制度,或虽有检查规定却形同虚设,从而造成管理失控。例如,材料核算人员拉拢仓库保管人员侵吞材料;产成品核算人员勾结成品仓人员窃取产品;费用核算人员串通出纳人员虚报费用,侵吞公款;等等。

真空点,即空白点,是指控制行为没有到达的方面或部分,或控制环节中既没有想到,也没有做到的处于空白的地方。一些小企业利用过渡性会计科目进行造假。例如,为了调节利润而故意多记或少记"待摊费用""长期待摊费用"等科目的金额,为隐瞒收益而将营业收入列入"预收账款"科目长期挂账,为套取现金而利用应收应付等往来科目来回倒账,故意将"库存现金"和费用科目同幅度多记以侵吞现金等。这种舞弊极具隐蔽性,看起来很像偶然的笔误所致。由于小企业的监控没有触及这些隐秘的地方,从而形成管控"真空"。

关键控制点,即相关流程中影响力和控制力相对较强的一项或多项控制措施,其控制作用是必不可少或不可代替的。小企业受到资源不足的限制,更应当将关键控制点作为控制活动的重点予以考量。

风险控制点可以包括所有风险问题,而关键控制点只是控制与影响目标实现有关的重大风险,其往往处于内部控制环节中的紧要环节,或具有决定性的作用;如果没有这些控制点,业务处理过程就很可能出现错误和弊端,达不到既定目标。通常,有可能发生危险的地点、部位或动作就是应予关注的关键控制点。

设置关键控制点应针对错弊的发现和纠正。例如,为了保证账户记录的真实性,账实之间的核对是关键控制点;为了保证银行存款金额的正确性,核对银行对账单与存款余额,并实施银行函证就是关键控制点。又如,对高风险领域所采取的定期轮岗、带薪休假、突击检查、诫勉谈话等措施就是用以防范风险的关键控制点。

老法师提醒 2.2 │ 哪些关键控制点值得密切关注?

一是审批控制点。把收支审批作为关键点是为了控制资金的流入和流出,其中,审批权限的合理划分是资金营运活动顺利开展的前提条件,包括:经办人员进行业务活动时应该得到授权审批,未经授权的人员不得办理资金收支业务;使用资金的部门应提出用款申请,记载用途、金额、时间等事项;经办人员在原始凭证上签章;经办部门负责人、主管总经理和财务部门负责人审批并签字、盖章。

二是复核控制点。复核控制点是减少错误和舞弊的重要措施,根据小企业内部层级的隶属关系可以划分为纵向复核和横向复核。前者是指上级主管对下级活动的复核;后者是指平级或无上下级关系的人员之间的相互核对,如财务系统内部的核对。复核关键点包括:会计主管审查原始凭证反映的收支业务是否真实、合法,经审核通过并签字、盖章后才能填制原始凭证;凭证上的主管、审核、出纳和制单等是否履行复核手续并印章齐全。

三是收付控制点。收付行为导致资金的流入和流出,反映资金的来龙去脉。该关键控制点包括:出纳人员按照审核后的原始凭证收付款,对已完成收付的凭证加盖戳记,并登记日记账;主管会计人员及时准确地将款项记录在相关账簿中,定期与出纳人员的日记账核对。

四是记账控制点。凭证和账簿是反映资金流入与流出的信息源,如果记账环节出现漏洞,就很容易导致会计信息处理结果失真。记账控制包括:出纳人员根据资金收付凭证登记日记账,会计人员根据相关凭证登记有关明细分类账,主管会计登记总分类账。

五是对账控制点。对账控制点包括:账证核对、账账核对、账表核对、账实核对等。

六是票据与印章控制点。印章是明确责任、表明业务执行及完成情况的标记。印章的保管要贯彻不相容职务分离的原则,严禁将办理资金支付业务的相关印章和票据集中于一个人保管,印章要与空白票据分管,财务专用章要与企业法人章分管。

2.4.3 小企业内部控制应当关注的重点领域

小企业应当综合考虑风险发生的可能性、风险发生后可能造成的影响以及可能持续的时间,对识别的风险进行分析和排序,确定应重点关注和优先控制的风险。

哪些领域或环节的风险大、问题严重,就应当成为内部控制关注的重点。例如,大额资金或资产的运作、重要合同或重要客户的管控等,对此千万不能心存侥幸;因债务或担保业务导致的债务危机、因纳税舞弊引发的税务危机等,对此千万不能放任自流,正确的态度应当是高度重视并认真管控到位。

《小内控》要求小企业在建立与实施内部控制时特别关注下列管理领域,并应当根据自身业务活动的具体内容与繁简程度等有针对性地进行管控:① 资金管理;② 重要资产管理(包括核心技术);③ 债务与担保业务管理;④ 税费管理;⑤ 成本费用管理;⑥ 合同管理;⑦ 重要客户和供应商管理;⑧ 关键岗位人员管理;⑨ 信息技术管理;⑩ 其他需要关注的领域。

实证分析 2.2 | 如此侵占资金,为何迟迟未被发现?

周某系某百货公司家电部营业员。某年下半年,其谎称自己可以从某电子技术公司采购一批价格便宜的手机。经领导同意,公司财务分两笔向某电子技术公司汇付采购款 28 万元。该电子技术公司老板杨某系周某的朋友,28 万元汇款到达杨某公司账户后,被周某占为己有。后来百货公司催要第一笔汇款 10 万元的发票,周某告诉百货公司采购的手机被其卖出,并将 10 万元放回百货公司账户。此后,周某多次向百货公司谎称其向某通信器材公司采购对讲机等,诱骗百货公司向其他公司汇款,并将汇款取出占为己有。

审理中,法官向周某提出为何百货公司一直未能发现其占用公司资金的疑问,周某称百货公司平时管理混乱,以为其在做"串货"生意,并不知道资金被其个人花费了,如果公司向其催要货物,其会给公司付一些货款或者送部分货物,同时为防止公司发现,还会虚开一些增值税发票、送货单到公司做账。

这起职务侵占和虚开增值税发票的案件发人深省:周某作为销售人员,无权经手家电采购或到仓库提货,为什么没人制止?5年间周某骗取百货公司汇款共计一百三十余万元,为什么没有通过对账或审核发现?风险时刻在,防控很重要。

小企业应当关注的重点领域是在不断变化的,小企业应当通过风险识别与评估程序予以确认,并注意与时俱进。

为了突出重点与节省篇幅,本书经过内容整合后,提炼出以下 6 条适合小企业开展风险管控活动的路径:一是以资金资产为主线的收支流转风险管控(含销售与收款、采购与付款、存货等),二是以借款和担保为对象的债务风险管控,三是以税负率为核心的税务风险管控,四是以节省为"内功"的成本费用风险管控,五是以防范欺诈为重点的合同风险管控,六是以警觉数据失控为中心的信息化风险管控(如图 2.5 所示),具体内容参见本书第 4 至 9 章的阐述。

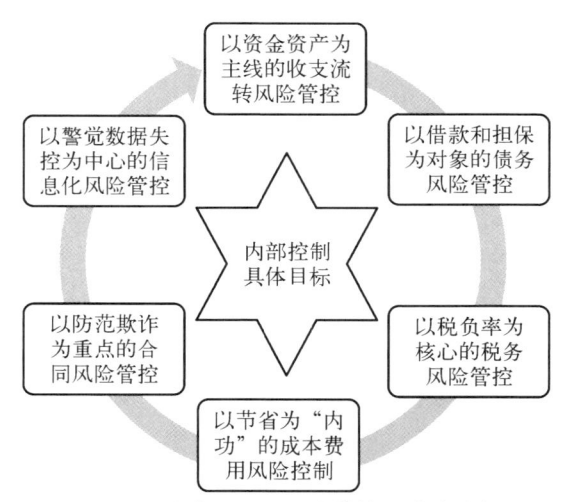

图 2.5 小企业开展风险管控活动的路径

本书是论述内部控制基础理论与行为规范在小企业中操作实践的著作,旨在提供自主、自立、自控、自强的理念,路径,措施与方法,因为这是小企业健康成长的制胜法宝。全书以财政部发布的《小企业内部控制规范(试行)》为指南,沿着内部控制五要素运行及其风险控制主要领域的具体路径,以识别风险为导向,以会计控制为核心，以有效制衡为要点，积极探寻有效的控制策略与控制措施，以实现自控自强、健康发展的目标，助力小企业"站起来""控起来""强起来"。

经典案例评析

王安电脑败落的惨痛教训

王安电脑从无到有、从小到大，并成为20世纪80年代世界上最大的字处理机生产商，堪称奇迹。

王安自幼聪明，16岁考入上海交通大学，1945年赴美留学，1948年在哈佛大学获应用物理学博士学位，1951年以仅有的600美元在马萨诸塞州创办了王安实验室。20世纪50年代末起，王安公司开发半自动照相排字系统，随后转向台式计算机的开发。1964年，王安推出电晶体制造的台式电脑，并由此开始了王安电脑公司成功的历程。

王安借着公司成功上市的东风，加大研发投入后成为"电脑大王"，随着不断推陈出新，事业蒸蒸日上，荣誉纷至沓来。美国电子协会授予王安"电子及信息技术最高荣誉成就奖"，里根给王安颁发"自由勋章"，王安被列入美国发明家"名人堂"，以20亿美元的身价位居当时全美第五富豪及华人首富。

然而，就是这么一个传奇人物和他庞大的王安科技帝国，却在6年后轰然崩塌，公司的股价暴跌，从43美元直降到75美分，损失超过40亿美元。

王安电脑公司从创业鼎盛走向破产并非偶然。晚年的王安失去进取精神，在经营上故步自封，失去了竞争优势。1985年IBM公司生产出一种可以放在办公桌上的个人计算机，性价比高于王安电脑的产品，这预示着王安的传统产品要面临一场"血战"。王安没有投身于这一新的领域来争夺市场，反而仍旧生产已经过时的产品，结果造成了产品的大量积压。比尔·盖茨曾说："如果王安能够及时完成第二次技术改革，世界上根本不会存在'微软'。"

在王安的潜意识中，公司就是他家的，宣扬自己对公司有着绝对的控制权，并且在很多重要岗位上任用自己的家人。在选择"接班人"的问题上，王安不相信职业经理人，而是选择了任人唯亲。他不顾董事和下属的反对，秉持着"虎父无犬子"的信念将儿子王烈任命为公司总裁，并导致管理失控。36岁的王烈才识平庸，缺乏雄风，加之不了解公司业务，令董事会大失所望，一些追随王安多年的高层管理人员愤然离去，公司元气大伤，财务状况急剧恶化并回天无力。

1989年9月3日，垂暮多病的王安亲令儿子辞职，并高薪聘请爱德华·米勒接任总裁职务。爱德华·米勒虽然受命于危难之际,但他对电脑行业却一窍不通。虽然他在债务处理方面有特长,但是电脑企业兴盛的根本应是开发产品、增加收入,这对于爱德华·米勒来说是强人所难了。爱德华·米勒没有成为王安公司的"救世主"。致命的债务和一连串决策失误使公司一次次错过了重振雄风的良机。

1990年,王安身患绝症。两年后,王安电脑破产。

家族成败与内部控制休戚相关。由于家族亲属之间的血缘纽带、宗族关系剪不断、理还乱,企业始终无法在运营中建立合理的治理和监督机制,造成决策过程中的主观臆断和盲目性。过分集中的股权结构和投资主体也打消了外来资本进入的意愿,从而削弱了"做大做强"的可能性。再加上内部控制制度不健全,缺乏风险管理机制,决策的盲目性给企业的发展带来灾难性的危害。

家族企业可能缺乏良好的用人环境。对家族成员采取特殊主义的行为背离了基本的公平原则,不仅严重挫伤非家族成员的积极性,而且使家族成员丧失提高素质的动力和压力,难以形成有效的激励约束机制。在这种特殊主义原则的指导下,人力资源得不到优化配置,合理的人才结构更是无从谈起。缺乏人才已成为一些家族企业发展的"软肋"。

"得人才者得天下。"家族企业的长足发展必须依靠人才,而不一定是家人。家族企业只有打破封闭的小圈子,才能得到对企业发展真正有帮助的能人。建立专业化、职业化的用人管理制度,创造良好的用人环境,实现"人尽其能,物尽其用",家族企业的发展才会有无限的未来。

王安,一个叱咤风云的"电脑巨人"最终因战略决策失误、接班人选择不当、内部管理失控等因素导致看似无比辉煌的企业在短时间内迅速破产。"王安神话"的破灭值得回味与深思。

第 3 章　应对策略与管控措施

> 主动防御就是以管控风险的确定性来抵御相关风险的不确定性。

3.1　管控风险的应对策略

3.1.1　测评风险是理性管控的前置条件

忽视、轻视风险的思想与行为很容易诱发危机、引发危险、导致危害。测评风险是具体运用内部控制策略的基础与前提,即前置条件。只有认知风险,才能理性选择应对策略、有效落实管控措施。

十多年前,突如其来的"次贷"危机让"黑天鹅"一词流行起来。"黑天鹅"原是欧洲人的口头禅,意思是不可能存在的事,直至澳大利亚发现了黑天鹅后人们才明白,以为自己知道的就是对的,犹如鸵鸟把头埋在沙堆里,是在自欺欺人。问题是,"黑天鹅"出现的概率究竟有多大呢?

十多年后又出现了一个热词——"灰犀牛"。灰犀牛生长于非洲草原,体型笨重,反应迟缓,离得远的时候觉得毫无威胁感。但如果它真的奔过来,其爆发力会让猎物猝不及防地被掀翻。"灰犀牛"被用来说明,最大的问题不是问题本身,而是对问题的视而不见。很多突发事件有根可追、有源可溯,但人们觉得距离远,所以拖延应付、心存侥幸,最后眼睁睁地看着它袭来,从一头变成一群,危机四伏。问题是,"灰犀牛"的破坏程度究竟有多大呢?

面对动荡不安的管理环境,经营管理者应当具有风险意识,并学会风险评估。由于风险是小企业必须管控的对象,因此《小内控》认为:"小企业应当采用适当的风险评估方法,综合考虑风险发生的可能性、风险发生后可能造成的影响以及可能持续的时间,对识别的风险进行分析和排序,确定重点关注和优先控制的风险。"

对风险的影响或损失的程度进行测评是一种有勇气的主动作为。其测评一般可以从两个维度进行:一是从潜在损失的金额来判断风险的大小,二是分析该种损失发生的可能性。良好的控制可以降低损失的可能性,从而减小风险。不良的控制甚至失控会增加损失的可能性,从而增大风险。所以,对于一些风险可能性大的项目,即使其风险金额不高,也应视具体情况考虑是否作为重点控制项目。

当然,对风险进行确切的货币测量是很困难的,下例方式常在小企业中用以估计潜在风险损失的程度及其可能性:目前 100 万元的投资中估计有 20 万元会亏损,发生损失的可能性超过 60%;这 500 万元的库存物资中估计有 5 万元已经失去使用价值,潜在损失率为 1%,发生损失的可能性超过 30%;由于产品质量差,这个月的销售额中估计有 10 万元会被退回,存在或有损失,发生这种损失的可能性会超过 80%;等等。

小企业开展风险评估既可以结合经营管理活动进行,也可以请专门的人员进行有针对性的测评。常用的风险评估方法包括问卷调查、集体讨论、专家咨询、管理层访谈、行业标杆比较等。在发生重大变化以及需要对重大事项进行决策时,小企业可以相应增加风险评估的频率;如果需要外援,可以考虑聘请外部专家提供技术支持。

在风险评估过程中,有几个主要的问题需要考虑:第一,保护的资产(即对象)是什么,它的直接价值和间接价值如何?第二,资产面临哪些潜在威胁,导致威胁的问题所在,威胁发生的可能性有多大?第三,资产中存在哪些弱点(问题)可能会被威胁所利用,利用的容易程度如何?第四,一旦威胁事件发生,企业遭受损失的可能性或负面影响的程度有多大?第五,企业应该采取怎样的应对措施才能将风险带来的损失降到最低限度?

风险评估可以因时制宜、因地制宜、因人制宜,其对象可以是整家企业或某个部门,也可以是某个业务领域、某个产品或某个具体事项。也就是说,小企业应当依据所设定的内部控制目标和内部控制建设工作规划,有针对性地选择评估对象开展风险评估。

但目前,小企业的风险评估方法相对非正式,较少采用定期(占 14%)和系统组织(占 18%)的方式,更多采用不定期(占 42%)和业务部门自行评估(占 47%)的方式。财政部在实地调研中发现,由于缺少风险评估方法的指引,小企业对风险的识别主要依赖管理者个人的判断,而很多时候,这些基于个人知识和能力的判断是非系统的,带有明显的个人经验特征,常常只关注与"钱"直接相关的传统风险而忽视因企业发展、外部环境变化、技术更新而产生的新风险。例如,在采用新技术和新方法时,只评估成本和现时效果,而不考虑新技术的伴生风险等。

3.1.2 识别与诊断是测评风险的前提

识别,是指辨认、辨别,又指对有关事实或问题进行分类和定性。在识别基础上的识破就是看穿事件的伪装,看到事物的真相。

通常,只有在及时正确识别自身所面临的风险的基础上,人们才能够主动选择适当的方法进行处理。风险识别既可以通过感性认识和历史经验来推断,也可以通过对各种客观资料和风险事故的记录进行分析。

从客观事实看,风险的存在并不以人的意志为转移,具有普遍性和外生性。所以,要坦然面对风险,不敢冒险就不会有收益。

从内生根源看,风险伴随着小企业各种"做"与"不做"以及"怎么做"的决策和行为。小企业不仅要学会预测外部风险,更要关注内生性风险,还要善于管控风险,在"应变"中追求"内生安全",即在一定的时间和空间范围内改变风险存在和发生的条件,降低风险发生的频率和损失程度。

从影响程度看,风险是延展性的,不仅内生因素和外部因素在一定条件下可以相互转化,甚至会共同发生作用,而且其空间影响可能超越地理边界和社会文化边界的限制,其时间影响可能是持续的、深远的。所以,要注重时空等各个维度的防错纠偏活动。

从风险后果看,为风险事故的发生所支付的费用和预期经济利益的减少被称为风险的代价,其后果可能很严重。所以,管控风险倡导事前(先)防范,努力做到先防后控、边防边控、防控结合。

从应对措施看,不少风险是可控的,尤其是内生性风险,只要措施适当,就可以构筑起"防火墙",形成应对风险的"屏障"与机制。

风险诊断是先诊后断、边诊边断,这是一个认识加深、经验积累的渐进过程,是需要通过综合考虑有关诊断的各种要素,使诊断能力达到最佳状态的管理过程。诊断是预防与治疗的前提。诊断是否正确,有赖于实践验证。借鉴医疗诊断的思路与方法进行风险识别和评估可能会大有裨益。

医疗诊断是指人体出现不正常状态时,查找患病的部位、程度及确定病症的过程。一家小企业出了某些问题,其建立与健全内部控制的有效程度与在风险评估基础上的有效诊断密不可分。

中医认为,人是一个有机体。各种器官、组织在生理和病理上是相互联系、相互影响的。"有诸内，必形诸外"，也就是说，机体的外部表现与内部情况存在对应关系。这就决定了医生可以通过观察患者外在的病理表现，揣测其内在的病变情况，从而确诊。

中医的"四诊法"对于诊断小企业管理中存在的问题具有一定的借鉴作用。一是望诊：用肉眼观察病人的神、色、形、态来断病。二是闻诊：通过听和嗅来收集病人说话的声音和呼吸、咳嗽散发出来的气味等，作为断病的参考。三是问诊：通过与病人或知情人的交流，了解病人的症状、疾病的发生及演变过程、治疗经历等，作为诊断的依据。四是切诊：主要是切脉，也包括对病人体表一定部位的触诊。中医切脉，大多是用手指切按病人的桡动脉处（腕部的寸口），根据病人体表动脉搏动显现部位、频率、强度、节律和脉波形态等，了解病人病症的变化。

小企业借鉴中医"四诊法"，通过望、闻、问、切等方法可以构成诊断的基本方法和基础，具有直观性和朴素性的特点，可以在感官所及的范围内直接地获取信息，即刻进行分析综合，及时做出判断。

3.1.3　小企业应当重点关注的风险

《小内控》经过总结提炼后认为："小企业应当恰当识别与控制目标相关的内外部风险，如合规性风险、资金资产安全风险、信息安全风险、合同风险等。"这是小企业实施内部控制的一般认知规律（如图3.1所示）。

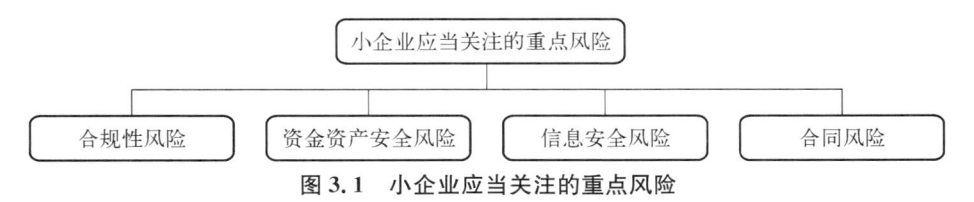

图 3.1　小企业应当关注的重点风险

合规性风险，是指小企业无法满足法律法规的要求，也没有遵循相关的标准或行为准则而面临失控的可能性，包括无规无矩、有规不循、所循不规等。合规经营是小企业生存与发展的基础和前提。

资金资产安全风险，是指小企业由于内部控制不完善，没能有效地执行内部控制制度而导致资金资产被挪用、贪污等的风险。小企业赚钱不容易，资金资产安全风险是所有小企业都不可避免的。

信息安全风险，是指在信息化建设中可能存在的薄弱环节而导致的不确定性，包括各类应用系统及其赖以运行的基础网络、处理的数据和信息、软硬件缺陷、系统集成缺陷等安全管理中潜在的风险。在信息社会中，信息安全风险是难以回避的。

合同风险,是指可归责于合同一方或双方当事人的事由所导致的损失的可能性,包括合同本身所带来的风险和合同履行过程中产生的风险。市场经济是契约经济,合同风险存在于各种各样的经济业务中,不可轻视。

上述四种风险之间存在一定的内在联系。例如,由于信息不对称等原因产生的合同风险,合同条款本身也可能存在违规,由此导致资金资产损失的后果可能在所难免。

3.1.4 应对风险的基本策略

与其被动接受风险,不如主动应对。有责任和担当,才能励精图治。风险有时像弹簧,你强它就弱,你弱它就强。面临风险时不要后退,要勇敢面对、积极应对,风险也就不是困境了;你若害怕、退缩,风险会比你想象的更可怕。所以,小企业应当善于依据所面临的风险,探寻其基本特征,探索适合自身发展的应对策略,做到有所为、有所不为。

风险应对策略是对已经识别的风险进行定性分析、定量分析和风险排序后制定应对措施的整体策略。

策略,即计策、谋略,是可以选择的。以渔民出海捕鱼可能会遇到的几种风险为例,在狂风暴雨或飓风雷电的日子,渔民可以采取规避策略,不出海打鱼,在家休养生息;在风和日丽或微风细雨的日子,渔民可以抓紧出海,通过调整设备、齐心协力等措施,积极应对可能出现的问题;渔民还可以通过购买保险等方式转移一部分风险;等等。

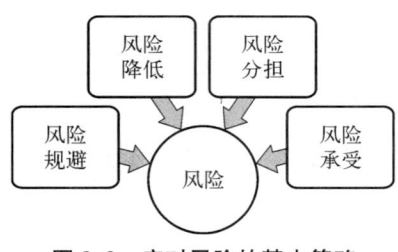

图 3.2 应对风险的基本策略

应对风险的策略主要考虑四个方面的因素,即可规避性、可转移性、可缓解性和可接受性。因此,应对策略主要分为规避、降低、分担、承受四种(如图 3.2 所示)。小企业应当根据风险评估的结果,理性选择风险应对策略,对相关风险进行管控。

风险规避(或回避)是通过避免接受未来可能发生的事件的影响来消除风险的策略。小企业对于超出风险承受度的事件,应当通过放弃或停止交易,主动回避,如通过出售、清算、剥离某些经济业务来规避某种风险,可以较彻底地将此类风险因素消除。有些小企业自愿放弃购买股票和金融衍生品的交易,虽然行为消极,但可以腾出精力做好自己能做好的事。

风险降低(或减轻)是利用政策或措施将风险降低到可接受的水平。例如,分散投资可以降低风险,将资金、实物资产或信息资产分散放置在不同的地方,以降低遭受灾难性损失时的风险;或者采用资产优化组合、风险搭配选择等策略使损失最小化。

风险分担(或转移)是借助他人的力量,将风险的后果转移给第三方,如进出口货物运输保险就属于财产保险的范围。面临风险,要想合理保证收益,在"预防为主"的指导下,可以采用分担风险的措施来转移风险。例如,某小企业对应收账款开展保理业务。与保险公司签订协议后,保险公司要求该小企业有客户信用和信用额度;如果没有,保险公司不负责理赔。同时,保险公司协助该小企业对其几百个客户做信用调查和分析,形成信用档案。该小企业根据保险公司的建议,制定了相关控制制度,对客户赊销额度加大或账期延长的情况进行严格掌控。该小企业在保险公司的帮助下分担了风险,并完善了相关内部控制制度,提高了运营效率。

当然,对于风险也不能不问青红皂白地一律拒绝。风险承受就是准备应对风险事件,包括积极制订应急计划和消极接受风险后果。在风险可承受的范围内,承担风险是一种最普通、最省事的风险应对策略。签订合同要有承担违约的准备,追求盈利要有承担损失的准备。

上述四种策略是根据风险偏好和风险承受度制定的。风险规避策略在采用其他风险应对措施不能将风险降低到风险承受度内的情况下适用;风险降低和风险分担策略是通过相关措施,使风险与小企业的风险承受度一致;风险承受则意味着风险在小企业可承受的范围内。

诸事皆有主次之分,有轻重缓急之别,确定风险及其应对策略也是这样。一般可以从经济事项的金额大小、复杂程度和发生频率等角度进行考量,即金额大的、业务复杂的、容易突发的经济事项需要最大限度地加以防范;同时,应当结合考虑风险所导致的偏差的程度、损失承受程度以及对关键制衡点的认知程度、信息化手段的利用程度等。

实证分析3.1 | 理性选择内部控制措施

某小企业安排黄某在企业门前的停车场收费,每年收费约30 000元。为了防止黄某舞弊,有人建议再专门安排一个员工进行牵制,但一个员工每年的工资大于30 000元,出于成本-效益的考量,管理层没有采纳增加员工的建议,而是采取了风险承受策略。

该小企业的财务得知此事后,给管理层出了一个主意,让门卫兼任停车收费的记账工作,负责每日编制收款日报表,并经收费人员和记账人员签字负责,财务部门则加强对收费情况的复核检查,这种降低风险的举措取得了好的效果。

小企业应当将内部控制作为降低风险的主要手段,在权衡成本与效益后,采取适当的控制措施将风险控制在本企业可承受的范围内。目前,风险管理在内部控制中的地位和作用与日俱增,其要点在于识别与评估分析,并针对小企业失控现状提升应对能力,从而帮助小企业有效防范风险。

其实,经营过程中的失误或失败并不可怕,可怕的是不吸取教训,一错再错。所以,既要对失误和失控的心理与行为引以为戒,将错误的教训作为警戒,避免重犯,也要总结好的经验与控制方法引以为鉴,提升识别风险与应对风险的能力。

风险存在于工作和生活的方方面面中,危险无处不在,但不能因为这些危险的存在就说"不安全",关键是,是否认知危险?是否有相应的对策?对策是否有效?对策是否已落实?这才是判断是否"安全"最直接、最有效的方法。

"防火墙"是用来阻挡不安全因素的影响的网络屏障,用以阻挡"病毒"的入侵。为了小企业的健康安全,请筑起一道道"防火墙"!

对待"防火墙"有两种态度:一是守株待兔式,出现问题后才启动应对程序,态度消极;二是主动跟踪式,直接利用"防火墙"扫描,且不断更新系统,像警犬那样敏锐地发现潜在的威胁,积极应对。

3.1.5　防控风险的主要措施

内部控制策略是针对风险而拟订的解决方案,具有谋略性;控制措施是已经定下并付诸实施的具体解决办法,包括预防措施、强制措施、安全措施、应变措施等。"天下难事必作于易,天下大事必作于细"。

2001年《内部会计控制规范——基本规范(试行)》提出的会计控制措施包括不相容职务相互分离控制、授权批准控制、会计系统控制、预算控制、财产保全控制、风险控制、内部报告控制、电子信息技术控制8个方面。2008年《基本规范》提出的企业内部控制措施包括不相容职务分离控制、授权审批控制、会计系统控制、财产保护控制、预算控制、运营分析控制和绩效考评控制7个方面。2012年《行政事业单位内部控制规范(试行)》提出的内部控制措施包括不相容岗位相互分离、内部授权审批控制、归口管理、预算控制、财产保护控制、会计控制、单据控制、信息内部公开8个方面。

《小内控》提出的内部控制措施集中度更高、更具有针对性,包括不相容岗位相分离控制、内部授权审批控制、会计控制、财产保护控制和单据控制等。

本书第 4 章至第 9 章结合小企业内部控制的特点,具体介绍小企业如何以识别风险为导向,以业务流程为对象,以管控融合为平台,以探寻有效的控制策略与控制措施为路径,对小企业面临的主要风险点实施有效管控。

控制措施针对的是风险。但由于风险程度不一,控制能力有差异,因此,不能以为控制越严越好、越多越好,而应该是越有针对性、越有效越好。小企业一方面应当根据内部控制目标有条不紊地开展内部控制活动,综合运用上述内部控制措施,对小企业面临的各类内外部风险实施有针对性、有重点、有步骤的有效控制;另一方面在采取内部控制措施时,应当对实施控制的责任人、频率、方式、文档记录等内容做出明确规定,有条件的小企业可以采用内部控制手册等书面形式来明确内部控制措施。

面对小企业管理失控的现状,一些管理人员一边在学习内部控制知识,一边在思考一些头疼的事情,如哪些不相容岗位(职务)需要分离控制?怎样才能实施有效的授权审批控制?如何进一步发挥会计控制的核心作用?财产怎样保护才能不受到侵犯?所有单据都一定是真实可靠的吗?……

本书将着重结合小企业的业务活动与实践经验,阐述这些措施和方法的具体应用场景及注意事项。经营管理人员可以预先根据可能出现的风险事件或问题制订若干应对方案,在实现目标的过程中,根据形势的发展和变化调整方案,或者选择相应的方案,以实现控制目标。

3.2 不相容岗位相分离控制

3.2.1 不相容岗位的基本认知

岗位是指由一个特定的人所担负的一个或数个任务所组成的职位(职务),是组织要求个体完成的一项或多项责任以及为此赋予个人的权力的总和。

不相容岗位就是指那些如果由一个人担任,既可能发生错误和舞弊行为,又可能掩盖其错误和弊端行为的岗位。

例如,一个会计人员既保管支票和印章,又负责签发支票;既记录支票登记簿,又登记银行存款日记账;既负责编制会计凭证,又负责小企业与银行之间账目的审核和对账等工作。这些就是不相容岗位没有相互分离的表现,很有可能导致舞弊行为的发生。

又如,小企业资源(包括各种业务资源)有限,如果某类业务资源完全掌握在某个业务员手中,形成小企业对业务员过于依赖的局面就是一件危险的事。个别业务员一旦跳槽或离职，原有客户和业务关系将被带走。有的业务员甚至明里使用小企业的各项资源，暗里为自己或亲友开拓业务、谋取私利，严重损害小企业的利益。针对这种现象，小企业应通过完善制度设计，采取建立统一的客户档案和客户关系管理系统、同一笔业务由两人以上共同参与、适当进行工作轮换或定期轮岗等措施，将业务员手中的客户资源转化为企业资源，让客户认的是小企业本身而不是个人，从而有利于小企业的持续稳定发展。

不相容岗位分离的核心是"内部牵制"，它要求每项经济业务都经过两个或两个以上部门或人员的处理，并接受相应的监督和制约。例如，出纳人员经常跑银行，办理各种收付款，一些小企业从工作方便和节省人力的角度出发，任由出纳人员负责银行存款余额调节表的编制，这种做法缺乏制约措施。银行存款余额调节表应由出纳以外的人员编制，或由出纳编制后经财务主管及时审核。

应当互相分离的对象是不相容的工作岗位，而不是工作部门。例如，出纳和会计可以同在财务部门工作，但两者之间属于不相容岗位。根据《中华人民共和国会计法》的规定，出纳人员不得兼任稽核、会计档案保管和收入、支出、费用、债权债务账目的登记工作，这是会计机构内部控制的需要。例如，出纳人员既管理钱款，又保管会计档案，就很容易在钱款上做了手脚之后再利用管理会计档案的机会修改档案内容以掩盖自己的行为，所以应予以禁止；又如，一家小企业的收入、支出、费用、债权债务账目的登记工作是会计核算的基础工作，也是发生货币资金往来的根据，如果均由出纳人员兼任，就很容易在收入、支出、费用、债权债务账目的登记时造假，所以也应予以禁止。

对于不相容岗位分离的基本要求：一是要满足国家法律法规对不相容岗位分离的相关要求，这是最低标准，所以要熟悉法律法规的相关规定；二是要切合小企业自身的实际情况，包含合乎行业惯例（规矩）、企业文化、自律要求与约定俗成等；三是要合理设置，要有理性的、逻辑的思维及其科学的经验总结与提炼，而不是分离得越细致越好。

3.2.2 实施不相容岗位分离控制的基本步骤

不相容岗位相互分离控制实质上是组织规划控制在内部控制中的应用，它要求小企业全面系统地分析、梳理业务流程中所涉及的不相容岗位，合理设置相关工作岗位，明确职责权限，实行相应的分离措施，形成各司其职、各负其责、相互制约的制衡机制。

实施不相容岗位分离的基本步骤与方法如图3.3所示。

不相容岗位分离 → 实施步骤 → 合理设置内部控制关键岗位 → 明确划分职责权限 → 实施相应的分离措施 → 形成相互制约、相互监督的工作机制

图 3.3　不相容岗位分离控制的步骤与方法

不相容岗位分离设置的合理性重点在于确保不相容岗位由不同的人员担任，并合理划分业务和事项的申请、内部审核审批、业务执行、信息记录、内部监督等方面的责任。例如，会计绝对不能兼任销售，并对自己的销售行为进行会计账务处理；也绝对不能兼任采购，对自己的采购行为进行会计账务处理。如果不进行职务分离，业务执行的过程及其结果的记录就会缺乏复核与审视。

小企业的组织架构通常划分为从部门到岗位的两个层次，即先明确部门的定位和功能，再设定部门内岗位的职责和操作要求。分离制约针对的是岗位职责，而不是部门权责，即使一个流程的所有动作都在一个部门内完成，只要这个部门内的不相容职责交由不同岗位的人员操作，就也是在实施内部牵制。例如，有些小企业在采购业务活动中，采购申请、比价、采购价格的商谈和确定、采购合同的拟订和签署等都在采购部门内完成，只要采购中的执行、审批、记录、监督由部门内不同的人来执行，就符合岗位分离的基本要求。

不相容岗位分离主要是针对岗位职责而设计的制约措施，与部门设置、分权管理相关，却不是针对权力过于集中设计的。例如，某供应科负责采购申请、比价、供应商选择、采购合同拟订、采购价格商谈等，其中，是否需要将比价和确定供应商的职能分离开来，合同拟订和签署是否需要经过法务部门、财务部门等会签，既与不相容岗位分离相关，又属于部门设置和分权管理的问题。又如，某小企业的财务、采购、仓储3个部门内部权责清晰，但均由同一个副总经理分管和审批财务、采购、仓储相关事项，只要这个副总经理并不是负责这些具体的业务操作和账务记录，即使这些审批都由他负责，也并不是不相容岗位未分离，而是要考量这个副总经理的权力是否过于集中、授权是否合理等问题。

专题讨论 3.1 ｜ 会计工作不相容岗位分离控制的要点

实务中，岗位与职务并不区别。例如，会计工作的岗位又称会计职务，一般包括会计机构负责人或者会计主管人员、出纳、财产物资核算、工资核算、成本费用核算、财务成果核算、资金核算、往来结算、总账报表、稽核、档案管理等。这些会计工作岗位可以一人一岗、一人多岗或者一岗多人，但都应当符合不相容岗位相互分离的要求。例如：① 出纳职务与收入、支出、费用的核算职务，与债权债务的核算职务、与稽核职务、与会计档案的保管职务等均属于不相容职务，应当予以分离；② 会计核算职务与相应的稽核检查职务属于不相容职务，应予以分离；③ 总分类账的登记职务与相关明细分类账的登记职务属于不相容职务，应当予以分离；④ 开展会计电算化的企业，电算化会计岗位中的软件操作职务、审核记账职务、电算审查职务、档案保管职务等互为不相容职务，均应当予以分离。

3.2.3 替代性控制的相关措施

不相容岗位分离控制是一种事先安排，应尽量考虑周全，即尽可能将不相容岗位分离开来，以防范可能出现的风险事故。

然而小企业资源贫乏，严格的、完全的分离可能很困难。事实上，内部控制并不能也不要求消除所有业务流程中的风险，有些低风险的事项是在小企业可承受的范围内的。实施不相容岗位分离的程度还需要考虑成本-效益原则，需要判断风险的大小，包括不相容岗位未分离的风险究竟有多大，到底什么时候必须分离，什么时候可以暂缓分离，是否需要严格分离等。

一些小企业人手少，分工有限，怎么办？一般情况下，为实现某一目的，总会有几种可以采取的方案、措施或办法，并且这些方案、措施或办法彼此之间可以替换，被称为替代方案或可行方案。

替代性控制措施就是用某项控制措施替代另一项控制措施，以达到必要的控制目的，如采取抽查交易文档、资产盘点、诫勉谈话、定期轮岗等替代性举措。

（1）抽查交易文档

在执行检查程序时，从被查对象总体中，按照一定的方法，有选择地抽选一定数量的样本进行测试，并根据测试结果推断总体特征的方法就是抽查。抽查对象包括凭证、账簿、报表、文件资料等。抽查法具有高效率、低费用、省时省力的优点，恰当运用能够收到事半功倍的效果。

（2）资产盘点

为加强对资产的监督管理，完善资产管理制度，保证资产的安全、完整及有效利用，小企业应当定期或不定期对资产进行实物盘点与核对，将盘点结果与会计账簿记录逐一核对。两者有差异时，应分别不同情况做以下处理：一是将账簿数据调整至与实际清查数量相同；二是调查发生差异的原因并设计改善的方法；三是惩处失职人员，以达到资产保全的目的。

(3) 诫勉谈话

诫勉，告诫、勉励的意思。诫勉谈话是一种教育形式，主要是与有轻微违纪行为或有倾向性问题的人员谈话，以达到及时提醒、教育挽救的目的，包括警示提醒、诫勉督导、训诫纠错等。

(4) 工作轮换或定期轮岗

一颗"螺丝钉"在一个地方"钉"得时间久了容易生锈。例如，某化纤公司在工作交接过程中发现营销部的会计长期挪用资金。该会计16年来岗位职务没有变化，深知什么时候应将款项交给公司，什么时候要应付财务检查或审计，他总能找到新的款项填补以前的漏洞，16年间始终未露蛛丝马迹，直至内部人事改革，他被迫交接工作时才败露。

某小企业为了防范会计风险，规定财务人员每人轮流做一段时间出纳和其他财会工作，通过轮岗这一替代性措施来解决不相容职务未分离可能产生的风险。通过工作轮换或定期轮岗，尤其是对关键岗位实施强制轮换或带薪休假等，不仅"吐故纳新"，而且有效制约。让别人接替就是受他人监督，实施并掩盖舞弊的机会将会大大减少。通过定期或不定期岗位轮换，有助于揭露前任工作中可能存在的差错和弊端，同时抑制不法分子的不良动机。此外，顶岗的职工还可能提出改进工作的设想，帮助改善工作程序并提高工作效率。所以，岗位轮换是一项行之有效的内部控制方法。

老法师提醒 3.1 ｜ 不相容岗位(职务)分离控制的要点

一是识别不相容岗位(职务)，即对通常不能由一个人兼任的职务有全面的了解。这些职务包括出纳与记账、业务经办与记账、业务经办与业务审批、业务审批与记账、财物保管与记账、业务经办与财物保管、业务操作与业务复核等。

二是合理界定不同岗位(职务)的职责与权限，只有这样，才能在各司其职的前提下合理地分离不相容职务，也只有这样，一旦出现问题，才能准确地分清责任。

三是采取必要的牵制措施，有效分离不相容岗位(职务)，如分权牵制、实物牵制、机械牵制、簿记牵制、岗位轮换等，目的在于纠错防弊，使其相互牵制、相互制约，形成有效的牵制机制。

需要提请注意的是：不相容岗位分离并不能完全防止两人或两人以上共同作弊的发生，如出纳与会计共同作弊、财产保管与财产核对人员合伙造假、采购部门与会计部门合谋舞弊等。所以，内部控制措施不仅应当多管齐下，而且应当有效监督检查等。特别是不相容岗位分离这项控制，需要各个岗位分离的员工各守其责，如果担任不相容岗位的员工之间相互串通勾结，则不相容岗位分离的作用就会消失殆尽。

3.2.4 会计人员回避制度

回避制度是指为了保证执法或者执业的公正性,对由于某种原因可能影响其公正执法或者执业的人员实行任职回避和业务回避的一种制度。

《会计基础工作规范》规定:"国家机关、国有企业、事业单位任用会计人员应当实行回避制度。单位领导人的直系亲属不得担任本单位的会计机构负责人、会计主管人员。会计机构负责人、会计主管人员的直系亲属不得在本单位会计机构中担任出纳工作。"需要回避的主要有以下三种亲属关系:

(1) 夫妻关系

夫妻关系是血亲关系和姻亲关系的基础与源泉,它是亲属关系中最核心、最重要的部分,当然需要回避。

(2) 直系血亲关系

直系血亲关系是指具有直接血缘关系的亲属。一种是出生于同一祖先,有自然联系的亲属,如祖父母、父母、子女等;另一种是本来没有自然的或直接的血缘关系,但法律上确定其地位与血亲相等,如养父母与养子女之间的关系。直系血亲关系是亲属关系中最为紧密的关系之一,也应当列入回避的范围。

(3) 三代以内旁系血亲以及近姻亲关系

旁系血亲是指源于同一祖先的非直系血亲。所谓三代,就是从自身往上或者往下数三代以内,除了直系血亲以外的血亲,就是三代以内旁系血亲,实际上就是自己的兄弟姐妹及其子女与父母的兄弟姐妹及其子女。所谓近姻亲,主要是指配偶的父母、兄弟姐妹、儿女的配偶及儿女配偶的父母。因为三代以内旁系血亲以及近姻亲关系在亲属中也是比较亲密的关系,所以也需要回避。

在家族企业中,回避制度对于防范风险尤其具有积极作用,有助于合理保证内部机构、岗位及其职权之间界限分明、相互制约、相互监督。

3.3 内部授权审批控制

3.3.1 成功的管理源自成功的授权

管理者一定要明白:自己的双眼永远要比双手做的事情多,所以应当学会让别人帮你做事。授权,可以让权利伴随责任,只有权、责对应才能保证责任者有效地实现目标。授权不仅能调动员工的积极性,而且能提高员工的管理能力。授权与责任挂钩后,可以培养出有责任心的员工。

在一家公司制小企业中,内部授权一般由股东授予董事会,然后由董事会将大部分权力授予总经理和有关管理人员。小企业每一层次的管理人员既是上级管理人员的授权客体,又可能是对下级管理人员进行授权的主体。

内部授权审批控制要求内部的各级管理层必须在授权范围内行使职权和承担责任,经办人员也必须在授权范围内办理业务。所以,《小内控》明确要求小企业根据常规授权和特别授权的规定,明确各部门、各岗位办理业务和事项的权限范围、审批程序及相关责任。

常规授权(一般授权)是指小企业在日常经营管理活动中按照既定的职责和程序进行的授权。特别授权是指小企业在特殊情况、特定条件下进行的授权,即授予超出常规授权范围的特殊权限。例如,根据"采购应当经过适当审批"的控制目标要求,某小企业设计材料采购业务时,规定材料采购5 000元(含本数,下同)以内的请购单,由生产经理负责审批;5 000元以上至20 000元的请购单,由副总经理负责审批;20 000元以上的请购单,由总经理负责审批。审批人因出差或生病等原因难以履行审批手续的,应当办理书面的委托授权审批手续。前者即一般授权的情况,后者则为特殊授权的情况。特殊授权时效较短,须一事一议。

专题讨论3.2 │ 值得借鉴的授权经验

第一,必须考虑角色与责任之间的关系,把合适的人安排在合适的岗位上。在一般情况下,只有当员工既有一定的工作能力,又有工作意愿时,才是实施授权管理的最佳机会;同时,角色越多,责任越多,不同的责任来自不同的角色,只有尽到责任,才能扮演好自己的角色。

第二,授权之前,对目标和责任的范围必须有详细的交代——不仅是如何履行责任,更重要的是预期的结果。权责分明是员工的"定心丸"。所以,授权时要划分权责,从而培养有责任感的员工;如果权责不明,多头管理,就必然造成内耗。

第三,在充分授权的同时提供支持。授权之前先授能,促进员工成长。通过赋予员工权力,发挥员工的能动性。提供有形与无形的支持,可以向员工提供完成工作的必备条件,不仅要给员工"舞台",而且要教员工"跳舞"。

第四,授权是一个互动的过程。一方面要对员工的反馈给予指导,保持沟通,消除员工的疑问,使之全心投入工作;另一方面要善于管理失败或成功,激励员工主动工作,及时检查追踪,画好"跑道"让员工"跑"。

第五,授权不越级,接受谁的授权就对谁负责,从而培育良好的授权管理文化。

第六，授权不等于放权。一方面要将目标和过程明确告诉员工，将风险控制摆在事前；另一方面要对员工的授权进行检查追踪，既要放手，也要控制。

3.3.2　实施内部授权审批控制

（1）考虑授权批准的范围

小企业所有的经营活动都应纳入授权批准范围。授权批准范围不仅要控制各种业务的计划制订情况，而且要授权各级办理手续的相关人员；同时，对业绩报告也应授权有关人员反映和考核。

在进行授权控制时，应恰当地确定一般授权和特殊授权的范围。一般授权的范围不宜太大，也不可太小。如果一般授权的范围太大，就会使管理层失去对重要业务的控制，从而冒较大的经营风险。如果一般授权的范围过小，事无巨细皆需请示、批准，就会使一般授权名存实亡，也会削弱管理人员的工作积极性和责任心，对小企业的经营管理产生不利影响。

（2）确认授权批准层次

可以根据经济活动的重要性和金额的大小确定不同的授权批准层次，从而保证各管理层有权有责。授权批准的层次应当考虑连续性，要将可能发生的情况全面纳入授权批准体系，避免出现"真空"。当然，也要求小企业根据具体情况的变化，不断对有关制度进行修正。例如，新出现的业务要配上相应的规定，金额规模变动的，要修改原有的层次界定等。

专题讨论3.3 ｜ "一支笔"审批的利弊得失

合理的内部控制应当按照重要性程度适当分层授权、逐级审批，可一些小企业的"一把手"习惯"一支笔"审批。这看起来很有权威，似乎把控严格，然而，"一支笔"审批造成高度集权，不符合授权批准规范的要求，不利于对领导的制约和监督，可能导致腐败；同时，事无巨细都由"一把手"审批，囿于时间和精力，"一把手"可能疲于应付，分不清主次，"审批一支笔"变成"签字一支笔"，使控制流于形式。如果缺乏相关支撑信息，"一把手"无法对收支合理性进行判断，"一支笔"也会失去控制作用，如经办人员申请购买某种设备，而"一把手"并没有经济可行性、价格合理性等相关数据，审批就只能是"走过场"。

（3）明确授权责任

"权"与"责"是相联系的，部门（职能部门）或个人被授予权力，就负有相应的责任。按照工作岗位所确定的责任制度即岗位责任制。

责任是一个体系，至少包含：责任意识——"想干事"，责任能力——"能干事"，责任行为——"真干事"，责任制度——"可干事"，责任成果——"干成事"。

实行内部控制，应通过制度设计使每项管理工作的执行都得到适当的授权，从而明确责任；同时，还应当取得一些证据来证明，当事人核准执行业务是在职权范围内的行为，其应负的责任也在其责任范围内，如根据"岗位工作说明"，定期检查权力的执行和应负责任的情况等。这样做可以促使事事有人管、人人有责任、办事有标准、工作有检查，从而对各项经济业务活动进行有效控制。

所有被授权者都应当明确在实施权力时应对哪些方面负责，避免授权责任不清。例如，差旅费报销业务一般会涉及以下三个部门与相关人员：报销人员与相关部门负责人应对报销事项的真实性负责；审核部门与审核人员应核定报销标准；会计部门审查有关凭证的合法性和完整性，并对符合条件的情形予以报销。

（4）履行授权批准程序

小企业的经济业务既涉及小企业与外单位之间资产和劳务的交换，也包括小企业内部资产和劳务的转移及使用。每类经济业务都会有一系列相互联系的流转程序，所以，应具体规定每一类经济业务的审批程序，以便按程序办理审批，避免越级审批和违规审批的情况发生。例如，在销售业务中，总经理授权销售经理确定销售价格，以便销售人员向其顾客开价和开出订货单；同时，要授权信用部门决定是否给予赊销。一份销售价目表和既定的销售政策是就某一产品向某一顾客开价和签署订单的一般授权。信用经理对订单审查批准后予以赊销，经过审查批准的订单为开票和装运提供了授权证明，装运单据又成为发货部门运送货物的授权证明。当销售经理审查全部销售凭证后，就对交易做出了最后的批准。

实证分析 3.2 | 授权不及时收回，导致被授权人滥用权力

管理层会授权一些员工代表小企业对外签订合同，但往往未明确授权的范围和期限等，当该被授权人离职时，授权又未及时收回，也未告知交易对方，就可能导致一些已经丧失权力的人员冒用该小企业的名义与他人签订合同，最终由该小企业承担后果。

某制衣企业长期由员工张某负责向某布料厂订购制衣材料，后张某因违反该制衣企业规定被辞退，但该制衣企业并未将此事告知布料厂。张某再次以制衣企业的名义订购了 30 匹布料，布料厂按照其要求将布料送往他处，事后张某下落不明，布料厂诉至法院，法院最终判决由制衣企业负责偿还货款。

3.4　会计控制的核心作用

3.4.1　会计控制与"牛鼻子"作用

会计与控制相伴而生,源远流长。控制原指由登记者之外的人对账册进行的核对和检查,后来发展到与管理控制并驾齐驱。在内部控制系统中,会计控制一直居于核心地位,具有"牛鼻子"作用①,是一个十分重要的、不可或缺的子系统。

会计控制是指小企业为了提高会计信息质量,保护资产的安全、完整,确保有关法律法规和规章制度的贯彻执行等而制定和实施的一系列控制方法、措施和程序。其功能主要体现在利用会计信息对小企业的资金运动过程所进行的管控活动。会计核算(反映)是会计控制的基础,只有恰当反映,才能实现有效控制,也只有有效控制,才可能反映正确的信息。小企业通过提供真实、可靠的信息,可以合理保证控制目标的实现。

会计控制应当涵盖小企业会计工作的各项经济业务及相关岗位,包括货币资金、实物资产、对外投资、工程项目、采购与付款、筹资、销售与收款、成本费用、担保等,并应针对业务处理过程中的关键控制点,落实到决策、执行、监督、反馈等各个环节。内部会计控制应当约束小企业内部涉及会计工作的所有人员,任何个人都不得拥有超越内部会计控制的权力。

现代会计在核算(反映)和控制职能的基础上不断扩展,将预测、决策、预算、分析与评价等管理职能融入其中,构成会计管理循环模式,但其关键职能还在于控制。尤其是在会计工作电算化和信息化后,有效控制的职能作用更加重要。只有牵住了会计控制这个"牛鼻子",落实了控制责任,预测、决策、预算的结果才能落到实处,分析与评价的职能才会成效显著。②

事实雄辩地证明,小企业在采购、生产、销售、财务等管理环节出现问题,几乎都与内部会计控制系统失控有着直接或间接的关系,而一家致力于持续稳定发展的小企业必然重视内部会计控制与管理。会计控制一直以来是小企业内部控制的核心与基础。《小内控》要求小企业严格执行国家统一的会计准则制度,加强会计

---

① 牛有野性,鼻子是牛身上最脆弱、最怕疼的地方。当牛的野性发作时,牵住牛鼻子,它就不会反抗,比喻抓工作能够抓根本、抓重点。

② 关于会计控制的详细内容,请进一步阅读李敏编著的《会计控制与风险管理》(上海财经大学出版社出版)。

基础工作，明确会计凭证、会计账簿和财务会计报告的处理程序，加强会计档案管理，保证会计资料真实、完整。

3.4.2 会计控制的基本要点

小企业的会计业务通常以收集原始凭证为起点，以生成会计报表并加以利用为终点。在这期间，应当严格执行《小企业会计准则》及相关规定，在检查会计基础工作的同时，审视会计凭证、账簿和财务会计报告的处理程序，确保会计资料与会计信息的真实、完整；还应当建立和完善内部报告制度，综合运用生产、购销、财务等方面的信息，通过分析程序，全面反映经济活动情况，发现存在的问题，及时查明原因并加以改进，增强内部管控的时效性和针对性。

会计管理的本质就是控制。对业务活动进行有效控制是会计管理的重要职能。会计的基本方法应当围绕控制展开，其不可或缺的基本要点如下：

（1）控制凭证编号

各种凭证是小企业发生经济行为的"留痕"和"有痕"，能够反映经济活动是否合法合规、真实可靠。所以，内部控制一方面需要将经济活动所涉及的凭证制度化，另一方面使用和管理凭证要规范化。相关工作人员必须按照规定使用和管理包括填制、审核、归档、保管凭证的全环节和全过程，避免凭证使用不当、管理不善等情形的发生。

凭证的连续编号有利于控制凭证的数量与监控凭证的使用状况，是小企业常用的一种控制方法。通过凭证编号可以控制小企业签发的凭证数量，以及相应的交易涉及的其他文件，如支票、发票、订单、存货收发证明等的使用情况，便于查询与核对，避免重复或遗漏；更重要的是，编号的连续性在一定程度上可以减小抽取发票、截取银行收款凭证等进行贪污舞弊的可能性。

（2）实施复式记账

复式记账能够将小企业发生的经济业务按其来龙去脉，相互联系地、全面地记入有关账户，使各账户完整地、系统地反映各会计要素具体内容的增减变动情况及其结果。通过复式记账与借贷平衡来保证会计账面记录无误，从而保证会计信息正确、完整。

（3）规范会计核算

小企业应按《小企业会计准则》的规定设置和使用会计科目。该制度统一规定会计科目的编号，以便编制会计凭证，登记账簿，查阅账目，实行会计电算化，小企业不应随意打乱重编。某些会计科目之间留有空号，供增设会计科目之用。在不影响对外提供统一财务会计报告的前提下，小企业可以根据实际情况自行增设或减少某些会计科目。

(4) 规范结账程序

结账是一项将账簿记录定期结算清楚的账务处理工作,包括对收入、费用的结算以揭示当年的经营活动成果,还包括对资产、负债、所有者权益的结算,结出其期末余额以便下期结转。

小企业可运用流程图来设计结账的工作步骤、内容、完工时间、有关责任人,以保证结账工作的顺序进行。控制结账程序能够保证小企业会计处理的及时完成,能及时发现错误并加以改正。小企业可以运用流程图来确定内部会计控制的流程、凭证的传递与关键控制点等。

小企业应提供真实、完整的财务会计报告。不得违反规定,随意改变财务会计报告的编制基础、编制依据、编制原则和方法,不得随意改变有关数据的会计口径。

3.4.3 会计控制的配套措施

(1) 依法设置会计机构,配备会计从业人员

小企业应当根据会计业务的需要设置会计机构,或者在有关机构中设置会计人员并指定会计主管人员。小企业应当选择使用符合《中华人民共和国会计法》和国家统一的会计制度规定的会计信息系统(电算化软件)。

小企业可以委托经批准设立从事会计代理记账业务的中介机构代理记账。代理记账是指将本企业的会计核算、记账、报税等一系列工作全部委托给专业记账公司完成,本企业只设立出纳人员,负责日常的货币收支业务和财产保管等工作。代理记账业务流程如图3.4所示。

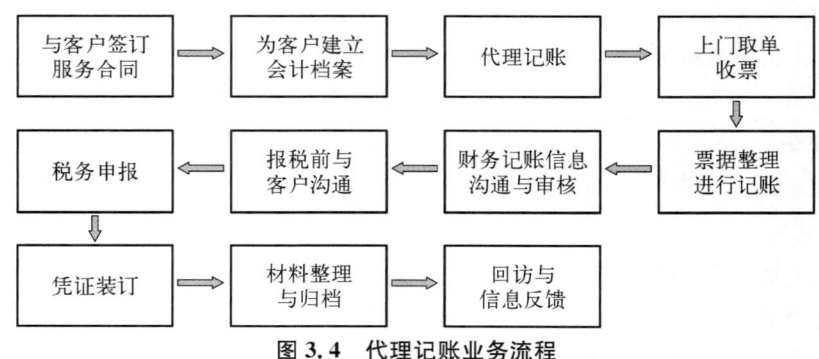

图 3.4 代理记账业务流程

(2) 建立会计工作的岗位责任制

会计人员岗位责任制是指在会计机构内部按照会计工作的内容和会计人员的

配备情况,将会计机构的工作划分为若干个岗位,并按岗位规定的职责进行管控的责任制度。

某小企业拟定的财务负责人和出纳岗位的主要内容(关键岗位责任书)如表3.1和表3.2所示。

表 3.1   财务负责人岗位责任书

单位名称	××	所在部门	财务科
岗位名称	财务科长	岗位编号	××-××××
岗位类别	会计	岗位等级	
专业职称	会计师	分管领导	分管财务工作的总经理
岗位职责	① 主管本企业的财务会计工作,遵守财务纪律和规章制度,对财务会计工作有研究、有布置、有检查、有总结。 ② 组织制定本企业的财务会计制度及核算办法,并负责督促其贯彻执行。 ③ 参与预算管理,组织编制本企业的财务成本费用计划、银行贷款计划等,为经营活动开源节流。 ④ 负责财务审核、财务印章管理、资金管控,努力节约各项开支,不断提高资金利用率。 ⑤ 分析财务成本费用和资金执行情况,总结经验,提出改进意见。 ⑥ 参加有关经营会议,提供信息,参与决策。 ⑦ 参与经济合同、协议的拟订和签订工作。 ⑧ 组织会计人员学习业务,不断提高财务会计人员的政治和业务水平。 ⑨ 及时准确地编制财务报表。 ⑩ 做好资产清查盘点工作,并按规定进行账务处理。 ⑪ 法律法规规定应当由财务负责人负责办理的事项。 ⑫ 完成主管领导交办的工作任务等。		
任职要求	① 会计、财经或金融等相关专业专科及以上学历,有5年以上相关工作经验。 ② 具有会计师及以上专业技术资格。 ③ 熟悉国家财务政策、会计法规。 ④ 具有良好的独立工作、综合分析、组织协调和综合管理能力。 ⑤ 具有资金财务工作经验者优先考虑。		
岗位考核	略。		
备注说明	略。		

表 3.2   出纳岗位责任书

单位名称	××	所在部门	财务科
岗位名称	出纳	岗位编号	××-××××
岗位类别	会计	岗位等级	

续表

专业职称	会计员或具备从事出纳工作的专业能力	分管领导	财务科长
岗位职责	① 按照国家有关现金管理和银行结算制度的规定办理资金收付和结算业务。 ② 序时登记现金和银行存款日记账,做到日清月结;随时掌握存款余额动态,编制资金日报表;每月编制银行存款余额调节表;不准签发空白支票。 ③ 保管库存现金和有价证券,遵守保险柜的密码纪律,确保库款安全,严禁挪用、侵占和坐支现金。 ④ 保管有关收据、支票和相关票据,贯彻印章分管和章票分管。 ⑤ 按核定的额度掌握现金库存量,不以"白条"抵充库存现金。 ⑥ 认真复核各种报销凭证,对不符合手续和规定的凭证及借支拒绝付款。 ⑦ 收付的单据一定要加盖"现金"收付讫章、银行存款收付讫戳记。 ⑧ 法律法规规定应当由出纳负责办理的事项。 ⑨ 完成主管领导交办的工作任务等。		
任职要求	① 会计、财经或金融等相关中等专业及以上学历。 ② 具有会计员或具备从事出纳工作的专业能力。 ③ 熟悉相关财务政策、会计法规。 ④ 具有良好的独立工作和协调能力。 ⑤ 具有财务工作经验者优先考虑。		
岗位考核	略。		
备注说明	略。		

(3) 按照规定取得和填制原始凭证

原始凭证又称单据,是在经济业务发生或完成时取得或填制的,用以记录或证明经济业务的发生或完成情况的文字凭据。它不仅能用来记录经济业务的发生或完成情况,而且可以明确经济责任,是进行会计核算工作的原始资料和重要依据,是会计资料中最具有法律效力的一种文件。

原始凭证的基本要素包括原始凭证的名称,填制凭证的日期和编号,填制凭证的单位的名称或者填制人的姓名,对外凭证应有接受凭证的单位的名称,经济业务所涉及的数量、计量单位、单价和金额,经济业务的内容摘要,经办业务部门或人员的签章等。

日常收付核算时,原始凭证除应当具备上述内容外,还可以有以下附加条件:① 从外单位取得的原始凭证,应使用统一发票,发票上应印有税务专用章并加盖填制单位的公章;② 自制的原始凭证,必须有经办单位负责人或者由部门负责人指定的人员的签名或者盖章;③ 支付款项的原始凭证,必须有收款单位或收款人的收款证明,不能仅以支付款项的有关凭证代替;④ 购买实物的原始凭证,必须有验收证明;⑤ 销售货物发生退回并退还货款时,必须以退货发票、退货验收证明和对方的收款单据作为原始凭证;⑥ 职工公出借款填制的借款凭证,必须附在记账凭证后;⑦ 经上级有关部门批准的经济业务事项,应当将批准文件作为原始凭证的附件;等等。

(4) 规定合理的凭证传递、装订和保管流程与管控责任

① 会计凭证的传递是指会计凭证从编制起至归档在小企业内部各有关部门的传递程序和传递时间。各种记账凭证所记载的经济业务内容不同,涉及的部门和人员不同,办理的经济业务手续也不尽一致。组织会计凭证传递,必须遵循内部牵制原则,力求及时反映经济业务。会计凭证在传递过程中必须注意:

第一,一切会计凭证的传递和处理都必须在财务会计报告期内完成,应当及时传递,不得积压,不得跨期,否则会影响会计核算的正确性和及时性。

第二,会计凭证在传递过程中,既要做到完备严密,又要做到简便易行。对凭证的签收、交接应当制定必要的制度,以保证会计凭证的安全、完整。

第三,应根据每种经济业务的特点、内部组织机构和人员分工情况以及经营管理的需要,恰当规定会计凭证经由的必要环节,并据以恰当规定会计凭证的份数,做到让各有关部门和人员及时了解经济业务的情况,及时办理凭证手续,避免凭证传递经过不必要的环节,以利于提高工作效率。

第四,应根据各个环节办理经济业务所必需的时间,合理规定凭证在各个环节停留的时间,以确保凭证及时传递。

② 会计凭证的装订是指定期将会计凭证按照顺序编号,外加封面、封底,装订成册,在装订线上加贴封签,并在封签处加盖会计主管的骑缝章。对各种重要的原始单据以及各种需要随时查阅和退回的单据,应另编目录,单独登记和保管,并在有关记账凭证和原始凭证上相互注明日期和编号。

③ 会计凭证是重要的经济资料和会计档案。每家小企业在完成经济业务手续和记账后,都必须按规定的立卷归档制度,形成会计档案资料,以便日后查阅。

3.5 财产控制与安全完整

3.5.1 财产保护制度

财产保护的原意是通过合法的财产安排,使人们能够更加牢固地掌控财产。小企业应当有保护财产不受侵犯的主观意愿和行为措施。为此,《小内控》要求建

立财产日常管理和定期清查制度,采取财产记录、实物保管、定期盘点、账实核对等措施,确保财产安全、完整。

财产的日常管理制度包括资产记录、实物保管和处置报批等。其中,资产记录控制要求建立资产档案,对各类资产的信息进行登记、分类、汇总,为资产管理提供信息支持,并且妥善保管资产的各种文件资料,避免记录受损、被盗、被毁。实物保管控制要求明确和落实资产保管及使用的责任,并对特定资产规定严格的限制条件,还可以根据实际情况对重要或特殊资产进行投保,在意外发生时减轻损失。处置报批控制要求根据有关资产管理的规定对资产的调剂、租借、处置等明确报批程序、审批权限和相关责任,防止发生未经审批随意处置资产的情形。

资产的定期清查制度包括定期盘点、账实核对,定期核实各类资产的实际数,将盘点结果与资产台账和会计账簿比对,发现不符的,及时查明原因,并按照相关规定进行处理。

3.5.2 财产保护控制要点

财产保护(保全)控制要求限制未经授权的人员对财产的直接接触,并采取定期盘点、财产记录、账实核对、财产保险等措施,确保各种财产的安全、完整。

(1) 限制接近

限制接近主要是指严格限制无关人员对资产的接触,只有经过授权批准的人员才能接触资产。限制接近包括限制对资产本身的直接接触和通过文件批准的方式对资产进行使用或分配的间接接触。

① 限制接近现金。现金收支的管理应该局限于特定的出纳人员。这些出纳人员应与控制现金余额的会计记录人员和登记应收账款的人员相分离。可以设立单独封闭的出纳室或带锁的收银机来保护现金的安全。零星现金的支出也可以通过指定专门的核算人员管理备用金的方法加以控制。

② 限制接近其他易变现资产,如应收票据和有价证券等,一般采用确保两个人同时接近资产的方式加以控制。一般由银行等第三方保管易变现资产。在处理保管的易变现资产时,要求由两名管理人员共同签名等。

③ 限制接近存货。存货的保护应有专职的仓库保管人员控制,设置分离、封闭的仓库区域,以及工作时间内和工作时间外控制进入仓库区域、在营业时间内和营业时间后控制接近库房的方式(如使用夜盗警铃、发放有限的钥匙等)。对贵重商品可以使用带锁的营业柜,以及聘用专人日常巡视和采用某些监控设备等。

(2) 定期盘点

实物资产盘点并与会计记录核对一致在很大程度上保证了资产的安全。为保证盘点时资产的安全,通常应先盘点实物,再核对账册,以防止盘盈资产的流失。

实物盘点结果与有关会计记录之间的差异应由独立于保管和记录职务的人员进行调查。如果盘点结果与会计记录不一致,就说明资产管理上可能出现错误、浪费、损失或其他不正常现象。为防止差异再次发生,应通过详细调查来分析原因、查明责任,并根据资产性质、现行制度以及差异数额,采取保护性控制。

需要说明的是,小企业可以根据某项资产的性态来确定盘点频率。动产较不动产、可携带品较不可携带品、消费品较生产用品、货币性资产较非货币性资产的盘点频率高。

(3) 财产记录

小企业应当重视记录的保护,包括财产物资、财务会计等资料。首先,应严格限制接近会计记录的人员,以保持保管、批准和记录职务分离的有效性。其次,会计记录应妥善保存,尽可能减小记录受损、被盗或被毁的可能性。最后,某些重要资料(如定期的财务会计报告),应留有后备记录,以便在遭受意外损失或毁坏时恢复,这一点在当前计算机处理的条件下,尤为重要。

(4) 财产核对

建立资产个体档案,对各项资产的增减变动做及时、全面的记录与核对,同时加强对财产的所有权凭证的登记与管理。

(5) 财产保险

通过资产投保(如火灾险、盗窃险、责任险等)来增加实物资产受损后获得补偿的机会,从而保护小企业的实物安全。

老法师提醒 3.2 | 员工休假也要明确工作交接

任何一个岗位都会出现员工因急事、生病或出差等原因不能正常上班的情形,但不少小企业在制度设计时没有考虑到员工暂时离岗时工作由谁接替的问题。在实际操作中,在遇到员工临时休假或出差时,便临时指派一位相关人员兼任,但这种"临时抱佛脚"的做法,稍有不当,就可能给小企业带来风险。小企业正常的工作安排中通常会将不相容职务交由两个以上的人员担任,以便相互牵制,临时指派某人兼任的做法可能会导致不相容职务由同一人担任。例如,支票和印鉴平常由两个人分别保管,如果因其中一个人临时有事而指派另一个人暂时兼任,由一个人掌握所有空白支票和印鉴的话,盗用支票的风险就会大大增加。因此,小企业有必要明确规定一些重要岗位的工作交接制度,防止员工临时休假或出差时留下管理"真空"。

3.6 单据控制与真实可靠

3.6.1 单据控制要点

单据经常可见，包括外来的各种凭证，如发票、商业票据等结算凭证，也包括小企业内部流转使用的各类表单、验收单、费用报销单等。小企业应当明确各种业务和事项所涉及的表单和票据，并按照规定填制、审核、归档和保管好各类单据，确保单据真实、可靠。

（1）票据领购控制

小企业应指定专人保管各种票据，并负责票据的申购和使用。对于领用的票据，应设立"票据领用登记簿"，认真核对领用时间、票据名称、起讫号码和用途，且应由使用人签章。

（2）单据审核控制

这包括审核单据的来源是否合法，内容是否真实、完整，使用是否准确，是否符合制度规定，审批手续是否齐全等。特别是支出凭证，审核时应注意是否附有反映支出明细内容的原始单据，是否有经办人员签章，超出规定标准的支出事项应由经办人员说明原因并附审批依据，从而确保其与经济业务事项相符。例如，会议费报销单据，经办人员在提交"会议费报销审批单"的同时，应当附与会议相关的内部签报和外部结算单据，以及能够证明会议议题、议程、会期、地点、与会代表人数、相应的预算指标、实际报销金额以及各项费用构成等内容的内部表单。

（3）票据日常管控

小企业应对各类票据实行专人保管，对票据购买、领用、注销等应在票据登记簿记录，防止空白票据遗失和被盗用；同时，应做好废旧票据的管理和序时连续登记工作。

税务机关已经实现增值税专用发票及机动车销售统一发票报税信息的共享共用，如果丢失发票的发票联、抵扣联，可以加盖销售方发票专用章的相应发票记账联复印件作为增值税进项税额的抵扣凭证、退税凭证或记账凭证；如果丢失发票联，可以抵扣联复印件作为记账凭证；如果丢失抵扣联，可以发票联复印件作为退税凭证或抵扣凭证。

丢失普通发票的记账联，要取得发票联复印件，应由提供发票联复印件的单位出具相关证明，并由提供人签章。证明相关要点：与原件核对无误，加盖原件保存单位公章或个人签章。丢失普通发票的发票联，要取得原开票单位加盖公章的证明且注明原来凭证号码、金额、摘要等,经经办单位会计机构负责人、会计主管、单位领导审批后作为原始凭证。

票据专管员应妥善保管各种票据,不得违规转让、出借、代开、买卖票据,不得擅自扩大票据使用范围;对于未按规定使用的票据,不予入账。

(4) 票据监督检查

小企业应对票据的使用、保管、销毁等工作进行定期或不定期检查,使用票据的部门和个人必须配合检查,如实反映情况并提供相关资料,不得拒绝、隐瞒。

3.6.2 印章控制与舞弊风险

小企业是法人,享有独立的法人财产权。小企业的营业执照、税务登记证书、银行卡、IC卡、印章等均属于小企业的财产。小企业的全套印章一般包括公章、财务章、法人章、合同章、发票章等。

公章是小企业效力最大的一枚印章,是法人权利的象征,小企业处理对外事务需要加盖公章。凡是以小企业名义发出的信函、公文、合同、介绍信、证明或其他材料均可使用公章。

票据出具时需要加盖财务专用章。财务专用章通常由小企业的财务主管掌控。

出具票据时需要加盖法定代表人章。此印章的保管者一般是法人代表自己,也可让财务部门有关人员管理。

在签订合同时需要加盖合同专用章。此印章的保管者可以是小企业的法务人员或行政部门等。

在开具发票时需要加盖发票专用章。此印章一般由财务部门的发票专员或相关领导保管。

票据或文书等材料一经加盖印章,就意味着法人法定权力的行使和法定义务或法律责任的承诺,因此,印章具有法定的凭证作用。在通常情况下,法人之间的业务往来文件必须加盖印章,否则就会失去其合法性和有效性。

印章管理方面的风险主要有以下几个方面:

一是舞弊风险。个别人员因为借用、盗用、滥用以及伪造、变造印章导致舞弊,也可能违反用印审批规定,在空白的文件、凭证、合同等材料上预先加盖印章,导致失去审查和控制,给舞弊提供了机会,或形成潜在的舞弊风险。

二是流程风险。例如,用印前无申请,未得到相应主管或授权人员的审批,用印审批流程倒置或按照个别领导的意图直接用印等,均会导致用印流程失控,形成潜在的用印风险。

三是岗位风险。印章管理岗位应实现双人管理,不相容岗位分离。有人用印,有人监督。如果用印人和监印人同为一人,就形成了岗位风险。此外,如果印章管理人员未定期岗位轮换,或者因请假等事项造成必要岗位人员缺乏,同样会增加岗位风险发生的概率。

四是保管风险。印章应该在保险柜等安全设备中存储,保管地点应该有24小时监控。如果印章置于无关人员能够自行接触到的地方,或者没有对印章保管进行监控,就存在安全隐患,形成保管风险。印章一般不得携带外出,一旦印章离开保管人和保管地点,出现舞弊行为的概率就会增大。

五是记录风险。未建立印章使用台账登记制度,印章管理的书面或者电子记录不全、错误或丢失,使印章管理的可追溯性降低,形成记录风险。

六是经济与声誉风险。因印章管理不善而造成的后果难以预计,包括引发经济风险导致的经济损失,以及声誉风险产生的小企业形象受损等。

由于风险的高发,因此小企业应该提高警惕,在交易时做好审查工作。例如,可以通过要求对方提供刻章许可或者委托律师调查对方的印章备案情况来检查印章的真伪,仔细审查是否有油印等公章正常使用时所留下的印迹,拒绝对方不符合规范地使用印章等。

3.6.3 印章控制要点及其基本流程

(1) 印章的刻制

新成立的小企业应在取得统一的社会信用证后到指定的公安机关办理印章刻制手续,严禁私自刻制印章;然后,持社会信用证、小企业公章、财务章和个人印章到商业银行办理开户手续等。

(2) 印章的启用

启用新印章(包括更换新印章)需要小企业完成相关备案;新印章启用后,原印章应封存或销毁,同时登报声明作废;属于自行刻制的印章,应移交档案部门封存或销毁。

(3) 印章的使用

经办人在使用印章时,应填写印章使用申请,说明使用印章的理由、申请人以及启用时间等内容;用印申请经授权审批连同需要用印的文件一并交部门领导和分管领导审批,然后交由办公室印章专管员盖章。专管员用印前应认真核对用印材料,查明用印的内容和目的,确认符合用印手续后方可盖章;若认为不符合规定,可拒绝盖章。印章的使用应在小企业内部进行,不可携带印章外出用印,因特殊原因确需外出用印的,需经负责人同意,用印后即刻收回。对于印章的使用,应在"印章使用登记簿"进行登记,以便备查。

(4) 建立印章日常保管制度

该制度至少包括小企业印章分级保管制度,各类印章由各岗位专人依职权需要领取并保管;印章必须由专门的保管人妥善保管,不得擅自委托他人保管并在其岗位职责中予以明确;公章应妥善保管,注意安全,防止损毁、遗失或被盗等。

(5) 明确印章保管人的责任

未经授权的人员不得接触和使用印章,更不能将印章转借他人。印章保管人必须妥善保管印章,不得遗失;如遗失,必须及时向办公室报告。必须严格依照小企业对印章的使用规定使用印章;未经规定的程序,不得擅自使用。在使用中,保管人对文件和印章使用单签署情况予以审核,同意的则用印,否决的则退回。检查印章的使用是否与所盖章的文件内容相符;如不符,则不予盖章。在印章使用的过程中违反规定造成损失的,对违纪者予以处分;造成严重损失或情节严重的,移送有关机关处理。

某小企业公章使用申请审批流程如图 3.5 所示,供参考。

流程名称:公章使用申请审批流程
流程编号:××-××
流程说明:对公章的使用、审批的内部控制流程
流程表单:公章使用申请单
流程管理部门:办公室

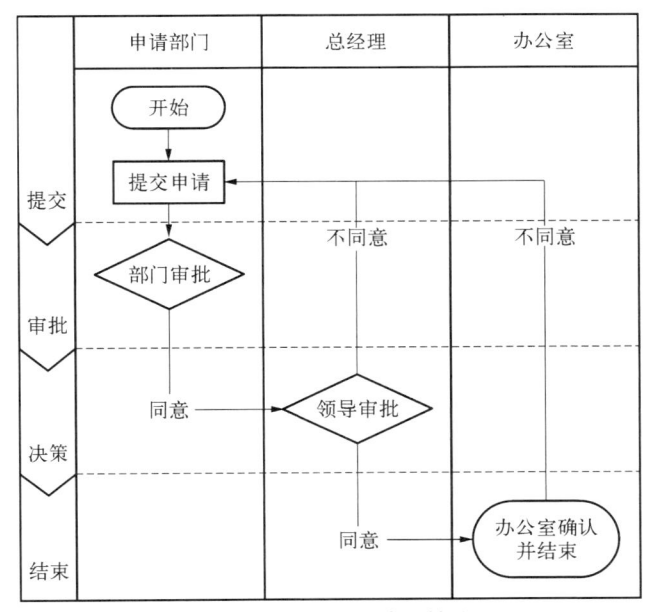

图 3.5 公章使用申请审批流程

综上所述，小企业要制定印章管理规定，指定印章归口管理部门，明确小企业各部门的印章管理职责，明晰印章刻制、使用的业务流程，做到有规可依、有章可循。

经典案例评析

"空手"为什么能"套白狼"？

"空手套白狼"用来比喻那些不做任何投资，依赖行骗所用的欺诈手段。那么，"空手"为什么屡屡套到"白狼"呢？

随着"国际旅游岛"建设规划的获批，海南的房地产开发热闹起来。南下"淘金"的王某想出一个自认为能快速发财的方法。他先伪造了江西第一房屋建筑公司海南分公司的公章，用该公章与文昌某旅游产业投资有限公司签订了建设方圆小区的合作项目。接着，他约见海口某贸易有限公司法人代表张某，谎称自己是江西第一房屋建筑有限公司海南分公司的总经理，其项目需要3 000吨钢材（实际需要约200吨左右），要求张某负责钢材的供给。

第一年的11月，王某将伪造的江西第一房屋建筑公司海南分公司的合同专用章加盖在供货合同上交给张某。当年11月至次年1月，王某用资金紧张、每次支付小部分货款要求张某继续供应钢材的方式先后共骗取价值1 136 966元的钢材。王某支付400 000元后就不再支付货款。

第二年3月，王某由于工程进度问题与文昌某旅游产业投资有限公司发生矛盾，解除项目合作。张某让王某写下欠条，王某确认共欠张某货款736 966元，并承诺于第三年4月13日前还清。之后，张某多次找王某追讨货款未果。

第四年11月，张某向公安机关报案。法院认为，王某在签订和履行合同的过程中，使用伪造的公司印章，冒用公司名义与他人签订合同，诱骗对方当事人履行合同，诈骗他人736 966元；以非法占有为目的，采用虚构事实、隐瞒真相的方式，骗取他人财物150 000元，其行为已构成合同诈骗罪和诈骗罪。

这是一起私刻印章、伪造合同的"空手套白狼"案例，犯罪手段并不算高明，只要提高风险防范意识，加强合同管理，便能对此类风险进行有效的防范和控制。

公章是小企业身份的标志，加盖了公章的合同具有法律效力，但仅仅通过一枚公章就能确定合同对方的主体资格吗？本案中，王某通过伪造的公章先后与文昌某旅游产业投资有限公司、海口某贸易有限公司签订了相关合同。但在合同订立环节，仅通过公章来确定合同对方的主体资格存在巨大的风险。尤其是第一次与对方签订合同时,资质文件应该越全越好,以确保对方具有履约能力。即使是长期合作的对象,也不能仅凭公章就确定对方的主体资格,而需要确认合同签订人是否具有相应的授权。小企业还应对合同履行进行实时跟踪、分析和评估,一旦发现可能损害小企业利益的现象或问题,应及时采取行动维护小企业的利益。

近年来,由于印章管理不善和违规使用而导致的案件频发,涉案金额也越来越大,严重影响了社会经济秩序与小企业的正常运营,应当警钟长鸣。

第 4 章　资金失控及风险管控

> 资金是小企业流动着的"血液",千万不能病变或梗阻。

4.1　认清资金失控风险点

4.1.1　资金管控最具综合性

一家小企业有多少资产就有多少资金,资金与资产是同一个管控对象的两个方面。例如,库存现金、银行存款和其他货币资金是以货币形态存在的资产,被称为货币资产,其价值形态就是货币资金;又如,房屋建筑物、机器设备是固定资产的实物形态,其价值形态就是固定资金。

资金资产与业务活动紧密联系。资金不仅是各项财产物资的货币表现,即资产的价值形态,而且是供、产、销等各项经营业务活动得以实现的基本保障,即业务运营的载体。任何资金的收、付、存(流入、流出与结存)都和销售与收款(增量资金)、采购与付款(减量资金)、存货等资产(存量资金)的业务流程及管控质量休戚相关,必须循环畅通。所以,资金管控最具有综合性特征,应当成为贯穿小企业内部控制始终的一条主线,从而成为管控的核心内容和重要抓手。

抓手,原指人手可以把持(抓握)的部位,只要把手"抓"在上面,人便有了依托,有了凭借,如果没有"抓手",某些活动或工作就难以开展。如同机械和工具,没有抓手,便难以操控。以资金资产管控为抓手,确保资金资产稳定运行,就是在合理保证经营发展的可持续性。

资金运动是资金形态的变化或位移,需要在动态中实施管控。经营活动中的货币资产变为非货币性资产,非货币性资产又变为货币资产,这种周而复始的过程称为资金流转。其间,供、产、销的资金流转控制有效,不仅对经营活动起保证与促进作用,而且与其他业务循环存在直接或间接的联系,而其他业务循环是否畅通、是否存在弊端也会对货币资金循环产生影响。①

资产是买来的,管控资金从资产采购活动开始是明智的。从制定资产采购计划开始就关注所有资产的增减变动情况,并将其全部纳入会计系统和信息管理系统,反映在相关的卡片管理(明细账)和各种管理报表或统计报表中(如图 4.1 所示),可以为管控所有资产资金的现状提供连续、系统的信息资料。

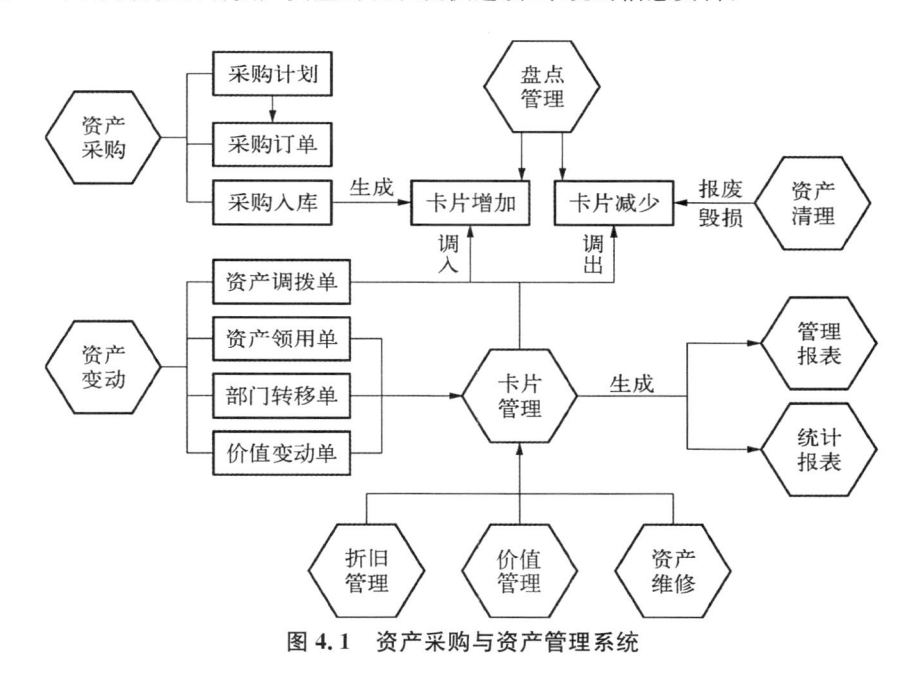

图 4.1 资产采购与资产管理系统

4.1.2 资金资产失控的具体表现

资金资产比较容易被侵占、挪用,故而谨防失控十分重要。例如,资金未经适当审批或超越授权审批,可能因失控而导致资金流失;不按规定的开支项目列支,或不按规定的限额开支,随意扩大报销范围,可能因差错、舞弊、欺诈而导致损失;票据遗失、变造、伪造、被盗用以及非法使用印章,可能导致资产损失、法律诉讼或

---

① 关于资产质量与营运效能等相关内容,请进一步阅读李敏所著《洞察报表与透视经营——算管融合的财务分析逻辑》(上海财经大学出版社出版)。

信用损失;资金资产记录不准确、不完整,可能造成账实不符或财务会计报告信息失真;等等。

有资金失控的可能就有对其风险进行管控的必要。小企业以管控资金风险的确定性来抵御可能发生的不确定性是相当明智的表现。小企业面临各式各样的失控现状,风险管控必须及时跟进,不仅不能落后,而且应主动作为,趁势而为,达成目标。

资金资产失态与失衡等失控表现林林总总,以下12种表现较为典型:

(1) 无中生有

通过虚构业务、虚假凭证、凭空捏造收付款项目实施舞弊。例如,为了虚报利润而虚构收入,少计费用;为了套取现金而虚构预借差旅费业务;通过编造收款项目,骗取业务提成,或将正常的销售业务列作他人"介绍"的业务,从中提取"中介费";捏造临时工用工人数,多报出工天数或工作量,贪污劳务费;捏造加班人数,多报加班天数,贪污加班费、夜班费和各种补贴;巧立名目,将公款以"咨询费""信息费""技术服务费"等名义转到关系户账下,提取现金,贪污公款;等等。

(2) 侵吞不报

直接窃取商品物资或对经营收入采取少计价款、不开发票(或开假发票)、不入账等方式实施侵吞。例如,利用财产清查不彻底、家底不清等漏洞,直接窃取商品物资,或在进行物资盘点时对盘盈物资不如实报账,非法占有或者私自瓜分等。

(3) 模仿签字

模仿有关管理人员的签字,以达到蒙混过关、窃取财物的目的。会计人员和有关物资保管人员应掌握签字的特点,加强对单据的审核。如果对某项签字有疑问,可以将签字放在放大镜下仔细鉴别,或询问签字人等。

(4) 虚报冒领

采取假造单据、涂改单据、作废凭证等手法,虚报费用、冒领物资。例如,涂改领料单据,多计领料数量,侵吞财物;虚报损耗,将"多余"的物资占为己有;利用少列、少计或不计购货折让款,侵吞折让现金;等等。

(5) 假公济私

借小企业的名义谋取私利。例如,以小企业的名义签订合同、收取货款等,但实际上并不走小企业的账,而是为个人拉生意、谋私利;假借生产经营需要,一次性领用大量物资后,将多领物资转入个别人手中,或者变卖后贪污;等等。

(6) 里应外合

作弊行为人之间相互串通、共同舞弊。例如,采购员、保管员、车间领料员相互勾结,由采购员"进货",保管员"验收",领料员"领用",手续齐全;售货员与收款员勾结,由售货员填制伪造发票,并做上暗记与正式发票掺杂使用,在结账时,收款员将做上暗记的伪造发票抽出不予入账,所得价款私分;等等。

（7）暗度陈仓

采取迂回、变相的方式窃取小企业资财。例如,小企业之间以送礼为借口,互相赠予,明为送人,实为借花献佛、公私兼顾、个人捞实惠;利用会计账务处理技巧,采取相互转账的手法,套取资财;利用职务之便,变相报销或假发票入账报销;等等。

（8）浑水摸鱼

借助某种意外或混乱局面获取不正当利益。例如,利用管理不严、制度不全、手续不齐、会计人员缺乏经验等漏洞,窃取财产物资;利用某些物资的物理、化学属性（如霉烂、变质、挥发、风干等）窃取资财;利用意外事故窃取财产物资;等等。

（9）偷梁换柱

暗中玩弄手法,以假的代替真的。例如,以贱充贵,即以价值低廉的物品冒充或换掉价值较高的物品,贪污其差额或再换取其他物品;以次充好,即以不合格的或档次低的次等物品冒充合格的或高等级的物品;以假乱真,即以假冒伪劣商品冒充货真价实的物品;以旧换新,即利用职务之便,拿旧的物品换取新的物品;等等。

（10）监守自盗

利用职务之便进行贪污盗窃。例如,盗窃所经营的材料、物资等,据为己有;将代为保管的押金、履约保证金、其他收入等不予入账而窃取;自盗资金财物,并制造被劫、被盗、失火等假象;等等。

（11）张冠李戴

故意混淆会计账户的对应关系。例如,向客户收取的现金记入现金以外的账户,以达到贪污、挪用现金的目的;将本应属于项目 A 的收支记入项目 B,从中获得收入提成或项目节余提成或达到其他目的;在应收账款内设立假账户,在收到客户货款时不以真实客户的名义出现,而是记录在假账户中,并将货款私吞,以后再将该假账户作为坏账注销;将可以收回的应收账款作为坏账予以注销,待客户付现时据为己有;等等。

（12）瞒天过海

将舞弊的事实真相隐藏在日常的经济业务活动中,使人不易发现,甚至产生错觉,以达到贪污的目的。例如,隐瞒进货退出,账上不做退货处理,并侵吞退还的购货现金;开具红字发票,虚列销货退回,将货款私吞;在汇总收入凭证时少计收入,在编制汇总销货日报时少报销货,或者相反;在汇总支出凭证时多计支出,在编制汇总费用支出表时加大金额,贪污其差额;将现销当作赊销,挪用现销货款,待自己买卖做完后再予以归还,冲销应收款项;等等。

实证分析4.1 | 出纳为什么能够如此舞弊?

某出纳在两年多的时间内涉嫌挪用公款五百余万元,其中,侵占金额约300万元,其作案手段如下:

一是该小企业的两枚财务印鉴章没有分别由财务负责人和办公室管理,且存放印鉴章的抽屉不锁,缺乏安全保管措施。出纳人员就是利用印鉴章管理失控的现状,私盖银行账户的印鉴章,从该小企业账户提取备用金并转入个人账户(该小企业账内不做财务处理)。

二是该小企业的公章未按用印要求使用,对部门和个人借用款项没有严格审批和监管,出纳人员采用编造该小企业员工出差说明的方法私盖公章,以差旅费的名义提取现金(该小企业账内不做财务处理)。

三是出纳人员直接侵吞收取的房租、押金、定金、废品处理等现金收入。

四是出纳人员将部分收入延迟做账,挪用资金。

五是出纳人员擅自提现挪用后部分归还,以缩小该小企业账上银行存款额与实际银行对账单存款余额的差距。

六是出纳人员将一张支付货款的单据复印多次作为套取现金的凭证。

七是出纳人员将涂改后的银行结算单据作为记账凭证,以挪用、侵占公款。

八是出纳人员将银行对账单用电子扫描的方式做成电子文件,然后进行涂改,造成与该小企业银行账户存款余额一致的假象,以隐瞒其挪用和侵占公款的事实。

对于上述失控现象,由于管理层缺乏内部控制知识与主动干预意识,放任出纳人员一人包揽收付、制单、记账、复核、银行存款余额调节表编制的所有工作,风险防范的警惕性极差。而会计对银行单据基本上不复核、不对账、不函证,也未与网上银行进行核对查询,未能及时发现舞弊。该小企业每年只保留12月份(年末)的银行对账单,从而为出纳人员伪造银行对账单提供了便利。

综上所述,资金失控具有以下三个方面的风险,一不留神,就容易导致危险,必须高度警觉,尤其是对可能导致的危害,必须予以制止。

一是资金管理不善,存在"贬值"风险。由于资金管理不善和存储结构不合理,一些小企业的资金资产被大量积压在仓库中或存放在"他人的口袋里"(指应收款项),本来应当"动态"的资金变为"固态"的资产,影响资金周转速度和使用效率,加之资金监管工作不到位,导致资金运行低效甚至无效,从而存在"占用"风险。随着物价的上涨,货币的实际购买力下降,存量资金逐渐贬值。

二是资金违规使用,存在"流失"风险。受经济利益的驱使,一些小企业和个人法规意识淡薄,纪律观念不强,经济违法违纪案件有所增多,涉案金额不断增大,尤其是职务犯罪的现象令人关注。极少数财务人员面对收支活动,意志不坚定,钻资金监督不力、内部控制制度不落实的空子,侵吞资金;有的欺上瞒下,擅自转移资金,私自挥霍;有的收入不入账,据为己有;有的与不法人员勾结,骗取小企业资金;有的挪用公款,填进股市或赌场的"黑洞",不可自拔;等等。

三是资金盲目使用,存在"损失"风险。某些小企业片面追求经济利益,无视法规制度和财经纪律,违反规定存储和使用资金。有的违规开设账户、盲目投资;有的违规出借资金,有去无回,造成资金流失。一些小企业被高息利诱的"理财产品"所骗,一些资金在股市上被"套牢",还有一些深陷担保抵押困境等。

4.1.3　货币资金风险控制点及管控措施

狭义的"资金"特指货币资金,包括现金、银行存款和其他货币资金等,都是资金中最活跃的部分。货币资金还是小企业资金运动的起点和终点,随着再生产过程的进行,会形成频繁的收支行为,并与应收应付、实收实付之间存在时间间隔,形成往来结算业务。

货币资金控制的目标应当是具体的,至少包括:一是货币资金的安全性,通过良好的内部控制,确保小企业库存现金安全,预防被盗窃、诈骗和挪用;二是货币资金的完整性,检查小企业收到的货币资金是否已全部入账,预防私设"小金库"等侵占小企业收入的违法行为;三是货币资金的合法性,检查货币资金的取得和使用是否符合国家法规,手续是否齐备;四是货币资金的效益性,通过合理调度货币资金,使其发挥最大的经济效益。

货币资金失控是最普遍也是后果最严重的事件。个别出纳既办理货币资金收付业务,又记账、算账,还领取银行对账单和编制银行存款余额调节表,甚至握有全部财务印鉴章,而一些小企业并没有意识到这一问题的严重性,低估了其可能造成的后果,所以,资金舞弊的后果往往会集中上述三种风险予以爆发。

某小企业为了合理保证货币资金具体控制目标的实现,制定了货币资金收付控制关键点及配套的控制措施(如表 4.1 所示),可资借鉴。

表 4.1　　　　　　　货币资金风险控制点、具体控制目标与措施

风险控制点	具体控制目标	具体应对措施
审批	程序与合法	未经授权,不得经办资金收付业务;明确不同级别管理人员的权限;抵制不合法、不合理的收付行为
复核	真实与合法	会计人员应对相关凭证进行横向复核和纵向复核
收支	收入入账完整支出手续完备	出纳人员根据审核后的相关收付款原始凭证办理收款和付款,并加盖戳记,做到授权批准手续齐全、收支凭证符合规定要求、收支业务全部登记入账
记账	真实与可靠	出纳人员根据资金收付凭证登记日记账,有关会计人员根据相关凭证登记明细分类账,主管会计登记总分类账并履行复核程序等
对账	真实与可靠	做到账证核对、账表核对、账实核对,编制库存现金盘点表、银行存款余额调节表,分别由盘点人、复核人、财务主管签字认可,内审工作应当检查这方面的落实情况
保管	安全与完整	授权专人保管资金,日清月结;定期与不定期盘点;履行第三人审核职能
资金账户	防范"小金库"监管账外账	检查开设、使用与撤销账户的授权,检查是否有账外账,实施抽查或突击检查等
票据与印章	安全与完整	专人购买与保管票据,印章与空白票据分管,财务专用章与企业法人章分管,用章履行审批程序

4.2　梳理资金流程控制点

4.2.1　销售与收款的控制要点

有经验的管理者对于资金管控会从每一笔收付款业务入手,并聚焦销售与收款(增量资金)、采购与付款(减量资金)、存货(存量资金)等方面,因为这些业务流程与资金的流入、流出和资产的增减变动直接相关,与风险控制的最终效果直接关联。把握好采购、销售与库存三道关卡,小企业资金资产的风险控制就有了一定的保障。

小企业的资金流入主要来源于销售与收款活动,通常以接受销售订单为起点,

以确认收款为终点,包括签订合同、交换商品或劳务、取得收入、收妥款项等业务活动(如图 4.2 所示)。

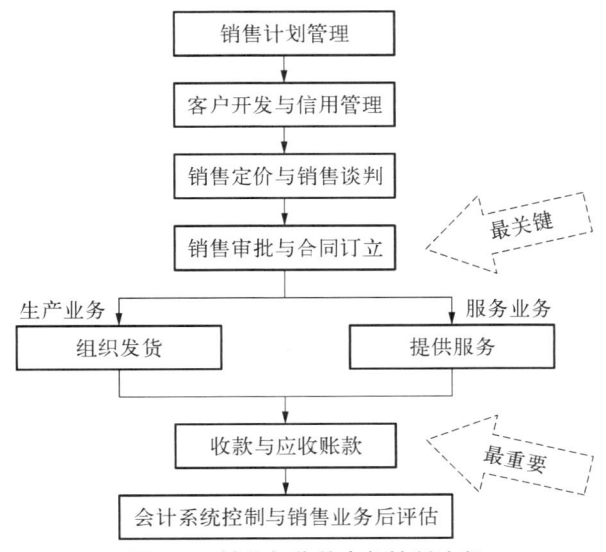

```
销售计划管理
    ↓
客户开发与信用管理
    ↓
销售定价与销售谈判
    ↓
销售审批与合同订立   ← 最关键
    ↓
生产业务 ↓    服务业务 ↓
组织发货      提供服务
    ↓           ↓
    收款与应收账款   ← 最重要
    ↓
会计系统控制与销售业务后评估
```

图 4.2　销售与收款内部控制流程

在销售与收款控制流程中,合同的审批控制可能最关键,因为交易标的、数量、质量、价款或报酬,履行期限、地点、方式,违约责任和争议解决方法都在其中。应当谨防虚假合同、"阴阳合同"与合同欺诈。在图 4.2 中,收款环节体现前面各环节的管控成果,如果前面各环节出现舞弊风险,就会给收款环节留下后遗症;同时,销售业务质量的高低充分体现在应收账款的变化上,如果应收账款风险增大,最终会引发财务风险。例如,某公司销售经理离职后,催收应收账款时发现,财务账面显示的应收客户的账款有些并未与公司发生过业务往来。当时财务核算凭发票入账,出库单和客户验收单缺失,且催款等完全由销售部门负责。相关管理者认为,这个现象很可能是销售经理舞弊造成的,但也仅是推测,难以举证和核实。

实证分析 4.2 ｜ "真空点"可能就是最大的"失控点"

小陆在某公司负责安置动迁居民的销售合同的打印工作。该房产项目收尾之前,公司让熟悉当时情况的小陆一个人留守办理入户手续,并规定出纳定期过去开具发票、收取费用等。在期后的一年半内,小陆凭着熟悉该房产现状、独自办公、拥有合同印章和法人名章等"有利条件",在利用新任出纳工作经验不足,取得了空白发票及开票税控密码,帮其代开发票等工作之机,对外私自以公司名义委托房产中介公司低价销售,通过与众多社会非动迁户签订房屋出售合同的方式蒙骗购房人将购房款交付小陆本人或汇入其指定的个人账户。

分析该舞弊案情可知,无人监管的"真空点"可能就是最大的"失控点"。

① 发票专用章管理和发票开具属于不相容岗位。小陆既管着发票专用章,又掌握着开发票的"权利",而财务部门没能及时进行查核。

② 合同签署和审批属于不相容岗位。小陆保管着合同专用章和法人名章,造成合同的签署和审批这两项职务未分离。

③ 合同签署和开票属于不相容岗位。小陆既负责销售合同的打印和签署,又担任公司开发票之职,而授权人或财务部门未能及时进行监督检查。

④ 销售和收款属于不相容职务。小陆既掌握着销售的权利,又行使着收款的权利,职务未分离,且授权人或财务部门没能及时查核并发现问题。

按照内部控制规范,公司必须遵照不相容岗位分离的基本要求,对"合同谈判→合同订立→合同审批→发票(或收据)开具及管理→收款→记录→复核"流程进行控制和检查。不管是开盘集中销售阶段、盘中正常销售阶段还是尾盘销售阶段,都应规范销售现场的合同谈判、合同签订、合同用章、收款及解缴、开票等环节的操作,明确现场工作人员与财务部门的管理界限及职责,确保公司销售业务及资金的安全和高效率。对于特殊情况下短时间内不相容岗位重叠的业务,要有替代性手段,不能形成有规定但不执行的"失控点",或无人监管的"真空点"。

4.2.2　采购与付款的控制要点

小企业的绝大部分资产是通过采购过程购买的,大部分资金流出也是用于采购活动。采购与付款通常以请购为起点,以付款为终点,是小企业资金周转与资金管控的关键环节,只有及时组织好资产的采购、验收,才能保证生产、销售业务的正常运行。

采购通常是内部控制的薄弱环节,容易滋生"暗箱操作"、以权谋私、弄虚作假、以次充好、收受回扣等风险,也最容易产生"跑、冒、滴、漏"和积压浪费等问题。因此,通过对采购与付款活动的全过程监控(如图4.3所示),尤其是加强对关键控制点的管控,对促进合理采购、满足生产经营需要、防范采购风险具有重要意义。在采购与付款的流程中,供应商的选择、审核与确认最为关键,千万不要存在漏选、误选、瞒选、贿选等情况;在付款环节的复核上,应当手续齐全、核对无误,只要钱还没有付出去,风险一般就不会导致危害,所以付款环节很重要,应当特别谨慎。付款活动不仅导致现金流出,而且体现管控的结果。

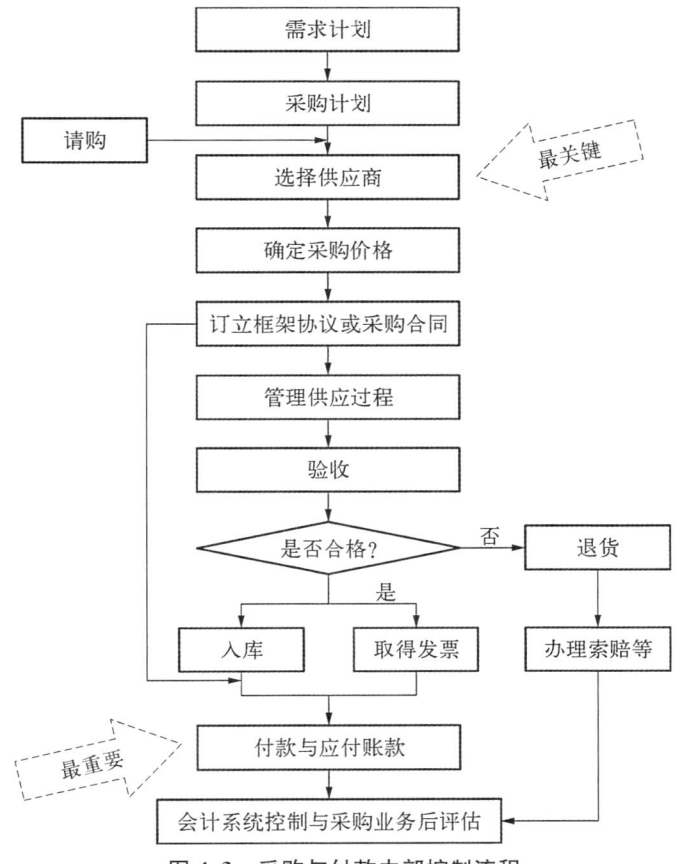

```
         需求计划
            ↓
         采购计划
            ↓
   请购 → 选择供应商        最关键
            ↓
         确定采购价格
            ↓
      订立框架协议或采购合同
            ↓
         管理供应过程
            ↓
           验收
            ↓
         是否合格？ —否→ 退货
            ↓是              ↓
       入库  取得发票    办理索赔等
            ↓
  最重要 → 付款与应付账款
            ↓
      会计系统控制与采购业务后评估
```

图 4.3　采购与付款内部控制流程

采购和付款都是高风险的岗位,尤其应当注意岗位分离等制衡性控制。例如,有权决定材料采购的人员不能执行采购操作任务,但一些小企业的负责人或供应部门的经理亲自采购,可能会利用不相容职务未分离所带来的缺陷谋取私利。又如,一个采购员既负责材料采购又负责入库保管,这种身兼数职的行为有可能给经办人员创造舞弊的机会,应当注意防范。此外,不能因为申请内容紧急而疏忽必要的管控环节,如用款申请、验收入库等。

4.2.3　存货与资金存量的控制要点

将库存资金控制在合理水平是管理者所期盼的结果,因为这样可以将运营成本降低到合理水平,让资金流动起来而不是积压。假如一家小企业的年营业收入是 500 万元,盈利 10 万元,而库存却占有 500 万元,那就意味着流入的资金都搁在仓库里,净赚的钱还抵不上库存的利息,对这家小企业而言,不仅资金周转压力相当大,而且潜在亏损会相当严重。

存货资产的管控情况和销售与收款、采购与付款、资金收支现状休戚相关,从而可以构成一个更大的内循环(如图4.4所示)。对于一家生产型小企业来说,要卖货,就得先购货,采购后形成相应库存,然后销货与收款,并形成现金流入或应收账款,如此循环往复,内在关系紧密。根据永续盘存记录,采购进来的一定有入库记录,销售出去的肯定有出库记录,观察库存的增减变动可以映射小企业的经营管理现状。

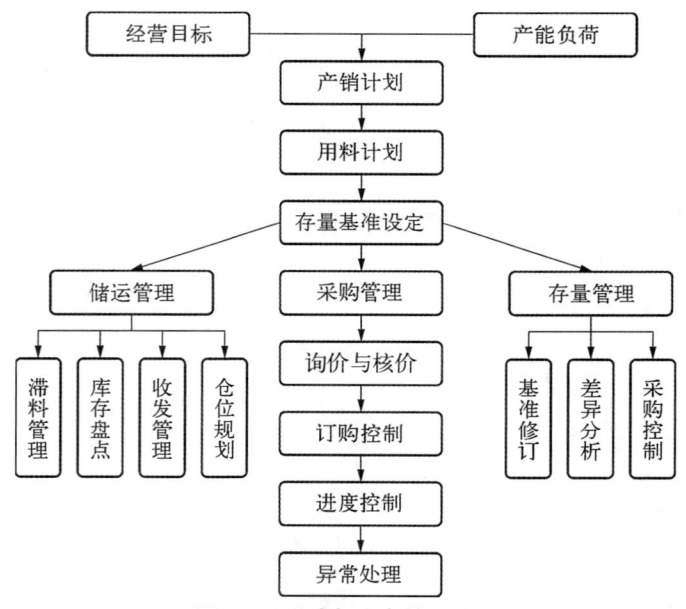

图 4.4 采购与库存管理流程

某小企业库存管理混乱。因存货采购、验收入库、储存保管、领用、退料等手续不规范,导致采购员拿回扣、仓库保管员监守自盗、成本费用核算不准确,还存在损失与浪费等失控情况。

该小企业分管存货的领导常年在外却握权不放,购货发票有时甚至长达数月才交出来,且发票所记数量与实际入库数量不符;材料入库后,仓库保管人员按实际收到的材料数量和品种入库,缺乏合同等相关资料;财务入账不及时,经常估价入账;期末仓库保管人员自己盘点,盘点结果与财务核对不一致的,不去查找原因,也不及时报财务进行处理,使盘点流于形式;存货领用没有建立严格规范的制度,车间在生产中随用随领,计划性差,多领不办理退库手续;生产中的残次料随处可见,随用随拿,存在浪费现象。

检查发现,该小企业长期不重视内部控制建设,没有一份像样的内部控制制度;分管领导搞"一言堂""一支笔",为管控的执行添加了障碍;管理过程没有一套严格的办事程序,加上管理人员素质低下,难以确保实物资产的安全、完整;等等。

问题暴露后,总经理根据存货管理失控的具体情况,在调研后组织采购、仓库、生产等管理人员多次讨论。由于小企业规模较小、管理基础较差,总经理就以存货失控为突破口,开始实施资金资产的内部控制。

总经理先归纳出请购与采购、验收与保管、领用与发出、盘点与处置4个主要管理环节,编制出存货控制简要流程(如图 4.5 所示)。

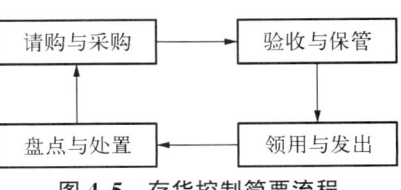

图 4.5 存货控制简要流程

经过分析,由于当时的主要问题出在存货的验收、储存、盘点环节,尤其是对异常现象未能及时反映和解决,因此,通过图 4.6 将存货业务风险、职责分工与审批权限等内部控制要点和仓储管理流程汇总反映,让具体管理人员进一步理解仓储管理的风险点与管控点,然后采用文字解说的方式对3个阶段的7个控制要点做出详细说明(如表 4.2 所示),使相关人员明白具体管控对象与详细操作方法,做到通俗易懂,有较强的现实针对性,有助于解决当前存在的问题。

表 4.2　　　　　　　　存货仓储管理流程控制说明

控制事项		说　　　明
阶段控制具体内容	D1	1. 仓储部经理制定存货保管制度,报请总经理审批后执行 2. 仓库管理员在质检部的协助下,对存货验收入库,根据存货的属性、包装、尺寸等的不同安排存放场所,并对入库的存货建立存货明细账,详细登记存货类别、编号、名称、规格型号、数量、计量单位等内容,并定期与财务部门就存货品种、数量、金额等进行核对
	D2	3. 仓库管理员对存货进行在库保管,具体包括控制仓库温度和湿度、防霉、防腐、防锈、防虫害、安全、卫生管理等内容 4. 仓库管理员应定期或不定期做好存货的在库检查工作 5. 仓库管理员在存货在库检查中发现异常情况应及时处理,对不能解决的问题应及时报请仓储部经理处理
	D3	6. 仓储部经理根据分析结果提出解决方案,在权限范围内的,直接交由仓库管理员处理,需总经理审批的方案,经总经理审批后交仓库管理员处理 7. 根据分析结果,调整库存盈亏,填写"库存调整表"交总经理审批

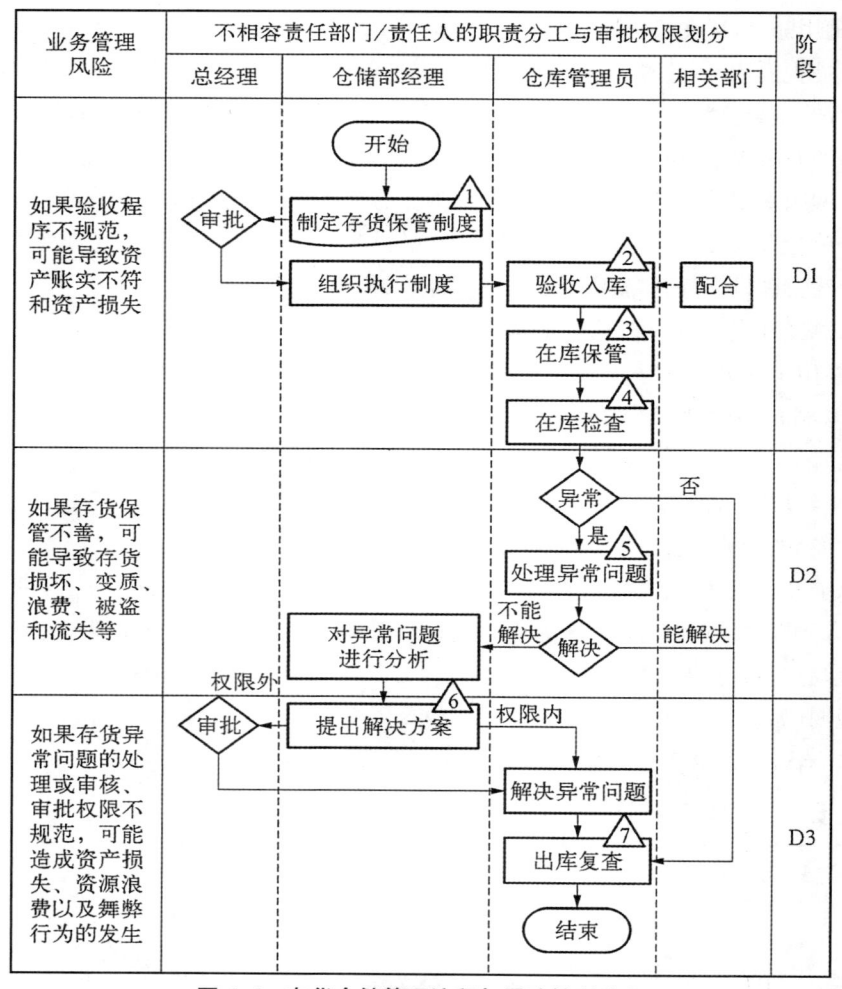

业务管理风险	不相容责任部门/责任人的职责分工与审批权限划分					阶段
	总经理	仓储部经理	仓库管理员	相关部门	
如果验收程序不规范，可能导致资产账实不符和资产损失	审批	制定存货保管制度① 组织执行制度	开始 验收入库② 在库保管③ 在库检查④	配合	D1
如果存货保管不善，可能导致存货损坏、变质、浪费、被盗和流失等		对异常问题进行分析	异常 否 是 处理异常问题⑤ 不能解决 / 能解决		D2
如果存货异常问题的处理或审核、审批权限不规范，可能造成资产损失、资源浪费以及舞弊行为的发生	权限外 审批	提出解决方案⑥	权限内 解决异常问题 出库复查⑦ 结束		D3

图 4.6　存货仓储管理流程与风险控制流程

实务中，可以采用图、表、文配合运用或交叉运用的方式对控制流程进行解说，其优点是清晰、直观、简洁，容易掌握制度的核心内容和操作步骤，值得推广借鉴。

4.3　明确资金风控的重点

4.3.1　安全性风险的控制重点

安全性风险主要是指资金资产被挪用、侵占的风险。这类风险主要源自小企业内部控制的不完善,如不执行内部牵制、一人兼任不相容岗位等。

挪用资金是指小企业的工作人员利用职务上的便利,挪用本企业资金归个人使用或者借贷给他人。挪用资金在主观方面出于故意;在客观方面表现为行为人利用职务上的便利,挪用本企业资金归个人使用或者借贷给他人。"归个人使用"包括将本企业资金供本人、亲友或者其他自然人使用,以个人名义将本企业资金供其他单位使用等。挪用行为人的目的在于非法取得小企业资金的使用权,但并不企图永久非法占有,而是准备用后归还。

职务侵占的行为方式是侵占,即行为人利用职务上的便利,侵吞、窃取、骗取或者以其他手段非法占有小企业财物,其侵犯的客体是资金的所有权,对象是小企业的财物,既包括货币形态的资金和有价证券等,也包括实物形态的财产,如物资、设备等。职务侵占的行为人的目的在于非法取得小企业财物的所有权,而并非暂时使用。

资金资产的安全风险重在防范,应当通过建立良好的内部控制环境、健全资金管理的内部控制机制来堵住各种安全漏洞,特别要注意以下几点:

第一,贯彻内部牵制原则,确保不相容岗位相互分离、制约和监督,如空白支票、印章应分别由不同的人保管等。

第二,建立健全授权审批制度,按照规定的权限和制度办理资金收付业务。

第三,建立按时对账责任制,坚持做到日清月结。应把做好银企对账工作作为强化内部控制管理的一项重要措施来抓,落实责任,做到按时对账、及时对账,将一切隐患消灭在萌芽状态。

第四,采用网上交易、电子支付等方式办理资金支付业务的小企业应当与承办银行签订网上银行操作协议,明确双方在资金安全方面的责任与义务、交易范围等。操作人员应当根据操作授权进行规范操作,并强化岗位分离牵制。切记:使用网上交易、电子支付方式的小企业办理资金支付业务,不应因支付方式的改变而随意简化、变更货币资金控制所必需的授权批准程序。

第五,安排非财务人员(如审计人员)定期或不定期地核对货币资金账目,包括履行核对、抽查、向银行函证等检查程序。

第六,健全岗位责任追究制。无论是小企业的出纳人员还是财务主管、分管领导,都应实行岗位责任制。对那些工作不负责任、图省事、走过场的直接责任人和负领导责任的人员进行经济、行政处罚;对那些因失职、渎职造成严重经济损失的人员,追究其法律责任,以确保银企之间账账相符,资金安全、完整。

4.3.2 支付性风险的控制重点

(1) 按规范流程办理资金支付业务

支付失控可能是最常见的风险,有时也是最危险的问题。所以,有经验的管理者认为要用如履薄冰的态度认真对待资金的支付,因为款项一旦付出,发生差错是很难追回的。

某公司针对支付环节可能产生的风险,设计出相应的业务流程和防范措施(如图4.7所示)可资参考借鉴。

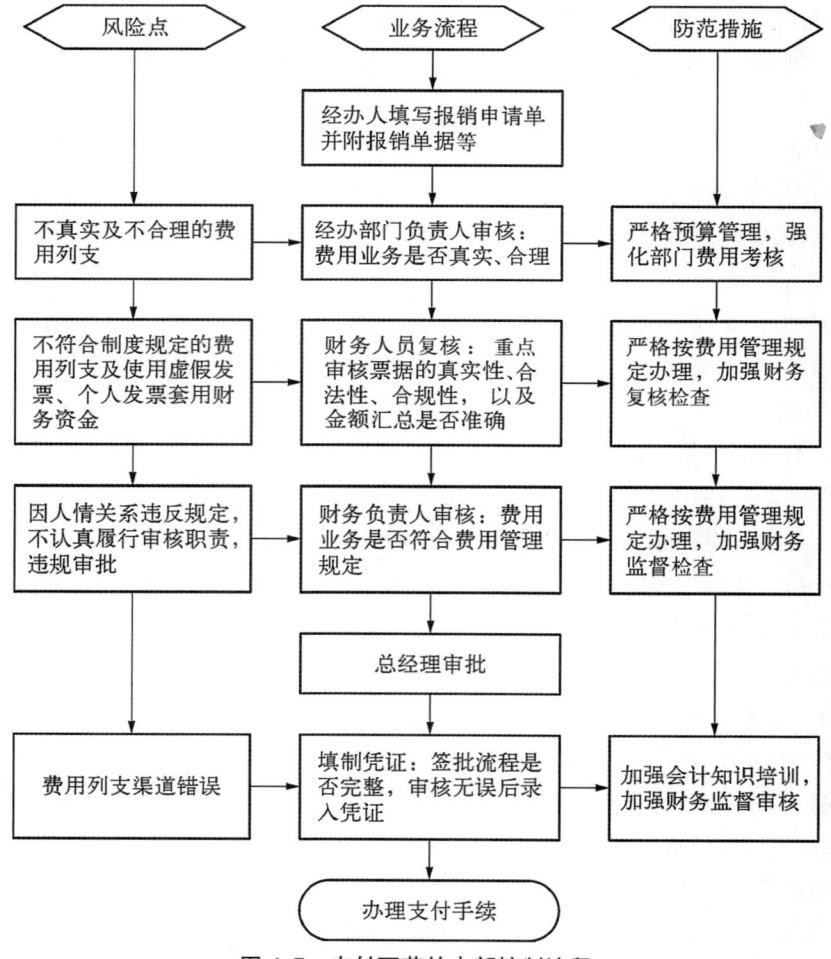

风险点	业务流程	防范措施
	经办人填写报销申请单并附报销单据等	
不真实及不合理的费用列支	经办部门负责人审核:费用业务是否真实、合理	严格预算管理,强化部门费用考核
不符合制度规定的费用列支及使用虚假发票、个人发票套用财务资金	财务人员复核:重点审核票据的真实性、合法性、合规性,以及金额汇总是否准确	严格按费用管理规定办理,加强财务复核检查
因人情关系违反规定,不认真履行审核职责,违规审批	财务负责人审核:费用业务是否符合费用管理规定	严格按费用管理规定办理,加强财务监督检查
	总经理审批	
费用列支渠道错误	填制凭证:签批流程是否完整,审核无误后录入凭证	加强会计知识培训,加强财务监督审核
	办理支付手续	

图4.7 支付环节的内部控制流程

(2) 以合法的原始凭证作为支付依据

经办人员是否根据合法的原始凭证填列必要的内部凭证,并在预算范围内经各级授权审批后,才到财务部门办理收支手续的流程监管很重要。尤其是会计部门的稽核人员是否对原始凭证的合法性、真实性和合理性进行严格复核,对于非法支出是否拒绝办理,对于不合理的支出是否报告等控制行为更加重要。切记:只有根据经过审核无误的原始凭证编制的记账凭证,才能作为出纳人员办理收付业务的依据。

对于业务简单、规模较小的企业,或者小企业内经常发生的日常零星费用报销,也可由出纳人员在审核原始凭证的合法性、真实性与合理性的基础上,编制记账凭证,并直接办理货币资金的收付业务。但记账凭证及其所附原始凭证必须事后经会计人员复核、签章确认;如发现问题,应当及时纠正。

专题讨论 4.1 │ 资金"把关守口"的"六不准"

某小企业明确规定,各费用报销部门的领导是费用审核的第一责任人,其签字应当能够证明经济业务的发生或完成;财务科长负责收支复核,是资金控制的第一责任人,其签字负有合法合规的审核责任;出纳人员负责资金收付与"把关守口",对不符合规定的收支有权拒绝办理。该小企业严格执行现金规定"六不准":不准用不符合财务制度的凭证顶替库存现金,即不得"白条抵库";不准谎报用途套取现金;不准用本企业银行账户代其他企业和个人存入或支取现金;不准用本企业收取的现金以个人名义储蓄;不准保留账外公款,即不得设置"小金库";不准坐支现金,现金收入必须及时送存银行。

(3) 关注资金使用效率风险

形成资金使用效率风险的主要因素有两个:一是预算(特别是现金预算)编制不准确,不少小企业只有年度预算,不能分解到季、月或周;二是财务人员现金管理意识淡薄或内部资金调度不畅,现金管理能力不强。

(4) 养成动态控制现金流量的好习惯

一家小企业获取现金流量的能力与其控制能力休戚相关。通过分析与控制现金流量,明白现金流量增减变动的原因,有助于防范不能支付的风险。

在现金流量信息中,经营活动的净现金流量信息最值得关注。将经营活动净现金流量与财务报表的相关项目信息进行比较,可以分析和评价小企业获取现金的能力、现金的流动性、现金的偿付能力、收益的质量等,并向有关部门提供及时、动态的资金变动信息;一旦发现异常情况,应当及时报告,并采取果断措施。

4.3.3 短缺性风险的控制重点

短缺性风险主要是指小企业不能及时足额地筹集到生产经营所需资金,使得放弃有利的商业机会或无法及时清偿债务而导致信用恶化的状态。

引发资金短缺性风险的内部因素较多。例如,采用激进的筹资政策,过多地采用短期甚至临时性负债方式筹资以满足长期性流动资产的需要;采用宽松的信用政策,赊销过多且信用期限较长导致产生大量应收账款,一旦银根紧缩、经济衰退,客户不能及时足额偿还货款,资金链就极易断裂;片面追求生产规模和市场占有率,投资项目过多且周期较长,极易造成现金短缺;过多采用债务方式融资,未能根据行业特点和小企业发展战略确定合理的资本结构;等等。

如何应对资金资产的短缺性风险?

首先,从经营战略上高度重视资金短缺风险,优化资金(资本)结构,"长钱长用,短钱短用",避免因资金占用与资金供应在期限上搭配不当而造成资金短缺性风险。

其次,在提高预算特别是现金预算管理水平的同时,尽可能准确地预计小企业所需的外部融资额和融资时间,努力拓展融资渠道,灵活运用各种融资工具。

最后,应当保持财务弹性,不能一味追求资金使用效率而忽视资金的流动性和经营的安全性。即使在经营状况较好、融资比较便利时,也应适当控制负债比率,保持融资能力,以满足生产经营过程中临时性、突发性事件引起的资金需要。

老法师提醒 4.1 │ 支付控制四步规范操作法

第一步是支付申请。有关部门或个人用款时,应当提前向经授权的审批人提交资金支付申请(预算、计划、请购单等),注明款项的用途、金额、预算、限额、支付方式等内容,并附有效经济合同或协议、原始单据或相关证明。没有支付申请,不能办理支付手续。

第二步是支付审批。审批人根据其职责、权限和相应程序对支付申请进行审批。对不符合规定的资金支付申请,审批人应当拒绝批准;性质或金额重大的,应及时报告有关部门。未经过支付审批,不能办理支付手续。

第三步是支付复核。复核人应当对批准后的资金支付申请进行复核,复核资金支付申请的批准范围、权限、程序是否正确,手续及相关单证是否齐备,金额的计算是否准确,支付方式、支付企业是否妥当等。复核无误后,交由出纳人员等相关负责人员办理支付手续。没有履行支付复核,不能办理支付手续。

第四步是办理支付。出纳人员应当根据复核无误的支付申请,按规定办理资金支付手续,及时登记现金和银行存款日记账。

4.4 落实资金防控的要点

4.4.1 落实不相容岗位分离控制

(1) 资金业务中的不相容岗位

资金业务控制最基本的要求：资金支付的审批与执行,资金的保管、记录与盘点清查,资金的会计记录与监督检查等不相容岗位应当相互分离。

小企业由于人员较少,容易出现混岗、串岗、顶岗等现象。某民营小企业有财务人员两名,有内账和外账"两套账"。老板对财务缺乏必要的监管,财务主管乘内账资金与外账资金转换之机,将款项分次转入个人账户近200万元。究其原因：资金与记账职位未有效分离,财务主管负责内账资金的调度与操作,出纳人员负责外账资金收付；小企业内部无必要的复核与监督机制,导致财务主管"敢于冒险"。

可见,在货币资金控制中,必要的分离控制不可忽视。例如,货币资金的收付及保管应由被授权批准的专职出纳人员负责,其他人员不得接触；货币资金的收付和控制货币资金收支的专用印章不得由一个人保管；出纳人员应与货币资金审批人员相分离,实施严格的审批制度；出纳人员应与货币资金的稽核人员、会计档案保管人员相分离；负责货币资金收付的人员应与负责现金清查盘点的人员和负责与银行对账的人员相分离；等等。

为了实现货币资金业务的内部控制目标,必须加强货币资金内部控制的制度建设和程序控制,其控制要点至少包括以下内容：

① 实行钱账分管。出纳人员不得兼任稽核,会计档案的保管,总账及收入、费用、债权债务明细账的登记工作。

② 各种货币资金的收入都应由出纳部门或出纳人员集中办理。

③ 所有货币资金收入必须入账,不得将出售残料废料收入、罚款赔款收入等做账外记录。

④ 收入的现金应及时送存银行。当天来不及存入银行的现金和支票应集中存放于保险箱,并于次日或收入现金的下一个工作日送存银行。

⑤ 货币资金的收支凭证应与原始凭证核对相符,应及时逐日逐笔记入明细

账,不得拖延。

⑥ 严格支票等票据管理。未启用的支票,应由专人保管;签发支票和加盖印章,应由两人以上分工完成;作废支票,应与存根一起妥善保存于支票簿内。

⑦ 出纳人员收付款后,应及时在收付款凭证上加盖"收讫""付讫"戳记,并立即凭收付款凭证登记日记账。

⑧ 出纳人员收付款时,必须以经审核、手续完备的正式凭证为依据。自制收付款凭证必须连续编号。

⑨ 出纳业务应当日清月结。出纳人员应在每日终了时,结算出当天现金收入合计数、支出合计数和账面结存数,并认真清点库存现金,进行账实核对;库存现金由专人进行定期或不定期抽盘;银行存款指定专人及时对账。

⑩ 定期核对银行存款日记账余额和银行对账单余额,并由出纳以外的第三人编制"银行存款余额调节表";如发现问题,应及时报告有关负责人,以便调查并做出相关处理。

(2) 采购与付款业务中的不相容岗位

购货与付款业务通常需要经过提出申请、订货采购、验收入库、结算付款等业务环节,涉及使用部门、供应部门、仓储部门和会计部门等职能部门。购货与付款业务控制最基本的要求是,货物的请购、订货、验收和结算应由不同的人员担任。

采购与付款业务不相容岗位包括:请购与审批;询价与确定供应商;采购合同的订立与审批;采购与验收;采购、验收与相关会计记录;付款审批与付款执行。其中,询价与确定供应商的分离更重要。

小企业采购与付款业务控制的要点至少包括:

① 除小额零星采购外,采购业务通常要经过请购、订货、验收、付款程序,重大采购业务必须在订货前报经有关部门或人员审批。物资的请购、订购、验收、付款、记账必须由不同的人员完成。

② 采购人员只能在批准的采购计划内进行采购,不得擅自改变采购的内容。

③ 小企业的采购部门应尽可能与供货单位签订采购合同并按合同组织采购,会计部门应参加合同的签审,收货部门应严格按合同规定的品种、规格、数量、质量组织验收。

④ 财会部门只有在发票(或验收单)与采购合同核对相符、填制无误且凭证齐全后,才能付款;如有部分退货,则应将其从发票中扣除后付款。

⑤ 除属于国家规定的现金结算范围内的支出可用现金支付外,其他支出必须通过银行转账结算。

⑥ 财会部门必须严格审核发票以外的各项采购费用和损失(如雇人看管费、装卸搬运费、在途损耗等),确保其合理性和合规性。

⑦ 物资存储量应以保证生产经营需要、节约使用资金为原则。

⑧ 定期进行应付账款的总账与其明细账的核对。

(3) 存货与仓储业务中的不相容岗位

"管钱不管物""钱账分管"是一些管理者的口头禅,却也道出了不相容岗位分离运用的一些具体场景。存货业务一般会涉及验收、存储、发货等环节,至少应强化对下列要点的控制:

① 存货管理的职责分工、权限范围和审批程序应明确、规范,机构设置和人员配备应科学、合理。

② 存货验收、存储、发出流程应清晰、严密,存货管理制度及程序应明确、规范。

③ 通过限制未经授权人员直接接触存货、定期盘点、财产记录、账实核对、财产保险、分析考核等多种措施,确保存货安全、完整。

④ 仓储部门应与采购部门、销售部门和生产部门密切配合,努力降低存货持有总成本,在保证生产和销售需要的前提下,尽量减少存货资金占用,加速资金流转,提高资金使用效益。

⑤ 存货的确认、计量和报告应符合会计准则的规定。

商品存货的保管、收发必须由专人负责,并建立账卡进行数量核算,保管人员不得兼任采购或销售,也不能担任会计部门有关存货总账、明细账登记的岗位;同时,非实物保管人员应被限制接近资产,不得办理物资收发。

商品存货的请领、审批、发放与记账须相互独立,不能由一人包办。

财产物资的保管与清查岗位应分离,应由会计部门定期或不定期查对账证、抽点实物,以保证账证相符、账账相符、账实相符。

(4) 销售与收款业务中的不相容岗位

销售与收款业务主要有订立合同、编制销售单、发运货物和开票收款等环节,其不相容岗位至少包括:

① 销售人员不得兼记会计部门销售收入账和应收账款账,不得直接收取货款,不得兼任货物保管和发货,不得兼任货物采购;其他部门及人员不得兼办销售,即销售与记账、收款、保管、发货、采购均属于不相容岗位。

② 销售业务的各个环节,包括销售合同的签订、销售单的编制、发票的开具、售价的确定、销售方式和结算方式、销售折扣、折让与退货等,都要经过恰当的审核与批准程序,包括批准与经办应予以分离。其中,销售合同的签订与审批分离更重要。

③ 开票与发货、收款、销售收入账、应收账款账的记录应予以分离,即负责销售收入账和应收账款账的会计不得经手货币资金,并且销售收入账和应收账款最好能由不同的会计人员负责。

④ 记账、收款和抄寄对账单应予以分离,应由不负责现金出纳和销售及应收账款记账的人员按月向客户寄发账单。

（5）其他业务中的不相容岗位举例

不相容岗位会涉及小企业业务工作的方方面面,与小企业对法律法规、行业规范的熟悉程度、对内部控制的认知程度相关。

例如,在工资、薪金业务中,一般会涉及劳动工资部门或人事部门、车间或班组、会计部门等职能部门。其中,起薪止薪决定、考勤记录、工薪发放、工资记录等岗位应相互分离。通常,劳动工资管理部门的主要职责是根据在册职工和工资标准开列工资单,根据考勤记录和扣款记录计算工资额等。会计部门的主要职责是根据工资结算单编制工资费用分配表,根据工资费用分配表编制记账凭证入账等。

又如,筹资业务中的不相容岗位通常包括：① 筹资计划编制人与审批人应适当分离,以利于审批人从独立的立场来评判计划的优劣;② 经办人员不能接触会计记录;③ 会计记录人员与负责收付款的人员相分离;④ 证券保管人员与会计人员相分离。其中,筹资计划编制人与审批人的分离尤为重要。

再如,投资业务中的不相容岗位一般包括：① 对外投资预算的编制与审批;② 对外投资项目的可行性研究与评估;③ 对外投资的决策与执行;④ 对外投资处置的审批与执行;⑤ 对外投资业务的执行与相关会计记录。其中,对外投资项目的可行性研究与评估的分离尤为重要。

4.4.2 强化审批与复核

资金资产流程设计应当具有审批控制点。将审批点作为关键控制点是为了有效控制资金的流入和流出。审批活动的控制点包括：制定资金的限制接近措施,经办人员进行业务活动时应该得到授权审批,未经授权的人员不得办理资金收支业务;使用资金的部门应提出用款申请,记载用途、金额、时间等事项;经办人员在原始凭证上签章;经办部门负责人、主管经理和财务部门负责人审批并签章。

资金资产流程中的复核控制点不可或缺,因为复核是减少错误和舞弊的重要措施,根据小企业内部层级的隶属关系可以划分为纵向复核和横向复核两种类型。前者是指上级对下级活动的复核;后者是指平级或无上下级关系的人员之间的相互核对,如财务系统内部的核对。

4.4.3 重视实物资产盘点与核实

实物资产主要包括存货与固定资产等,是小企业用于物品生产和提供服务的资产。实物资产控制是为保护各种实物的安全、完整,防止舞弊行为等,其控制措施主要包括:一是限制接近,根据各种实物的性质和管理特点,合理确定允许接近的人员,并对限制接近的情况进行检查监督;二是实物保护,确保实物资产的安全、完整。三是实物清查,采取定期盘点或不定期(临时)盘点等方法,确保账实相符等。

一些小企业通过设计控制表,让控制对象与控制内容直观明白、一目了然,便于对照执行,还可以在这些控制表格的后面增加控制岗位(部门)、责任人员、自评记录和检查记录等专栏,用于内部控制评价与监督检查等,是小企业推进实施内部控制的有效手段之一(如表 4.3 和表 4.4 所示)。

表 4.3　　　　　　　　存货业务环节、风险控制点和具体控制措施

业务环节	风险控制点	具体控制措施
存货验收	验收作业	① 根据送货单及采购单等验收采购存货的数量、品种等 ② 根据生产、质检等要求验收存货数量、质量、品种、批次等
	验收报告编制与审核	① 编制验收报告,检查供应商或生产部门、验收日期、存货名称、存货数量、存货质量以及运货人的名称、购货订单的编号等是否存在问题 ② 从全面性、真实性、可靠性等方面审核验收报告
	退换货处理	若品名、规格、数量、质量等与采购单据的资料不符,应通知采购经办人员与供应商协调补货、退货或扣款等事宜,并根据合同违约责任进行处理
存货入库	入库单编制与审核	验收报告经相关授权部门审核无误后,编制入库单,内容包括存货名称、数量、质量、存货入库经办人以及入库日期等

续表

业务环节	风险控制点	具体控制措施
存货仓储	编制存货登记表	① 建立账物管理制度,对存货进行详细记录 ② 备料及时,确保生产的正常进行
	存货检查与清理	① 对所存物料定期检查,并及时汇报,以便及时采购补充 ② 坚持对仓库的巡查和对物料的抽查制度,定期清理仓库中的呆滞料和不合格品、生产加工过程中的多余物料和废次品等
	出入库规范	仓储部门的人员在工作时务必遵循相关规定,管理人员对于进入仓库的人员应办理进出登记手续,保证所有存货的安全、完整
存货出库	领料单、发货单编制与审核	① 领料单应根据生产部门、原材料等情况编制,内容包括所需领用的材料的名称、数量、规格、领用的原因等 ② 发货单应根据销售和存货存储情况编制 ③ 领料单、发货单应由相应的被授权人审核
存货清查与盘点	盘点计划编制与审核	① 盘点工作开始前编制盘点计划 ② 盘点计划需经授权人员审核,确保盘点计划切实可行
	盘点作业	严格按照盘点计划实施抽盘和监盘等程序
	盘点报告编制与审核	① 盘点人员在执行盘点作业时应如实记录盘点情况,并编制报告,分析存在差异的原因,提出相关处理意见 ② 报告及提出的处理意见应经授权人员审核
存货处置	现状分析	定期检查与分析存储状态,以便了解毁损情况
	存货处置单编制与审核	① 经办人员编制存货毁损丢失处置单,标明应处置存货的品种、规格、价值、存放地点、需要处置的报毁原因 ② 报废审核组应对确认的存货毁损丢失处置单进行审核
账务处理	记录	根据原始凭证对存货的数量和金额进行明细账核算
	调整	定期与相关部门核对,及时调整
	分析	分析存货流转情况和成本构成,提供优化方案

表 4.4　　固定资产业务环节、风险控制点和具体控制措施

业务环节	风险控制点	具体控制措施
验收	竣工决算与验收	工程项目交付使用前应办理竣工决算和工程验收,购入的一般固定资产须办理验收手续
	验收报告编制与审核	对竣工和购入的固定资产编制验收报告,列明固定资产的数量、型号、供应商或建造商、送到时间或竣工时间、质量等内容,经审核后交付使用

续表

业务环节	风险控制点	具体控制措施
登记	固定资产目录	资产管理部门编制固定资产目录,列明固定资产的编号、名称、型号、使用年限等
	固定资产卡片	固定资产卡片的编号应与固定资产目录一致,内容包括资产来源、验收、盘点等,目录和卡片均应定期或不定期复核
投保	投保方案制订与审核	资产管理部门根据需要拟订固定资产投保方案,投保方案与投保项目力求适当,投保方案需经主管部门审核
	保险公司甄选与确定	选定合适的保险公司并与其签订保险合同,合同内容主要涉及资产名称、数量、型号、保险金额以及索赔条款等
	保险索赔	投保期内发生损失,相关部门应形成书面报告,经审核后办理索赔
维护	日常维护	固定资产使用部门加强对固定资产的日常维护,确保生产的顺利进行
	定期检查	定期对固定资产进行检查,排除隐患并编制检查分析记录
技改	技改方案编制与审核	资产使用部门根据需要提出技改方案并经过管理部门的审核,与财务部门一起进行预算分析或可行性分析
	技改管理	管理部门需对技改方案实施过程适时监控,加强管理
清查与盘点	清查方案编制与审核	仓储部门和管理部门需定期进行清查与盘点,在清查作业实施前应编制清查方案,经过管理部门的审核后进行相关的清查作业
	清查报告编制与审核	在清查结束后,清查人员需要编制清查报告,管理部门需就清查报告进行审核,确保其真实性和可靠性
	盘盈、盘亏处理	对清查过程中发现的盘盈、盘亏应分析原因,报告审核通过后应及时调整固定资产账面价值,确保账实相符
抵押	抵押申请与审核	抵押申请应包括资产数量、名称、型号、原存放地等内容,相关管理部门需对申请的真实性进行审核
	价值评估	办理抵押时需委托中介机构鉴定、评估固定资产的实际价值
	抵押合同签订与审批	固定资产抵押合同应详细说明抵押当事人双方的情况,抵押资产的名称、类型、担保等,经审查和批准后签订正式合同

续表

业务环节	风险控制点	具体控制措施
出租	出租申请编制与审核	相关管理部门提出出租或出借申请,需写明申请理由,并由相关授权人员和部门就申请进行审核
	签订租赁合同	申请审核通过后签订出租或出借合同,包括合同双方的具体情况、出租的原因和期限等内容
出售	提出出售申请与审核	使用固定资产的部门提出出售申请,需说明出售的原因、出售固定资产的名称、型号、数量等内容,管理部门就申请进行审核
	价值评估	按照规定程序需要出具资产评估报告
账务处理	折旧	计提折旧的方法由财务部门根据固定资产的实际使用情况进行合理估计和确定,并及时检查、核对
	复核	定期对折旧和固定资产进行复核,确保账实、账账、账表相符

实物资产的账实相符需要采用盘点法和技术推算法加以验证。其中,实地盘点是最常见的清查方法。

盘点是指定期或临时对资产的实际数量进行清查、清点的作业,内容包括数量盘点、重量盘点、账实核对、账表核对和账账核对等。定期盘点(全面盘点)是指在特定时间,一般是每月、每半年或年终财务结算前进行全面盘点;临时盘点是指认为有必要盘点、对账时(如仓库发生货物损失事故,保管人员更换等)组织一次局部或全面盘点。必要时可以实施突击盘点或抽查盘点。

盘点通过点数、计数查明资产在库的实际数量,核对账面资料与实际库存数量是否一致;检查资产质量有无变化,有无超过有效期和保质期,有无长期积压等现象,必要时还必须对资产进行技术检验;检查保管条件是否与各种资产保管要求相符,如堆放是否合理、库内温度是否符合要求、各类计量器具是否准确等;检查各种安全措施和消防器材是否符合安全要求,是否处于安全状态等。

盘点前,应当先制订盘点方案,如盘点时间、盘点部门、参加人员等,再由盘点人员到资产放置地点进行实地清点、登记,然后由财务人员将盘点表与账面记载进行对比,核实盈亏,最后将盘点结果上报小企业负责人,根据负责人的审批签字调整盈亏等。

某小企业财务部门制定的固定资产清查盘点流程如图 4.8 所示。

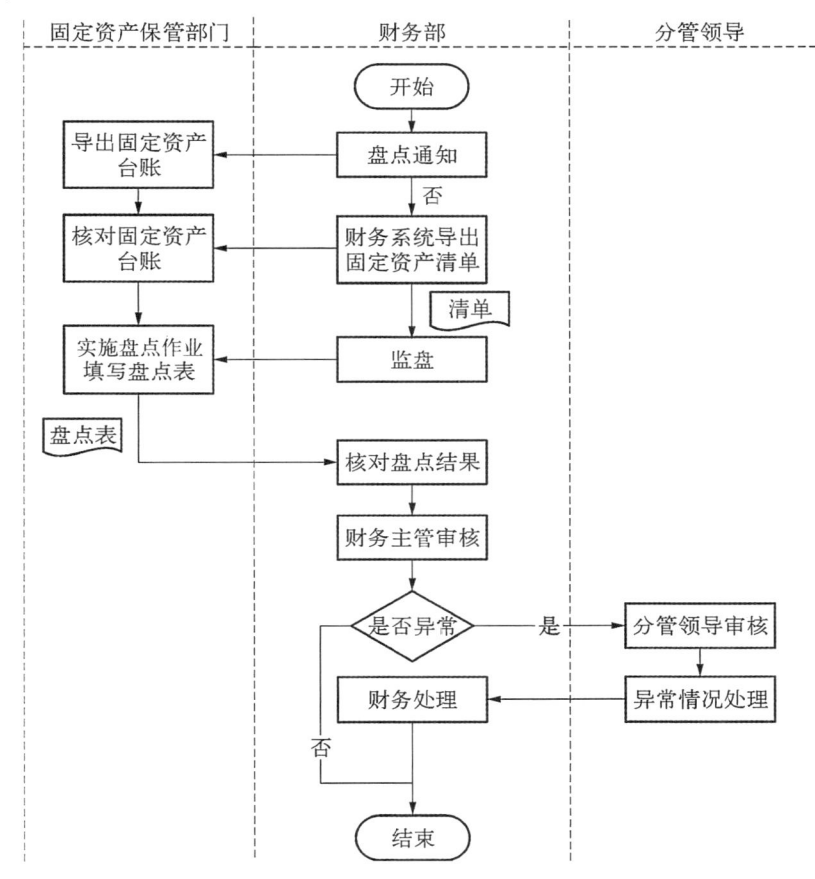

图 4.8　固定资产清查盘点流程

4.4.4　坚持对账确认

对账就是核对账目。小企业应当定期将会计账簿记录的有关数据与货币资金、有价证券、库存实物、往来对象等进行核对,保证账证相符、账账相符、账实相符和账表相符,对账工作应当定期或不定期进行。

除了库存现金日清月结外,小企业还应当定期核对银行账目,每月至少核对一次,编制银行存款余额调节表,并指派对账人员以外的人员进行审核,确定银行存款账面余额与银行对账单余额是否调节相符;如调节不符,则应当查明原因,及时处理。

某小企业实施会计电算化的对账、结账程序如图 4.9 所示。

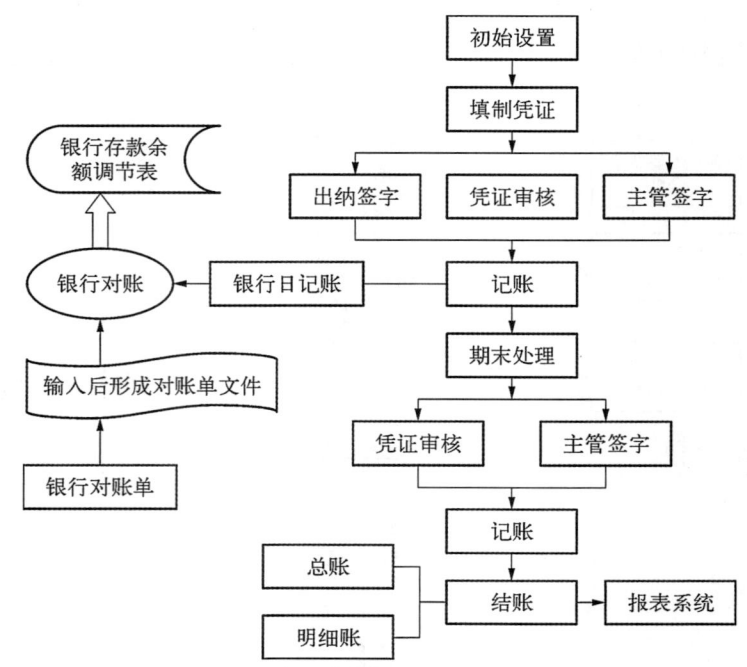

图 4.9 会计电算化的对账、结账程序

《证券日报》2018 年 7 月 10 日报道:"代办银行流水""银行流水生成器""流水包装"等"广告"不时充斥在各类论坛和社交媒体中。《证券日报》记者调查发现,任何人只要花 350 元左右,就能在网上买到一份一年期的银行流水,网购银行流水已形成一条完整的产业链。如果通过实体中介购买,收费更高,一般为 3 000 元至 5 000 元。这种造假产业链因为绑定了信贷市场,其撬动的资金额可能达到单笔数十万元,社会危害性非常大,急需监管重拳出击。

从加强控制和谨防风险的要求出发,银行与小企业对账无误相当重要。电子对账是银行依托互联网向客户提供的通过电子信息形式进行账务核对的银行服务。小企业到开户网点办理电子对账签约手续后,即可通过互联网登录电子对账系统完成对账回复工作,其程序如图 4.10 所示。

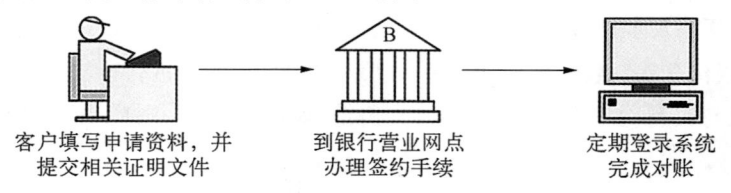

图 4.10 到银行办理电子对账的基本程序

登录电子对账系统还可以自行查看、打印余额对账单和明细对账单,操作方便、快捷。电子对账系统完成的电子对账回复工作与传统的纸质对账有同等效力。

经典案例评析

无视失控现状必将后患无穷

某小企业的财务部经理是该小企业负责人的直系亲属,保管着该小企业所有的财务印章;该小企业财务部经理的妻子担任出纳,并兼任行政采购等日常事务。这些现象在一些民营小企业中屡见不鲜,但其控制缺陷客观存在,不能视而不见。无视失控现状必将后患无穷。

经内部控制检查,还发现该小企业的管理存在诸多失控问题,现摘要如下:

材料采购由供应部经理审批,各项费用经总经理签字即可报销。某采购员发现某产品的替代品正在搞促销活动,能够节约成本,但促销时间很短,因此直接电告总经理,总经理拍板决定采购3吨,价税合计30万元。后来,生产车间反映,该批材料不符合生产要求,只能折价处理,造成损失10万元。总经理指示调整成本预算,将10万元损失计入材料正常耗费。

该小企业办理销售、发货、收款三项业务虽分别设立部门,但考虑到销售部熟悉客户情况,为便于销售部进行业务谈判和签订合同等,授权销售部兼任信用管理,对大额销售业务,销售部可自主定价和签订销售合同。销售部经理本就是该小企业负责人的亲戚嘛。

为了减少税负,该小企业在销售业务中尽量少开发票,尽可能由业务员向客户收取现金,然后交财务部存放于专门用途的账户。

请问,该小企业在内部控制方面存在哪些问题?应如何改正?

第一,财务部经理是小企业负责人的直系亲属,其妻子又担任出纳,不符合回避制度的规定。小企业负责人的直系亲属(包括配偶)不得担任小企业的财务部经理,财务部经理的直系亲属不得担任出纳;同时,出纳员不应同时办理购买、付款、报销等全过程事务,应将相关工作交由不同的人员办理,以实现相互制约和监督。所有财务印章不可以由财务部经理一个人保管。根据货币资金内部控制规范的要求,小企业的财务专用章应该由专人保管,个人名章由其本人或授权人员保管,禁止将支取款项的所有印章交由一个人保管。

第二,材料采购授权批准制度没有严格执行。采购员直接向总经理请示,总经理越权批示,导致采购失误、成本上升、资金损失。总经理擅自调整年度预算的做法不符合规定。

第三,销售部兼任信用管理,违背了不相容岗位相分离的要求,销售部和信用管理部应分开设立。销售部有权决定大额商品售价的做法属于授权不当,容易引发销售部截留销售收入、中饱私囊、私设"小金库"等问题,应根据销售的具体情况分别进行管控。

第四,少开发票,私设账外账,逃避税负,属于严重失控的违法行为,并为小企业舞弊打开了"方便之门",财务部门更是知法犯法。

对失控现象熟视无睹,对意外情况置若罔闻,不能防患于未然的小企业必将后患无穷。所以,对于司空见惯的控制缺陷,绝不能听之任之,必须予以制止,否则会泛滥成灾。

第 5 章 债务失控及风险管控

> 负债经营是一把"双刃剑",一旦失控,风险陡增。

5.1 认清债务失控风险点

5.1.1 负债经营,有利有弊

小企业运营会产生负债,如应付款账等。观察小企业运营风险既要看资产,也要看负债。小企业出现资金链断裂等问题,很多情况下是资产负债表左右不匹配引起的,如负债大于资产等。

目前,小企业的融资渠道主要有内部积累、银行借贷、民间拆借和资本市场等。但由于内部积累时间较长,资本市场门槛很高,因此银行借贷和民间拆借成为小企业主要的资金来源。

负债经营就是利用银行借款、发行债券、商业信用、融资租赁等形式筹集资金。适当借入资金有利于扩大经营规模,提高小企业的市场竞争力;同时,由负债产生的利息在税前支付,有节税效应。此外,负债经营不仅不会稀释控制权,而且可以利用财务杠杆效应获得更多收益,增加小企业的价值。

然而负债经营是一把"双刃剑"。2019 年 6 月发布的《中国小微企业金融服务报告(2018)》显示,我国金融机构在为小微企业提供融资服务的过程中面临更大的风险成本。截至 2018 年年末,全国金融机构对小微企业贷款不良率为 3.16%,单户授信 500 万元以下的小微企业贷款不良率为 5.5%,分别比大型企业高 1.83 个和 4.17 个百分点。至 2019 年 5 月末,全国金融机构单户授信 1 000 万元以下的小微企业贷款不良率是5.9%,比大型企业高出4.5个百分点,比中型企业高出3.3个百分点。

通常,资产负债率的合理范围在50%至70%,负债经营超过一定的限度就会带给小企业致命的打击。首先,过度负债经营会导致小企业无力偿还债务。负债筹集的资金需要到期支付利息和本金,如果无法支付,则需要承担违约责任。其次,过度负债经营会导致小企业的财务风险加大,当息税前资产利润率低于债务利息率时,就会带来负面的财务杠杆效应,使小企业的收益更大幅度地下降,甚至会导致小企业亏损。再者,负债比率过高会降低小企业的偿债能力,降低对债权人的保障程度,债权人对风险的忧虑也会随之增加,小企业的信用等级便会随之下降,当小企业再融资时,不管采用哪种筹资方式都会很困难,再加上到期的债务没有资金及时偿还,导致银行等金融机构和其他企业不愿意再向其提供资金,使小企业的再筹资能力下降,甚至面临资金链断裂的风险,最终导致破产清算。

水能载舟,亦能覆舟。"股神"巴菲特不喜欢高负债的企业,他说:"大量债务会让经营管理者比以往更加努力专注,就像在汽车的方向盘上装上一把匕首,会让驾驶员异常小心地驾驶。我们承认,这种让人集中注意力的方式会造就一个非常警惕的驾驶员。但另外一个肯定的后果则是,一旦汽车碰上即使是最小的坑,也将导致一场致命而且不必要的事故。"

5.1.2 负债失控,风险陡增

规模是小企业的外在框架,控制力则是小企业的内在支撑,两者相互制约,成为衡量一家小企业竞争力和影响力的重要因素。一方面,规模的扩大可以提升控制力;另一方面,规模的过度扩大可能减弱或侵蚀控制力。控制力对规模的影响主要表现在控制力强可以带动规模的进一步拓展,控制力弱则限制规模发展的空间。

一家小企业可以是规模与控制力同时发展,也可以是先发展规模再提升控制力,或者先提升控制力再发展规模。规模的扩大可以加快形成控制力,反过来促进规模的再扩大;而控制力的提升可以带动规模的扩大。小企业在创建初期往往"饥不择食",先解决生存问题,逐渐积累到一定阶段就会感受到控制力的不足,从而转向加快控制力的培育。

适度是药,过度是毒。一些小企业失败并不在于快速增长本身,而在于没有处理好快速增长给小企业带来的一系列问题,包括资金链断裂、组织退化、资源和能力没有同步提升等。其失败的路径大致如下：创业初期主业突出，快速发展→为了更快增长开始多元化投资，资金需求量增大→自身能力难以满足，通过负债等方式获得资金→资金需求量越来越大，资金链越绷越紧，管理逐渐失控→某一导火线导致资金链断裂，小企业陷入全面危机。①

负债失控，风险陡增。小企业在成长过程中受制于资源、体制、知识和技能等，有些能力可以通过市场交换迅速获得，而有些能力，如核心能力，则不能从市场获取，只能靠小企业长期创造、培育和积累。

现代经济发展已经使得信用经济规模加速扩张，信用结构日益复杂，不断衍生出新的金融产品。虚拟经济已经成为现代信用经济中不可缺少的组成部分。但任其恶性发展，结果就会表现为泡沫经济。泡沫经济的负面效应是显而易见的，但其造成的繁荣假象往往容易受到追捧，并有自我强化的机制。

泡沫经济是可以被识破的，我们至少应当关注其以下几个特征：一是经济中虚拟成分的比重超出了实体经济的承受能力，经济结构出现严重扭曲；二是在泡沫经济形成后，金融市场上的预期逻辑会发生根本性的变化，即使价格已经很高，由于需求极度旺盛，大多数市场主体仍然预计价格会进一步升高；三是公众行为的非理性化致使相关市场的不确定性激增，市场规则失效。然而，渴望财富飞速增长的人们却极易被虚假繁荣迷惑，最终无法避免因资金难以为继而顷刻崩溃的结果。

创业要有激情，但更要理性。盲目乐观、急功近利是小企业多元化经营失败的重要原因。早年，史玉柱凭借"巨人汉卡"和"脑黄金"迅速腾飞，后因巨人大厦资金告急，遂决定将保健品方面的全部资金调往巨人大厦，保健品业务因资金"抽血"过量，再加上管理不善，迅速衰败。激情与理性在小企业的发展过程中应是相辅相成、缺一不可的。激情是宝贵的财富，没有激情，小企业就会失去商机和原创动力；然而仅有激情是不够的，激情必须上升为理性，否则，激情就可能成为增长的"陷阱"。必要的"刹车"是为了更好的前行。

5.1.3 担保是一种特殊的债务

担保是指为确保特定的债权人实现债权，以债务人或第三人的信用或者特定财产来督促债务人履行债务的制度。担保是一种承诺，是对担保人和被担保人行

---

① 关于债务风险与筹资危机的相关内容，请进一步阅读李敏所著《危机预警与财务诊断——企业医治理论与实践》（上海财经大学出版社出版）。

为的一种约束。担保风险一般发生在经济行为中,若被担保人到时不履行承诺,则由担保人代被担保人先行履行承诺。

担保一旦失控,风险就将加大。但目前不少担保只是走形式,通常是在关联企业或有密切往来的企业之间相互提供担保,债权人也很少会去审查担保人的经营状况。有些担保企业本身负债累累,当交易对方无法履行合同时,小企业从担保人那里也无法收回投资。例如,某医药公司与某生物制药厂签订药品买卖合同,由某医疗器械厂为该医药公司提供保证担保,后该医药公司因经营不善而亏损,该制药厂找到保证人要求其承担责任时,才发现该医疗器械厂早已因违法而被吊销,只是还未到工商部门办理注销登记,现在是空有其名而没有任何财产,于是大呼上当。

有的小企业认为,对担保人的资信状况不好把握,但抵押物是看得见、摸得着的,让人产生实实在在的安全感。然而,将自己并不享有所有权的财产设定抵押,或者抵押的标的物本身为禁止用于抵押的财产或标的物,这样的抵押合同无效。例如,某小企业在与某有限公司签订合同时,认为该公司规模不大,故要求其提供抵押。于是,该公司就用其董事长乘坐的一辆奥迪牌小汽车作抵押,签订了抵押合同,但并未办理过户。后该公司无力支付货款,该小企业欲实现抵押权,将抵押的汽车拍卖以偿付债务。可是到了有关部门查询后方知,该小汽车并非为该公司所有,而是向别人借用的,致使该小企业追诉无果,遭受了不小的损失。

5.2　梳理借款流程控制点

5.2.1　借款的一般流程及其控制要点

小企业向银行取得长短期借款是最常见的负债业务,所以债务控制的重点业务是银行借款。借款是指小企业向银行等金融机构以及其他单位借入的资金,包括信用贷款、抵押贷款和信托贷款等。

借款的优点:筹资迅速,弹性大,资金成本低,具有抵税效应,能够发挥财务杠杆作用,且易于保守财务秘密等。

借款的缺点:筹资风险大,使用限制多,筹资数量有限等。

银行办理借贷的基本业务流程如图5.1所示。

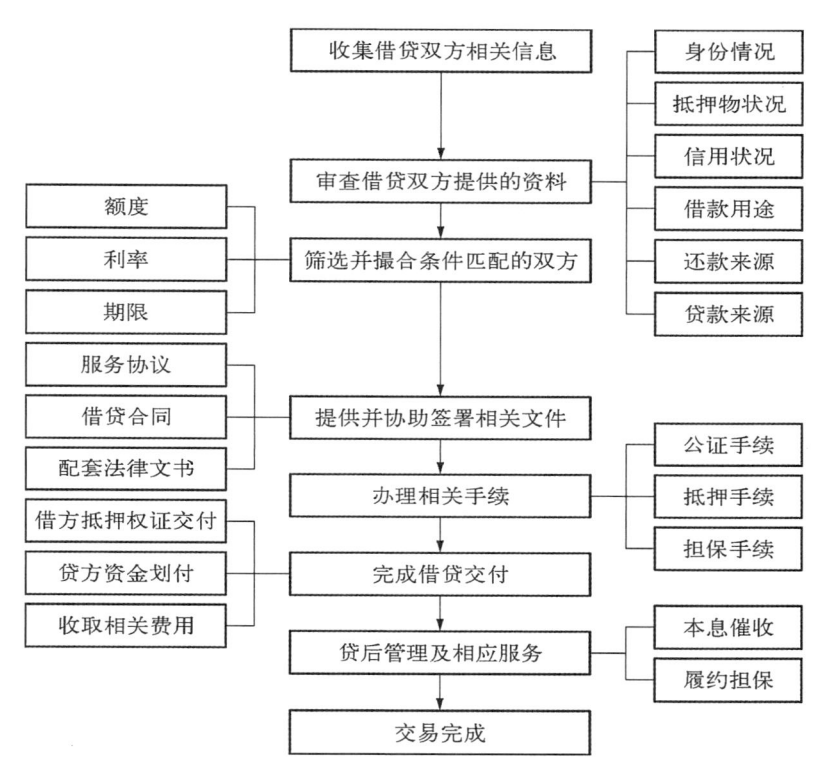

图 5.1　银行办理借贷的基本业务流程

小企业在借款流程的控制中至少应当关注以下几个要点：

一是向谁提出借款申请。小企业应选择那些勇于开拓，愿意为小企业分析潜在财务问题，有着良好的服务，乐于为具有发展潜力的小企业发放贷款，在小企业有困难时帮助其渡过难关的银行；还应关注银行的专业化程度，选择那些拥有丰富专业化贷款经验的银行进行合作，保证所选银行的稳定性，使借款不至于中途发生变故等。当然，筹资成本较低，借款期限、还款方式（到期一次偿还、贷款期内等额偿还等）和利息支付方式的选择也很重要。此外，在借款筹资决策过程中，具体经办借款业务和会计记录应当实行岗位分离。

二是如何签订借款合同或协议书。小企业应当指定专人严格审核借款合同，审核通过后交由小企业的法人代表在合同上签字、盖章。借款合同按其是否有担保或抵押品，可分为担保借款合同、抵押借款合同和信用借款合同等形式。借款合同的主要内容包括借款单位、借款用途、借款金额、借款日期、还款日期和还款计划等。

为了进一步明确借贷双方、担保和公证单位的权利、义务及经济责任等，往往在签订借款合同外再签订借款协议书（包括担保借款协议书、抵押借款协议书和信用借款协议书等）。借款协议书一般一式四份，借贷双方各持一份、担保单位一份、公证单位一份（如果没有担保，就一式三份），其主要内容包括分期借款和还款计划、利息计算方法、借款延期的手续、借款方的抵押品情况、担保人的责任、借贷双方的违约责任等。借款协议书必须由借贷双方、担保单位、公证单位共同加盖公章，并由其主要负责人签字、盖章。

借款有长短期之分。短期借款是指小企业用来维持正常生产经营所需的资金而向银行或其他金融机构等借入的、还款期限在1年以内或者1年的一个经营周期内的借款。长期借款是指小企业从银行或其他金融机构借入的期限在1年以上（不含1年）的借款。

银行对小企业的长期借款申请书进行审查的主要内容包括以下两个方面：一方面是借款小企业的基本情况。审查的重点是小企业的生产经营状况、产品质量、技术水平、竞争能力、市场占有率、盈利能力等，并将其作为评价小企业投资项目可行性的基础。另一方面是投资项目在技术、经济方面的可行性。审查的重点是投资项目是否符合国家产业政策和长期规划，是否符合市场需要，所需各项投入品（如设备、材料、能源、技术等）是否能够得到充分保证，生产工艺是否先进、合理，投资回收期、净现值、投资报酬率及还本付息能力是否具有社会经济效益等。

对于小企业的短期借款申请书，银行审查的重点主要包括：借款的用途和原因，以便决定是否给予贷款；小企业产品（或劳务）的市场供求情况、市场竞争力，贷款的物资保证程度，以便决定贷款的数额；小企业的资金周转情况和物资耗用情况，以便决定贷款的期限。

三是怎样支取和使用借款。应当认真核对银行收款通知和借款合同等，确保相符。一般情况下，在签署短期借款合同后，银行应按合同规定的时间和金额向借款人提供贷款，小企业可按计划支取和使用所借款项。签署长期借款合同后，小企业应按固定资产投资计划，在合同确定的借款总额范围内编制年度分季用款计划，并报送经办银行（同时，应按期报送其财务报表和其他有关资料）。小企业需用资金时，在核定的贷款指标内，按借款合同规定的用途和时间支用借款。

四是如何按期还本付息。小企业应按照借款合约履行还本付息义务。如果因故不能按期支付本息,则应在借款到期前的 3 至 5 天内提出展期申请。如果展期理由合理、正当,经银行审查同意后,通常可以展期一次;逾期不能归还借款本息的,银行可以依法按合同规定没收(或变卖)抵押品,或要求担保方偿还。

5.2.2 民间借贷控制的重点与要点

民间借贷是指自然人、法人、其他组织之间,而非向经金融监管部门批准设立的从事贷款业务的金融机构及其分支机构进行资金融通的行为。

民间借贷应当签订借款合同,并坚持自愿原则,即借款人和贷款人有权按照自己的意思设立、变更、终止民事法律关系。借贷双方可以就借款期限、利息计算、逾期利息、合同解除进行自愿协商,并自愿承受相应的法律后果。

借贷利率是民间借贷合同中的核心要素。我国《民法典》第六百八十条明确规定,"禁止高利放贷,借款的利率不得违反国家有关规定"。民间个人借贷利率由借贷双方协商确定,但双方协商的利率不得超过中国人民银行公布的金融机构同期、同档次贷款利率(不含浮动)的 4 倍,超过上述标准的,应界定为高利借贷行为。[①] 以 2020 年 7 月 20 日发布的一年期贷款市场报价利率 3.85% 的 4 倍为例,民间借贷利率的司法保护上限为 15.4%,相较于过去的 24% 和 36% 有较大幅度的下降。

5.2.3 小企业内部借款控制流程

小企业的相关部门、在编在册人员因特殊情况需要资金而向本小企业借款,并承诺在规定的时间内如数归还的行为,称为内部借款。

小企业内部借款一般应履行下列程序:借款人立字据(借款单),内容包括借款人姓名、借款事由、借款数额、归还日期等,并签字、盖章→小企业财务主管审核、签字、报批→小企业负责人审批同意→借款人与小企业出纳人员办理现金付讫手续等。

某小企业制定的内部借款控制流程如图 5.2 所示。

[①] 详见《最高人民法院关于修改〈关于审理民间借贷案件适用法律若干问题的规定〉的决定》。

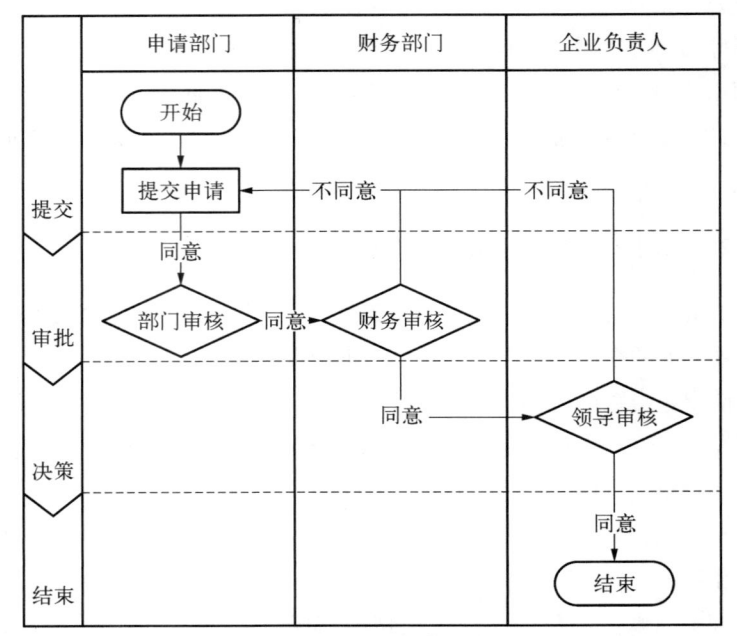

图 5.2　某小企业内部借款控制流程

5.3　明确担保风控的重点

5.3.1　担保是一把"双刃剑"

担保是指小企业作为担保人按照公平、自愿、互利的原则与债权人约定，当债务人不履行债务时，依照法律规定和担保合同承担相应法律责任的行为。担保的方式主要有保证、定金这两种债权性的担保方式和抵押、质押、留置这三种物权性的担保方式。

担保是一把"双刃剑"：一方面，有利于银行等债权人降低贷款风险，使债权人与债务人形成稳定可靠的资金供求关系；另一方面，一些小企业陷入担保怪圈和旷日持久的诉讼拉锯战，导致重大经济损失。

小企业在办理担保业务的过程中至少应当防范下列风险：

一是对担保申请人的资信状况调查不深、审批不严或越权审批，可能导致小企业担保决策失误或遭受欺诈。

二是对被担保人出现财务困难或经营陷入困境等状况监控不力,应对措施不当,可能导致小企业承担法律责任。

三是担保过程中存在舞弊,可能导致调查、审批、经办等相关人员涉案或小企业利益受损。

5.3.2 担保业务控制流程

小企业办理担保业务,一般包括受理申请、调查和评估、审批、签订担保合同、进行日常监控等流程(如图5.3所示)。

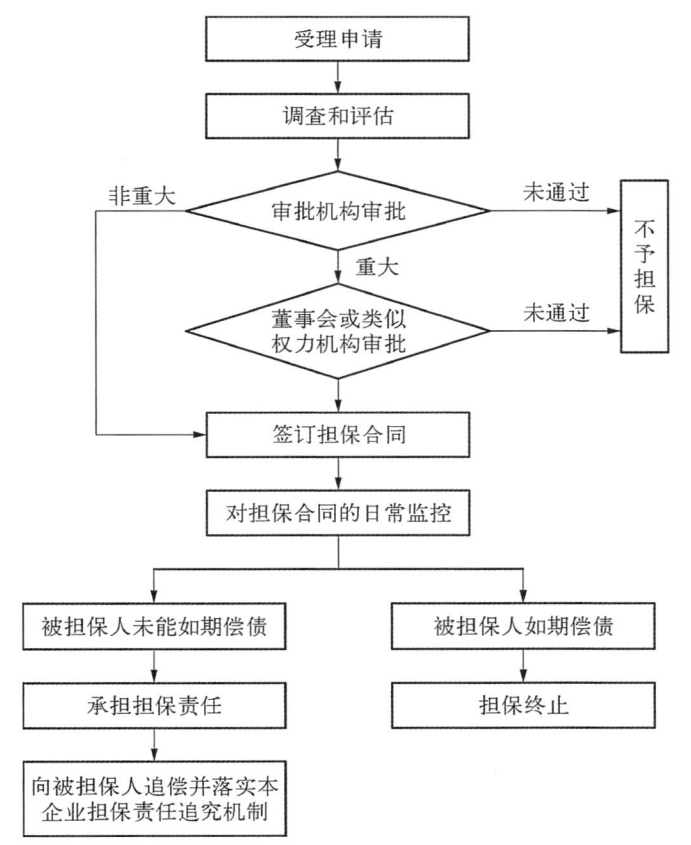

图 5.3 担保业务控制流程

担保风险看似隐形,实际上可以转化为实实在在的担保责任,所以,从受理担保开始,就要对被担保方进行整体信用评价。在担保期内,要跟踪了解被担保方的信用变化情况。当发现担保的风险加大时,可要求被担保方另寻一方对本小企业实行反担保,即我担保你,你再找一个人担保我所担保的这笔债务。在代为清偿后,要求依法主张对被担保人的追索权。

切记,下列 5 种情况千万不要提供任何担保:

一是人情担保。在订立担保合同时,担保人碍于情面,对被担保人缺乏应有的资信调查,盲目签订担保合同。

二是行政命令担保(领导干预担保)。这种担保违背自愿原则,在是否设立担保、采用何种形式担保、担保多大范围的债务这些问题上不是由当事人商定,而是在领导用行政命令或出面干预的情况下设定,容易产生纠纷。

三是贿赂担保。通过贿赂来达到设立担保的目的相当危险。例如,黄某的企业急需流动资金,找某小企业负责人做担保,承诺事成后孝敬 1 万元。该小企业负责人便以小企业的名义予以担保,后黄某的企业因产品质量问题停产,其本人逃之夭夭,担保的小企业因此遭受损失。

四是无知担保。有些人对被担保人的主体资格不做审查,对担保范围、责任期限、责任方式也没有明确约定便盲目在担保合同上盖章,认为"自己的贷款自己还,我只不过盖个章、办个手续而已",等到出了问题才如梦方醒。

五是无效担保。《民法典》规定,机关法人、以公益为目的的非营利法人、非法人组织不得为保证人。非营利法人包括事业单位、社会团体、基金会、社会服务机构等。此外,保证合同是主债权债务合同的从合同,主债权债务合同无效的,保证合同无效。

5.3.3　担保控制的重点与要点

(1) 受理申请

如果担保申请人实力较强、经营良好、恪守信用,且申请资料完备、情况翔实,可以考虑接受申请;反之则不应受理。对于与本小企业存在密切业务关系、需要互保的企业,与本小企业有潜在重要业务关系的企业等,可以考虑提供担保;反之则必须十分慎重。

受理申请是办理担保业务的第一道关口,如果小企业担保政策和相关管理制度不健全,导致难以对担保申请人提出的担保申请进行初步评价和审核,或者虽然建立了担保政策和相关管理制度,但对担保申请人提出的担保申请审查把关不严,就会导致申请受理流于形式。

老法师提醒 5.1　│　划定不予担保的"红线"很重要

小企业可以将下述 5 类情形作为办理担保业务的"高压线",不得突破。

第一条红线：担保项目不符合国家法律法规和本小企业的担保政策。

第二条红线：担保申请人已进入重组、托管、兼并或破产清算程序。

第三条红线：担保申请人财务状况恶化、资不抵债、管理混乱、经营风险较大。

第四条红线：担保申请人与其他企业存在较大经济纠纷，面临法律诉讼且可能承担较大赔偿责任。

第五条红线：担保申请人与本小企业发生过担保纠纷且仍未妥善解决，或不能及时足额交纳担保费用。

（2）调查和评估

对担保申请人进行资信调查和风险评估是办理担保业务过程中不可或缺的重要环节，在相当程度上影响甚至决定担保业务的走向。如果对担保申请人的资信调查不深入、不透彻，对担保项目的风险评估不全面、不科学，导致小企业担保决策失误或遭受欺诈，就会为担保业务埋下巨大隐患。

在调查和评估中，应当重点关注以下事项：① 担保业务是否符合国家法律法规和本小企业担保政策的要求，凡是与国家法律法规和本小企业担保政策相抵触的业务，一律不得提供担保；② 担保申请人的资信状况，包括基本情况、资产质量、财务状况、经营情况、信用程度、行业前景等；③ 担保申请人用于担保和第三方担保的资产状况及其权利归属；④ 小企业要求担保申请人提供反担保的，还应对与反担保有关的资产进行评估。

专题讨论 5.1 │ 反担保就是对等担保吗？

反担保又称求偿担保，是指担保人为债务人向债权人提供担保时，为保障担保人将来在承担担保责任后对债务人的追偿权的实现而为担保人提供的担保。反担保法律关系中包括一个主合同和两个担保合同，这三个合同既相互联系，又相互独立：主合同是基础合同，双方当事人分别为债权人和债务人。担保合同是主合同的从合同，存在债权人、担保人、债务人三方当事人。担保人的担保责任主要是保证债务人能及时偿还债务，在债务人不履约时，由担保人代为履行或承担连带责任。反担保合同可以说是担保合同的从合同，其中有担保人、债务人和反担保人三方当事人。在这里，担保人成为债权人，反担保人的担保责任主要是在担保人代替债务人履行了债务后，保证债务人能及时向担保人偿还其代为履行的债务，若债务人未按时履行此债务，则由反担保人代为履行或承担连带责任。反担保合同实际上就是担保合同，只不过合同中的债权人是主合同下原担保合同的担保人而已。

因此,反担保合同的反担保人担保责任的履行应以担保合同中担保人的担保责任已履行为前提。

反担保不同于对等担保。对等担保涉及两方,担保的是不同的债务;而反担保涉及三方,担保的是同一笔债务。反担保的方式只包括保证、抵押、质押三种。反担保人既可以由债务人充任(保证反担保除外),也可以由债务人以外的人充任。

(3) 担保审批

审批环节在担保业务中具有承上启下的作用,既是对调查评估结果的判断和认定,也是担保业务进入实际执行阶段的必经之路。必须明确担保授权批准的方式、权限、程序、责任和相关控制措施,小企业内设机构不得以小企业名义对外提供担保。如果授权审批制度不健全,导致对担保业务的审批不规范或越权审批,就可能引发严重后果。

(4) 签订担保合同

担保合同是审批机构同意办理担保业务的直接体现,也是约定担保双方权利和义务的载体。担保合同的签订标志着小企业的担保权利和担保责任进入法律意义上的实际履行阶段。如果未经授权对外订立担保合同,或者担保合同的内容存在重大疏漏和欺诈,就可能导致小企业诉讼失败、权利追索被动、经济利益和信誉受损。

实施担保合同控制的必要措施如下:

一是严格按照经审核批准的担保业务订立担保合同。合同订立的经办人员应当在职责范围内,按照审批人员的批准意见拟订合同条款。

二是认真审核合同条款,确保担保合同条款内容完整、表述准确、手续齐备。在担保合同中应明确被担保人的权利、义务、违约责任等相关内容,并要求被担保人定期提供财务会计报告和有关资料,及时通报担保事项的实施情况。如果担保申请人同时向多方申请担保,小企业就应当在担保合同中明确约定本小企业的担保份额和相应责任。

三是实行担保合同会审联签。除担保业务经办部门外,鼓励和倡导小企业法律部门、财务部门、内审部门等参与担保合同的会审联签,增强担保合同的合法性、规范性、完备性,有效避免权利义务约定、合同文本表述等方面的疏漏。

四是加强对有关身份证明和印章的管理。例如,在担保合同的签订过程中,依照法律规定和小企业内部管理制度,往往需要提供、使用小企业法定代表人的身份证明、个人印章和担保合同专用章等。从近年来一些担保的典型案例来看,一些小企业在有关人员身份证明、印章管理中存在薄弱环节,导致身份证明和印章被盗用,造成了难以挽回的严重后果。因此,必须加强对身份证明和印章的管理,保证担保合同的用章用印符合当事人的真实意愿。

五是规范担保合同的记录、传递和保管,确保担保合同的运转轨迹清晰、完整、有案可查。

(5) 担保监控

最大限度地降低担保责任是一项艰巨而重要的任务。如果小企业重合同签订,轻后续管理,对担保合同的履行情况疏于监控或监控不当,就可能导致小企业不能及时发现和妥善应对被担保人的异常情况,从而延误处置时机、加剧担保风险、加重经济损失。

不怕明处枪和棍,只怕阴阳两面刀。小企业应当指定专人定期监测被担保人的经营情况和财务状况,了解担保项目的执行、资金的使用、贷款的归还、财务运行及风险等情况,促进担保合同的有效履行。小企业的财务部门应及时(最好是按月或者按季)收集、分析被担保人在担保期内的财务会计报告等相关资料,持续关注被担保人的财务状况、经营成果、现金流量以及担保合同的履行情况,积极配合担保经办部门防范担保业务风险。

应当及时报告被担保人的异常情况和重要信息。一旦发现被担保人经营困难、债务沉重,或者存在违反担保合同的其他情况,应在第一时间向小企业有关管理人员报告,以便及时采取应对措施。

(6) 担保的会计控制

担保业务涉及担保财产、费用收取、财务分析、债务承担、会计处理和相关信息披露等,决定了会计控制在担保业务经办中具有举足轻重的作用。如果会计系统控制不力,就可能导致担保业务记录残缺不全,日常监控难以奏效。

小企业应当建立担保事项台账,详细记录担保对象、金额、期限、用于抵押和质押的物品或权利以及其他有关事项;同时,及时足额收取担保费用,维护小企业的担保权益;应当严格按照会计准则的规定进行担保会计处理,发现被担保人出现财务状况恶化、资不抵债、破产清算等情形的,应当合理确认预计负债和损失;应当妥善保管担保合同、与担保合同相关的主合同、反担保函或反担保合同,以及抵押、质押的权利凭证和有关原始资料,做到担保业务档案完整。当担保合同到期时,应全面清查用于担保的财产和权利凭证,按照合同约定及时终止担保关系。

（7）代为清偿和权利追索

被担保人在担保期间如果顺利履行了对银行等债权人的偿债义务,且向担保小企业及时足额支付了担保费用,担保合同就应予终止。但在实践中,由于各方面因素的影响,部分被担保人无法偿还到期债务,"连累"担保小企业不得不按照担保合同的约定承担清偿债务的责任。因此,在代为清偿后依法主张对被担保人的追索权成为担保小企业降低担保损失的最后一层保护。

控制代为清偿和权利追索的主要措施如下:

一是强化法制意识和责任观念,在被担保人确实无力偿付债务或履行相关合同义务时,自觉按照担保合同承担代偿义务,维护小企业诚实守信的市场形象。

二是运用法律武器向被担保人追索。在此过程中,担保业务经办部门、财务部门、法律部门等应当通力合作,做到在司法程序中举证有力;同时,依法处置被担保人的反担保财产,尽力减少小企业的经济损失。

三是启动担保业务后评估工作,严格落实担保业务责任追究制度,对在担保中出现重大决策失误、未履行集体审批程序或不按规定管理担保业务的部门及人员,严格追究其行政责任和经济责任,并深入总结分析,举一反三,不断完善内部控制制度,防患于未然。

5.4 落实债务防控的要点

5.4.1 警惕民间借贷"陷阱"

民间借贷是自发形成的一种民间融资形式,有着久远的历史且为社会大众所熟悉。民间借贷的资金大多属于民间自有资金或闲散资金,具有松散性、广泛性的特征。由于借贷的双方当事人之间多有亲属关系或同事、同乡、同学等社会关系,因此在借贷形式上往往表现出简单性和随意性,不签订书面借款合同或仅由借款人出具一张内容简单的借据的情形较为常见。一旦发生纠纷,借贷双方往往很难举出充分证据证明其主张或抗辩。近年来,随着私营经济的迅速发展,民间自由借贷日趋活跃,但其中不少是以民间借贷为名,行高利贷之实,利率明显高出银行同期贷款利率数倍,且借款利率约定多样化,查清本息难度较大,导致民间借贷纠纷案件大幅度增加,应予以警惕。

一是民间借贷主体呈现多元化、复杂化趋势,从过去的亲朋好友或熟人群体发展到职业放贷人、寄卖行、小额贷款公司、融资公司等,借款背后可能有担保公司、投资公司等的参与。在借款形式上虽表现为个人之间的借贷,但在这些个人中,一方与担保公司、投资公司有牵连关系的情况时有发生。一些企业的法定代表人或者股东以个人名义向社会融资,成为民间借贷的"主力军",由此引发的民间借贷案件数量增多。

二是大标的额案件陡增,从过去的几万元、十几万元发展到上千万元。一些职业放贷人或借贷公司将社会闲散资金吸收进来集中放贷,放贷金额常常达到数百万元。此类案件的情况往往比较复杂,且放贷人背后牵扯数十人甚至上百人的利益,涉及面较广,一旦处置不当或债权无法实现,就可能引发群体性纠纷等社会问题。

三是被告下落不明或拒不应诉的情况日趋普遍。对于该类案件的审理,一方面查明案件事实的障碍较多,严重影响审判效率;另一方面调撤率大幅下降,案件自动履行少,进入法院强制执行程序的比例高且执行难度大。

四是职业化、中介化、组织化的特征显现。越来越多的民间借贷不再是简单地出具一张借条,借贷双方在借款时往往手续齐全,一些专门从事放贷业务的担保公司或个人已将借款协议或借条格式化。

五是涉嫌"虚假诉讼""问题借贷"或其他犯罪行为的情形日益突出。通过虚构债务,利用民间借贷合同进行恶意诉讼,规避法律、逃避债务的情况屡有发生。

六是担保不规范,造成借贷案件中涉及担保人的比例大幅上升。由于担保方式不明、担保人身份不明、担保标的指向不明、担保形同虚设等,近年来,出借人同时起诉借款人和担保人的案件数量增长较快。

5.4.2　谨防"碰瓷式欺诈"

据说,"碰瓷"是清朝末年一些没落的八旗子弟"发明"的。这些人平日里手捧"名贵"瓷器(赝品)行走于闹市,瞅准机会故意让行驶的马车不小心"碰"他一下,他手中的瓷器随即落地摔碎,于是瓷器的主人就"义正辞严"地缠住车主,要其按名贵瓷器的价格给予赔偿。久而久之,人们就称这种讹诈行为为"碰瓷"。

"碰瓷"伴随着社会发展而不断演化,花样不断翻新。对于层出不穷的电信诈骗、网络欺诈、"套路贷"等,小企业应当提高警惕,谨防以"借款"为名行非法占有被害人财物之实的行骗路径。

第一步:制造民间借贷假象。犯罪嫌疑人对外以小额贷款公司名义招揽生意,但实质无金融资质。一般来说,"套路贷"均以个人名义与被害人签订借款合同,制造个人民间借贷假象。犯罪嫌疑人以"违约金""保证金""行业规矩"等各种名目骗取被害人签订"阴阳"合同、虚高借款合同、房产抵押借款合同、房产买卖委托书、房屋租赁合同等显然不利于被害人的各类合同,有的还要求借款人办理上述合同的公证手续。

第二步:制造银行流水痕迹。犯罪嫌疑人将虚高的借款金额转入借款人银行账户后,要求借款人在银行柜面将上述款项提现,形成"银行流水与借款合同一致"的证据,但犯罪嫌疑人要求借款人只保留实际借款金额,其余虚增款须交还犯罪嫌疑人。

第三步:单方面肆意认定违约。在签订借款合同并制作银行流水后,通过变相拒收还款、借款人还背负其他高利贷等方式和无理借口故意造成或单方面宣称借款人"违约",并要求全额偿还虚增债务,金额往往大于本金数倍甚至数十倍。

第四步:恶意垒高借款金额。在借款人无力偿还的情况下,犯罪嫌疑人介绍其他假冒的小额贷款公司(或扮演其他公司)与借款人签订新的更高数额的虚高借款合同予以"平账",进一步垒高借款金额。

第五步:软硬兼施索债。犯罪团伙成员自行实施或雇用社会闲散人员采取各种手段侵害借款人的合法权益,滋扰借款人及其近亲属的正常生活,以此向借款人及其近亲属施压;或利用虚假材料提起民事诉讼,向法院主张所谓的"合法债权",通过胜诉判决达到侵占借款人及其近亲属财产的目的。

怎样避免陷入"套路贷"的套路? 一是借钱要慎重,不轻信;二是选择借款公司要核查其可靠性;三是签订贷款合同要当心,谨防跌入"陷阱"等。

5.4.3 警觉债务失控与债务危机

债务失控的风险主要包括:筹资活动违反国家法律法规,可能遭受外部处罚、经济损失和信誉损失;筹资活动未经适当审批或超越授权审批,可能因重大差错、舞弊、欺诈而导致损失;筹资决策失误,引发资本结构不合理或无效融资,可能导致筹资成本过高或债务危机;债务过多和资金调度不当,可能导致不能按期偿付债务;筹资记录错误或会计处理不正确,可能造成债务和筹资成本信息不真实;等等。

市场经济中的债务风险主要是指债权人所面临的债款损失风险,一般包括:① 诉讼时效风险;② 债务人破产风险;③ 债务人解体风险,如债务人在解散或被撤销时已无财产偿还债务等;④ 债务人犯罪风险;⑤ 赖账风险,主要是指债权人无法依法追偿债款的风险。虽然法律保护了债权人的债权利益,但债务风险客观存在,所以,债权人在经济往来中不能单纯依靠法律保护债权,还必须事先防范,防止不法侵害事件的发生。

债务风险与风险资产相关。风险资产一般是指有信用风险的资产,如贷款、公司债、银行债等。各类资产的信用风险大小不一,风险资产的权重不同。例如,大的商业银行发行的债券的信用风险小于公司债,风险资产的权重会小一些;信用级别较高的国债可以看成没有信用风险,风险资产的权重就是零。

资产的风险与期限有关,期限越长,出现违约的可能性越大,投资人承担的信用风险也就越大。

债务危机往往表现为举债经营过程中的资金短缺或债务失控,这种现象也被称为出现了财务危机。由于经营管理没有充分考虑财务危机这方面的信息,最终出现财务危机的信号会严重危及小企业的经营安全。

经典案例评析

"东郭先生"吞下担保苦果

不分善恶就会遭受厄运。在中国古代寓言中,"东郭先生"专指那些不辨是非而滥施同情心的人,"中山狼"则指忘恩负义、恩将仇报的人。

在因担保而面临法律诉讼的案例中,为数不少的"东郭先生"尝尽苦果,为自己的"仗义相助"痛苦万分。"只是走一下形式而已",这是"中山狼"给"东郭先生"吃的"空心汤圆"——徒有虚名而无实利或不能落实的诺言。

某实业公司的法定代表人张某为了向银行申请贷款,找到了熟人蔡某,提出请蔡某的联合公司为他担保,并说"只是走一下形式而已"。"仗义"的蔡某爽快地在张某带来的格式担保合同上签字、盖章。银行向该实业公司发放贷款700万元。张某将这笔钱投进了期货市场,最后全部亏损。因无法还钱,张某又向蔡某提出继续担保,蔡某又签下了担保书,银行以借新还旧的方法,重新发放了750万元贷款,将其中的700万元还旧贷。直到贷款期满,张某依旧无法偿还贷款,银行将该实业公司和担保方——联合公司告上了法院,这时,该实业公司已关门,张某也下落不明。因联合公司担保了贷款的归还,法院依法判联合公司对该实业公司的750万元借款承担连带清偿责任。联合公司觉得冤枉,但法律是无情的。

上述案例表明,法定代表人缺乏相关内部控制认知,轻率地在担保合同上签字、盖章,而公司缺乏对权力的制衡。按照内部控制的要求,担保业务的不相容岗位至少应当包括:担保业务的评估与审批,担保业务的审批与执行,担保业务的执行与核对,担保业务相关财产的保管与担保业务的记录。更为荒唐的是一错再错,在第一笔担保贷款无法偿还的情况下,再次为该实业公司提供担保,不得不说蔡某的风险意识非常淡薄,最终只能自食其果,苦涩难言了。

第 6 章　税务失控及风险管控

> 各项收支活动与纳税申报数据如影相随,风险管控与之形影不离。

6.1　认清税务失控风险点

6.1.1　小企业税费风险的主要表现

依法纳税是义务,但纳什么税、纳多少税、如何合法节税,始终是纳税人最关心的问题。纳税人与征税人的博弈成为税收征管、行为经济、内部控制共同关注的话题。

税费是指税收及其附加费用,包括增值税、所得税、教育费附加等,与小企业的各项收支活动出入相随,犹如形体和它的影子那样分不开。其中,税是国家为满足社会公共需要,依据其社会职能,按照法律规定,强制地、无偿地参与社会产品分配的一种形式,通常由税务机关、海关和财政机关收取;费是指国家机关向有关当事人提供某种特定劳务或服务,按规定收取的费用,通常由相关税务机关和事业单位收取。

从小企业(纳税人)的角度分析,税费风险通常是指涉税行为未能遵守税法规定而导致损益的可能性,主要包括两个方面:一方面是小企业的纳税行为不符合税收法律法规的规定,应纳税而未纳税、少纳税,从而面临补税、罚款、加收滞纳金、刑罚处罚以及声誉损害等风险;另一方面是小企业经营行为适用税法不准确,没有用足有关优惠政策,多缴纳了税款,承担了不必要的税收负担。

纳税人的风险一般分为 4 个等级:无风险、低风险、中风险、高风险。小企业如果被税务部门列为"风险纳税人",就说明小企业在税务上出现了一些问题。例如,纳税不规范,发生忘缴或少缴税的情况;缺少税法知识,避税导致税款处理异常;等等。又如,小企业法人代表、财务人员、办税人员为同一人,小企业注册地被列入"高风险地址",税控器未升级为最新版本,税务系统申报收入金额与税控器显示金额不一致,税控器开具的发票的税率与小企业应当开具的税率不一致,小企业的经营成本太低,小企业进行工商变更后未及时进行税务信息的变更,小企业与经营异常的企业有发票往来或取得异常凭证等,都可能导致税务专管员将该小企业列为"风险纳税人"。

纳税人的风险存在于经营管理的活动过程中。小企业以利润最大化为目标,可能与税收强制政策存在矛盾。一方面,小企业追求税务成本最小化的动机客观存在;另一方面国家税收执法环境不断变化,加上管理者、财务人员对相应政策法规的理解程度有限,使得小企业难以完全规避税务风险,并使得风险为小企业的经营带来潜在的持续影响。也就是说,税务风险存在于小企业的涉税行为因未能遵守税法规定而导致未来追溯纳税责任的可能性。

目前,大多数小企业仍盯着"纳税申报",一种事后的、单一环节的、被动的做法,其未纳或少纳税费的手段五花八门,列举如下:

一是伪造(虚立账簿、虚假记账)、变造(对账簿、记账凭证进行挖补、涂改等)、隐匿或擅自销毁账簿。个别纳税人将收支情况记到自制的本子上,采用一些只有自己才明白的数字和文字符号,经多次检查督促,仍以"没文化""不认字"等理由拒不建账,其实是借机偷税。

二是在账簿上多列支出(以冲抵或减少实际收入)或者不列、少列收入。尤其是纳税人有真假两本或多本账,真账自己用,把假账当作真账交给税务人员检查。盈利时在假账上人为制造"亏损",从而少缴税款。

三是虚开发票少缴税费。发票虚开,在很多情况下是真票假业务,这时通过网站等方式查验发票真伪无法发现虚开的问题,因为发票本身是真的。例如,一家建筑企业在安庆承接了一个江堤修筑工程。检查时发现一张材料发票显示如下信息:货物名称为块石,价税合计 99 800 元,购买方为被查单位;销货单位为镇江某公司,该公司的注册地在镇江市某区某写字楼;销售地与采购地相距 1 500 千米,如此遥远,对于销售和采购块石来说是不合常理的。这种低价值的货物为何舍近求远采购? 随后的调查证实了检查人员的判断,该企业因接受虚开增值税发票,被定性为偷税,取得的进项税额不得抵扣、虚增的成本调增应纳税所得额,该行为导致少缴的增值税、企业所得税被追缴,同时被处以少缴税款一倍的罚款。

四是不按照规定办理纳税申报或虚假申报，包括在纳税申报过程中制造虚假情况，不如实填写或者提供纳税申报表、财务报表及其他纳税资料等。

偷税、逃税是指纳税人故意违反税收法律法规，采用欺骗、隐瞒等手段不缴或者少缴应纳税款的行为，最终会受到法律的惩处。我国《刑法》将"逃避缴纳税款"的行为规定为"纳税人采取欺骗、隐瞒手段进行虚假纳税申报或者不申报"，凡是经税务机关依法下达追缴通知后，补缴应纳税款、缴纳滞纳金、已受行政处罚的，不予追究刑事责任；但是，5年内因逃避缴纳税款受过刑事处罚或者被税务机关给予两次以上行政处罚的除外。

专题讨论 6.1 │ **透析经营范围和经营能力后的"发票玄机"**

某税务检查人员在检查 B 公司的"管理费用"凭证和账簿时，发现一张增值税普通发票，开票单位为"××电子经营部"，货物或应税劳务、服务名称为"咨询费"，金额为 29 999 元，未见相关合同或协议。询问该公司财务人员，财务人员的回答是"管理咨询费"。检查人员查询"××电子经营部"的相关注册信息，发现该经营部为小规模纳税人，经营范围为电子产品销售，显然与"咨询服务"不符。该发票所记载的业务并不存在，为虚开发票，最终，B 公司因虚列费用导致少缴的企业所得税被追缴，并被处以少缴税款 0.5 倍的罚款。

6.1.2　税收风险管理与税款征收方式

税收具有强制性、无偿性、固定性。税收风险管理贯穿于税收工作的全过程，是税务机关运用风险管理理论和方法，在全面分析纳税人税法遵从状况的基础上，针对纳税人不同类型、不同等级的税收风险，合理配置税收管理资源，通过风险提醒、纳税评估、税务审计、反避税调查、税务稽查等风险应对手段，防控税收风险、提高纳税人的税法遵从度、提升税务机关管理水平的税收管理活动。准确把握和有效运用风险管理理论与方法，对于税收工作意义重大。国家税务总局发出《关于加强税收风险管理工作的意见》(税总发〔2014〕105 号)和《关于进一步加强税收风险管理工作的通知》(税总发〔2016〕54 号)，要求更有效地发挥风险管理在税收征管中的导向作用，推动转变征管方式，促进纳税遵从，增强各级税务机关堵漏增收的主观能动性。

税款征收方式是指税务机关依照税法规定和纳税人生产经营、财务管理的情况以及便于征收和保证国家税款及时足额入库的原则而采取的具体组织税款入库的方法。税务机关依据我国《税收征收管理法》有权进行下列税务检查：① 检查纳税人的账簿、记账凭证、报表和有关资料,检查扣缴义务人代扣代缴、代收代缴税款的账簿、记账凭证和有关资料;② 到纳税人的生产经营场所和货物存放地检查纳税人应纳税的商品、货物或者其他财产,检查扣缴义务人与代扣代缴、代收代缴税款有关的经营情况;③ 责成纳税人、扣缴义务人提供与纳税或者代扣代缴、代收代缴税款有关的文件、证明材料和资料;④ 询问纳税人、扣缴义务人与纳税或者代扣代缴、代收代缴税款有关的情况;⑤ 到车站、码头、机场、邮政企业及其分支机构检查纳税人托运、邮寄应纳税商品、货物或者其他财产的有关单据、凭证和资料;⑥ 经县以上税务局(分局)局长批准,凭全国统一格式的检查存款账户许可证明,查询从事生产、经营的纳税人、扣缴义务人在银行或者其他金融机构的存款账户。

目前,我国的税款征收方式主要有以下几种:

一是查账征收。查账征收是指税务机关按照纳税人提供的账表所反映的经营情况,依照适用税率计算缴纳税款的方式,适用于账簿、凭证、会计等核算制度比较健全,能够据以如实核算生产经营情况,正确计算应纳税款的纳税人。

二是核定征收。核定征收是指税务机关对不能完整、准确提供纳税资料的纳税人采用特定方法确定其应纳税收入或应纳税额,纳税人据以缴纳税款的一种征收方式,具体包括查定征收、查验征收和定期定额征收。

查定征收是指由税务机关根据纳税人的从业人员、生产设备、原材料消耗等因素,在正常生产经营条件下,对其生产的应税产品查实核定产量、销售额并据以征收税款的一种方式,适用于生产规模较小、账册不健全、产品零星、税源分散的小型厂矿和作坊。

查验征收是指税务机关对纳税人的应税商品,通过查验数量,按市场一般销售单价计算其销售收入并据以征税的方式,适用于对城乡集贸市场中的临时经营者和机场、码头等场所的经销商的课税。

定期定额征收是指对一些营业额、所得额不能准确计算的小型工商户,经过自报评议,由税务机关核定一定时期的营业额和所得税附征率,实行多税种合并征收的方式。

核定征收适用于以下几种情况:① 依照我国《税收征收管理法》可以不设置账簿的;② 依照我国《税收征收管理法》应当设置账簿但未设置的;③ 擅自销毁账簿或者拒不提供纳税资料的;④ 虽设置账簿,但账目混乱或者成本资料、收入凭证、费用凭证残缺不全,难以查账征收的;⑤ 发生纳税义务,未按照规定的期限办理纳税申报,经税务机关责令限期申报,逾期仍不申报的;⑥ 关联企业不按照独立企业之间的业务往来收取或支付价款、费用而减少其应纳税的收入或者所得额的。

三是代扣代缴、代收代缴征收。前者是指支付纳税人收入的单位和个人从所支付的纳税人收入中扣缴其应纳税款的行为；后者是指与纳税人有经济往来的单位和个人借助经济往来关系向纳税人收取其应纳税款并向税务机关解缴的行为。这两种征收方式适用于税源零星、分散、不易控管的纳税人。

四是自核自缴。自核自缴也称"三自纳税"，是指纳税人按照税务机关的要求，在规定的缴纳期限内，根据其财务会计情况，依照税法的规定，自行计算税款，自行填写纳税缴款书，自行向开户银行缴纳税款，税务机关对纳税人进行定期或不定期检查的一种税款征收方式。

五是委托代征。委托代征是指税务机关为了解决税务专管员人力不足的矛盾，根据国家法律法规的授权，并根据加强税款征收、保障国家税收收入的实际需要，依法委托其他部门和单位代为执行税款征收任务的一种税款征收方式。

因征收方式的不同，税款的征收程序也有所不同。税款一般由纳税人直接向国库经收处（设在银行）缴纳。国库经收处将收缴的税款随同缴款书划转至国库后，税款征收入库手续即告完成。

税务机关征收税款时，必须开具完税凭证。完税凭证作为税务机关收取税款时的专用凭证和纳税人履行纳税义务的合法证明，其式样由国家税务总局统一制定。完税凭证的种类包括各种完税证、缴款书、印花税票、扣（收）税凭证及其他完税证明。

纳税人履行纳税义务，依法申报与缴纳税费的基本流程如图6.1所示。

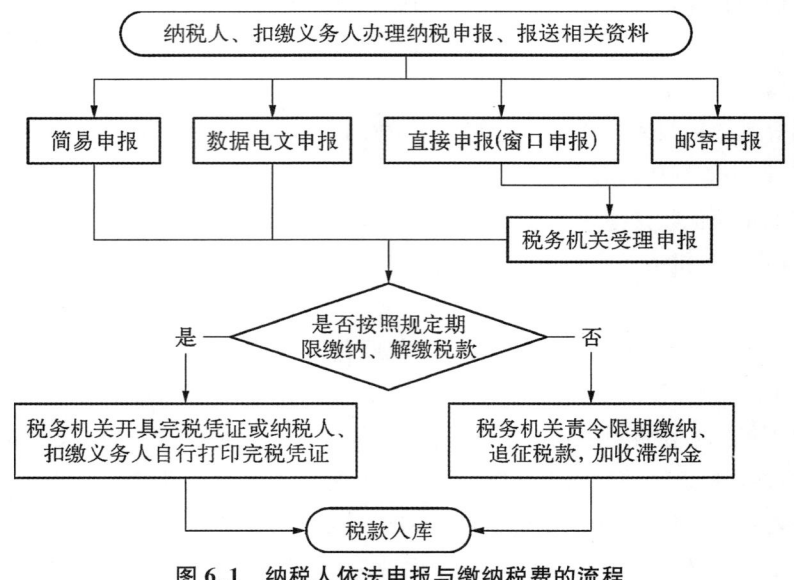

图6.1 纳税人依法申报与缴纳税费的流程

为保证国家税款的及时入库,督促纳税人按时履行纳税义务,法律、行政法规根据各税种的不同特点、纳税人的生产经营情况、应纳税额的大小,规定了不同的纳税期限。纳税人、扣缴义务人按照法律、行政法规的规定或者税务机关依照法律、行政法规规定的期限缴纳或者解缴税款。

按照"放管服"改革要求,我国正在推行以纳税人自主申报纳税、提供优质便捷办税服务为前提,以分类分级管理为基础,以税收风险管理为导向,以现代信息技术为依托的税收征管体制、机制和制度创新,努力构建集约高效的现代税收征管方式,进一步增强税收在国家治理中的基础性、支柱性、保障性作用。[①] 尤其是社保费征收系统与税收征管实行一体化管理和一户式服务后,既方便了缴费人,也加大了监管力度。

6.2 梳理税务流程控制点

6.2.1 以风险管理为主线的税收征管流程

税费是刚性的。反避税是国家税务管理的重要内容,也是维护国家税收主权和税收利益的主要手段。反避税条款规定,对不具有合理商业目的的安排进行调整,是指税务机关有权对以减少、免除或者推迟缴纳税款为主要目的的安排进行调整。反避税规定越严,小企业的涉税业务风险就越大。

从税务部门(征税机关)的角度分析,税收风险管理是将现代风险管理理念引入税收征管工作中,最大限度地防范税收流失,规避税收执法风险,实施积极主动管理,降低征收成本,创造稳定有序的征管环境,提升税收征管质量和效率的税收管理模式。

以风险管理为主线的税收征管流程体系如图6.2所示。

图6.2中的税收征管流程体系按照其功能分为业务流程和管理流程,两者相互融合。业务流程对外,是面向纳税人的征管基本程序,以纳税人的自我评定制度为基础,具体包括纳税人自主申报纳税、税收评定、税务稽查、税款追征、权益救济等环节。管理流程对内,是税务机关为了实现控制风险、降低成本、提高效率、促进遵从等目标而设立的流程,具体包括纳税服务、税收执法和争议处理三个部分。管

---

① 具体内容详见《国家税务总局关于转变税收征管方式提高税收征管效能的指导意见》(税总发〔2017〕45号)。

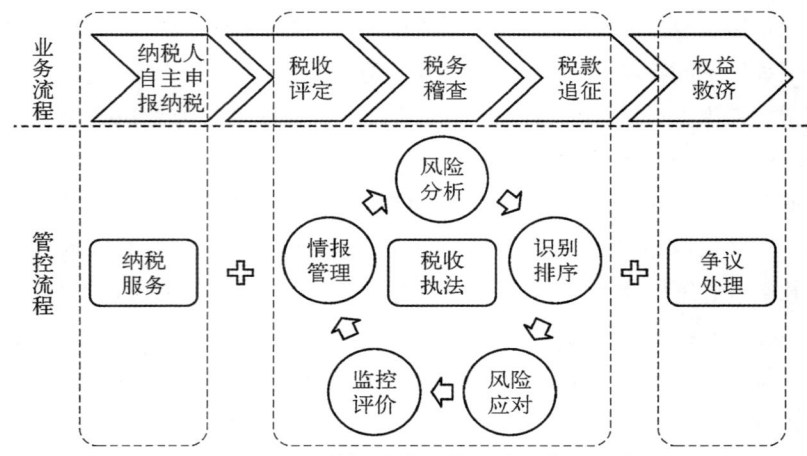

图 6.2 以风险管理为主线的税收征管流程体系

理流程中的"纳税服务"对应业务流程中的"纳税人自主申报纳税",税务机关主要向纳税人提供规范化的政策确定性服务和多元化的办税选择,促进其自愿遵从;"税收执法"部分以风险管理为主线,以情报管理为驱动,通过风险分析、风险识别排序等措施的有效实施,把有限的征管资源优先用于应对高风险纳税人群体,使税收评定、税务稽查和税款追征等税收执法环节更具针对性和实效性;"争议处理"对应"权益救济"环节,建立覆盖税收管理全过程的争议处理程序和规则,明确征纳双方在税收管理各主要环节的责任分配关系。

6.2.2 纳税申报审核比对的风险追踪

税务风险导向管理的核心特点是预防性、全面性和针对性。预防性就是将管控环节前移,从税收筹划与决策环节开始,做到防患于未然。全面性是通过有效的信息沟通机制和技术手段,实现全员、全环节、全过程控制。针对性是基于风险评估所定位的风险点采取控制措施,做到有的放矢,提高管控的针对性。

税务机关通过对申报纳税资料的审核、比对,可以确定税务风险分析的方向和重点,通常采用以下方法进行:

第一,通过各项指标与相关数据的测算,设置相应的预警值,将纳税人的申报数据与预警值相比较。

预警值是根据宏观税收分析、行业税负监控、纳税人生产经营、财务会计核算情况以及内外部相关信息,运用数学方法测算出的数值、加权平均值及其合理变动范围。测算预警值应综合考虑小企业所在的地区、小企业的规模、类型,生产经营的季节,税种等因素,并考虑同行业、同规模、同类型纳税人各类相关指标若干年度的平均水平,以使预警值更加准确和具有可比性。

第二,将纳税人的申报数据与财务报表数据进行比较,与同行业相关数据或类似行业同期相关数据进行横向比较。

第三,将纳税人的申报数据与历史同期相关数据进行纵向比较。

第四,根据不同税种之间的关联性和勾稽关系,参照相关预警值进行税种之间的关联性分析,分析纳税人应纳相关税种的异常变化。

第五,应用日常管理中所掌握的情况和积累的经验,将纳税人的申报情况与其生产经营的实际情况相对照,分析其合理性,以确定纳税人申报纳税中存在的问题及其原因。

第六,通过将纳税人的生产经营结构、主要产品能耗、物耗等生产经营要素的当期数据、历史平均数据、同行业平均数据以及其他相关经济指标进行比较,推测纳税人的实际纳税能力。

实证分析 6.1 | 从识别疑点引出税费失控的警示

某税务机关对某公司上年度和本年度的税费相关指标在分析比较后发现以下疑点:

疑点1:本年销售收入为31 303 486元,上年应税销售收入为16 734 981元,本年与上年相比销售收入增加14 568 504元,销售收入变动率为87%,大大超过±30%的预警值范围。是否存在虚开增值税专用发票的行为?(销售收入纵向比较)

疑点2:本年增值税应纳税额为176 339元,税负为0.56%,比本年全市同行业平均税负率低0.64个百分点,税负差异幅度(与同行业比)为—53%,与该公司上年增值税税负率1.05%相比,本年下降了0.49个百分点,税负率差异幅度为—46%。上述数值明显超出预警值±30%的范围。是否存在少计销售收入,多列进项抵扣的行为?(税负与同行业横向比较)

疑点3:上年运费抵扣税额为27 223元,占其总进项税额2 772 782元的比例为0.98%;本年运费抵扣税额为78 297元,占其总进项税额5 092 179元的比例达到1.54%,增长57%。是否存在多列运费抵扣的问题?(运费与收入比较)

疑点4:上年应税销售收入为16 734 981元,应纳所得税额为34 678元,上年企业所得税贡献率为0.21%;本年应税销售收入为31 303 486元,应纳所得税额为37 564元,企业所得税贡献率为0.12%。本年与上年相比,企业所得税贡献率下降0.09个百分点,企业所得税贡献变动率为43%。是否存在多列成本费用、扩大税

前扣除范围的问题?(所得税贡献率纵向比较)

疑点 5:上年营业费用为 395 978 元,占销售收入 16 734 981 元的比例为 2.37%;本年营业费用为 1 295 126 元,占销售收入 31 303 486 元的比例为 4.14%,该比例变动率高达 74.68%。是否存在多列费用,少缴企业所得税的行为?(营业费用占收入的比例分析)

疑点 6:本年年初存货金额为 210 437 元,本年年末存货金额为 898 407 元,年末比年初增加 687 970 元。该公司是批发企业,但没有大型仓库,年末存货金额变动异常,是否存在存货不实、发出商品不计或少计收入的问题?(存货变动率分析)

针对以上问题,经财务人员分析和合理解释并提供了相应证据后,有的疑点被排除,但由于下列问题的存在而受到处罚:① 对部分运费中包含的不属于抵扣范围的装卸费、押运费等费用造成多抵扣的进项税额予以追缴,补征增值税 26 462 元;② 对发出商品未及时做收入处理而少缴的企业所得税、代理费用所得税税前列支不符合政策等问题进行查处,补征企业所得税 27 562 元;③ 对上述查补税款从滞纳之日起按日加收 0.5‰的滞纳金;④ 对上述查补税款按税法的有关规定,处以 0.5 倍罚款,计 27 012 元。

6.3 明确税务风控的重点

6.3.1 选择税费管理的具体工作方式

税务风险适时监控需要有人关注,事先筹划、事中控制、事后检查都离不开机构或人员的工作。尤其应当在纳税义务发生前,对小企业经营的全过程进行系统审阅和合理规划,尽可能降低税费风险。

小企业可以结合生产经营的特点和内部税费风险管理的要求,设立税务管理机构或相关岗位,其参考内容及优缺点分析如表 6.1 所示。

表 6.1　　　　　　　税费风险管理方式与适用性分析

类　型	适　用　企　业	优　　点	缺　　点
自我管理方式	明确税务风险管理职能	规模小、纳税事务简单的企业	成本开支较小	筹划空间不足,风险较大
	财务内设税务管理岗位	规模中等、纳税事务较复杂的企业	节约纳税成本并降低纳税风险	增加管理成本

续表

类型	适用企业	优点	缺点
自我管理方式	相对独立的税管部门	规模较大、纳税事务很复杂的企业	操作专业化、系统化,有利于控制纳税风险和成本	管理成本较高
税务代理	由税务代理机构操作	适合各类规模、性质的企业	基本保证纳税成本的合理支付	代理成本较高
自我管理与税务代理相结合	与税务代理机构分工协作	适合中小型企业	减少纳税风险,节约纳税成本	有一定的代理成本

小企业可在财务部门明确税务管理职能或内设税务管理岗位,履行税费风险管控职能,组织实施小企业税费风险的识别和评估,监测日常税费风险并采取应对措施,承担或协助相关职能部门开展纳税申报、税款缴纳等涉税工作。

小企业选择税务代理并不能免除税务风险。税务代理即税务代理人在国家法律法规限定的范围内,依纳税人、扣缴义务人的委托,代为办理税务事宜的各项行为的总称,但税费风险管理的主体还是小企业本身。

6.3.2 从税收筹划开始管控风险

"野蛮者抗税,无知者偷税,糊涂者漏税,聪明者避税,智慧者节税,精明者进行税收筹划。"税收筹划并不是纯粹的少缴税,而是纳税主体在法律允许或者不禁止的范围内所从事的一项专业性、实用性和技术性很强的事前安排,涉及投资、融资、生产、经营、管理以及法律等多个领域,通过这些活动,维护纳税人的权益、降低纳税人的税收负担和涉税风险,以求取最大税收收益。

一方面要识别小企业日常经营活动产生的风险,即内部税务风险,这类风险是小企业税务风险的重点。另一方面要识别小企业外部的税务风险,包括税收征管及税收法规变化等的风险,这类风险不易控制,只有增加对外部信息的了解,多收集相关政策,进行相关涉税行为分析,才能降低这类风险。税务风险识别包括定性分析和定量分析等,是一个动态的过程,应当依据环境的变化而变化。小企业税务风险评估结果直接决定了小企业如何选择适合的税收筹划方案。

税务控制的依据主要是税法,所以税收筹划至少要求:一是正确履行纳税义务,不错计、漏计,也不多计税负,避免税收负担的无谓增加;二是要求纳税人对多种纳税方案进行比较,选择最佳纳税方案,获得节税利益,最终目标是实现小企业价值最大化。目前,由于税收政策理解不当、税收筹划目标错误、税收筹划人员水平低下导致的风险屡见不鲜。

所得税的计算与缴纳虽然发生在盈亏核算的最后阶段,但所得税的筹划却应发生在筹资、投资、运营等阶段。通过上述各阶段的税收筹划,小企业按照预定的目标开展经济活动,实现预计的纳税所得,只需按税法规定的税率和纳税所得计算缴纳所得税。

从筹资活动来看,筹资是小企业生存、发展、获利的基础和前提,不能筹到一定数量的资金,就不能取得经济效益。如何使筹资获得更大的经济效益,除了采用科学的方法进行筹资预测和决策外,还必须考虑筹资过程中产生的纳税因素。小企业要扩大生产规模、发展生产,除了动用内部积累外,主要依靠外部筹资。外部筹资方式多种多样,一般有发行股票、债券,贷款,融资租赁等。不同筹资方式的难易程度和资金成本不同,所缴纳的税款不仅会影响小企业的现金流量,而且会直接或间接地影响小企业的筹资成本。

从投资活动来看,小企业在进行投资预测和决策时,首先要考虑投资所获得的效益。在一定地区、一定时间内,国家为了支持或保护某一行业或某种产品的生产,往往对这一行业或产品规定一些特殊的税收优惠政策。由于各行业、各产品的税收政策不同,因此小企业最终所获得的投资效益有差别。对投资者来说,税款是投资收益的抵减项目,应纳税款的多少直接影响投资收益率,从而影响投资决策。此外,投资会在较长时间内影响小企业的经营,在此期间,税制往往会发生变化,税制的变化可能会导致对投资决策的重大影响。这说明,在投资决策时,不仅要考虑现行税制对决策的影响,而且要考虑税制改革对投资决策的影响。

从小企业的运营活动来看,自始至终都包含税收筹划。一般情况下,小企业可以通过对存货价值的计价、对固定资产折旧的计算等进行税收筹划。

成本-效益分析法要求详细列出各种税收筹划方案可能产生的全部预期成本和全部预期收益,通过比较分析,选出最优方案,既考虑税收筹划的直接成本,又将税收筹划方案比较选择中所放弃方案的可能收益作为机会成本加以考虑。只有当税收筹划方案的成本和损失小于收益时,该方案才是合理的和可以接受的。在进行成本-效益分析时还应注意,不能认为税负最轻的方案就一定是最优的方案。

由于税收执法的依据是税法,因此,税收筹划只能在法律许可的范围内进行,必须密切关注国家法律法规环境的变化和税收政策的变更,应当学会对已有的税收筹划方案进行相应的修正和完善。税收应坚持合法筹划,防止违法逃税。

6.3.3 从仔细审核申报资料入手

纳税情况分析主要是指通过财务数据对比分析等方法,对纳税申报情况的真实性和合理性做出判断。

会计部门在每月报表报送前,应本着符合业务真实、可靠性的要求进行自查。如果经自查,发现税负率偏低等是自身发生销售行为而申报收入不及时,或有漏报行为,或有不应抵扣进项税额的事项没有及时进行调整的行为造成的,就应该及时调整,补报税款。当关键指标出现异常时,应对异常原因及时自查,防止财务报表信息异常或进入预警的"红线"。

审核纳税申报资料至少包括以下几个方面:

第一,是否按照税法规定的程序、手续和时限履行申报纳税义务,纳税申报附送的各类抵扣、列支凭证是否合法、真实、完整。

第二,纳税申报主表、附表及项目、数据之间的逻辑关系是否正确,适用的税目、税率及各项数据的计算是否准确,申报数据与所掌握的相关数据是否相符。

第三,收入、费用、利润及其他有关项目的调整是否符合税法的规定,亏损结转、获利年度的确定是否符合税法的规定并正确履行相关手续。

第四,与上期和同期申报纳税情况有无较大差异等异常情况出现。

6.3.4 税负率控制应当成为重中之重

税负率是指小企业在某个时期税收负担的大小,一般用税收占收入的比重进行衡量,是一类相当敏感的税控指标。在实施监控的过程中,计算与评价税负率或税负变动率相当重要,其通用的计算公式如下:

$$税负率 = \frac{本期应纳税额}{本期应税收入} \times 100\%$$

$$税负变动率 = \frac{本期税负 - 上期税负}{上期税负} \times 100\%$$

当小企业的税负变动异常,税负率远远低于同行业水平,或小企业没有进行正常的申报,没有及时报税,包括不按时报税、报税不完整等,税负率就成为税务部门首要的关注对象。通常,税务部门会先找一个行业,然后对行业中税负异常的小企业展开稽查。小企业接到税务预警信息后,应详细整理相关数据资料,分析预警产生的原因,给出合理的解释,最终确定解决方案。

税负率可以分类计算。常见的税负率包括增值税税负率、所得税税负率、营业利润税负率等。例如：

$$增值税税负率 = \frac{当期应纳增值税税额}{当期应税销售收入} \times 100\%$$

$$当期应纳增值税 = 当期销项税额 - 实际抵扣进项税额$$
$$= 期初留抵进项税额 + 本期进项税额 - 进项转出 - 出口退税$$
$$- 期末留抵进项税额$$

$$所得税税负率 = \frac{应纳所得税税额}{应纳税销售额(应税销售收入)} \times 100\%$$

$$营业利润税负率 = \frac{本期应纳税额}{本期营业利润} \times 100\%$$

税负率的风险可能来自脱离行业平均税负水平的差异。税负率会受许多因素的影响，不同行业、不同地区的小企业可能有不同的税负率，即使是同一个行业的小企业，也可能因为不同的收入结构，享受不同的税收优惠政策，或者进行了不同的税收筹划而产生不同的税负率。但小企业还是应当关注本行业或本企业的平均税负水平，不要游离太远，或出现离奇现象。

以增值税为例，对小规模纳税人来说，增值税税负率就是现行的征收率。对一般纳税人来说，由于可以抵扣进项税额，税负率可以存在轻微波动，但应当有一定的范围，有规律可循，因为行业内企业的毛利率水平是趋同的，并保持在一个波动区间内，这也就形成了一个行业的增值税平均税负率水平。税务机关习惯将行业的税负率作为检测小企业经营是否异常的一个重要指标。

税负率的预警值一般为±30%。纳税人自身的税负率变动过大，很可能存在账外经营、已履行纳税义务而未结转收入、取得的进项税额不符合规定、享受税收优惠政策期间购进货物不取得可抵扣进项税额发票或虚开发票等问题，应当警觉。

计算和分析纳税人的税负率还可以与销售额变动率（或利润率变动率）等指标配合使用。例如，将销售额变动率和税负率与相应的正常峰值进行比较，销售额变动率高于正常峰值而税负率低于正常峰值等情况应列入疑点分析的范围。

6.4 落实税务防控的要点

6.4.1 从发生经济业务开始就重视纳税风险

从风险产生的起点看，税费风险是小企业未缴纳或未按规定时间缴纳税费引起的。不少小企业虽然意识到税费是一项成本费用,但是在实际管控中,在制定成本费用预算时,很少考虑将应纳税费纳入预算管理中。也许小企业认为,税费作为一项法定义务,并非其所能控制,所以不需要专门进行管理,只要财务人员依据收入情况,按规定申报缴纳就可以了。正是因为这个认识误区导致小企业对税费疏于管控,并常常因此少缴税款而产生税务风险。

业务部门是小企业涉税行为的具体实施部门,其业务操作不当会直接影响税费及其成本。例如,采购部门在取得增值税专用发票后未及时交至财务部门,超过期限就不能抵扣。再如,销售部门与客户签订销售合同后就开具发票,并约定发货后 30 天内收取货款,而客户因特殊原因无法如期付款,便与销售部门口头约定延期 1 个月付款,但发生的应税销售行为为收讫销售款项或者取得索取销售款项凭据的当天,即开具发票的当天。销售部门由于不知晓这一规定而未及时与财务部门沟通,于是在发生应收账款的同时,税款却要按时缴纳无误。

对税费控制不力是多数小企业产生税务风险的重要原因之一。换句话说,如果小企业能够严格控制税费支出,就能在很大程度上防范税务风险。作为一项重要的费用支出,税费的控制责任应当落实到人,并从纳税义务产生的根源入手分析、判断影响税费高低的因素,谁的影响最大就由谁来承担控制责任。

基于防范税务风险的目标,不能把管控税费的责任简单地归由财务部门负责,而应贯穿于小企业的整个经营过程,才能真正有效地识别并防范税务风险。因此,在小企业内部要积极营造重视税费风险、共同防范税费风险的良好氛围。

实证分析 6.2 | 虚增费用少缴税费的伎俩

在对某公司进行检查时,检查人员在该公司的"管理费用"科目中发现列支了不少会议费,查看其中一张较大金额的记账凭证,后面是一张名称为"会议费"的增值税普通发票,价税合计金额为 200 000 元(查验为真),并附有会议通知、会议日程等资料。虽然从形式上看没有什么问题,但检查人员依旧认为,整数金额存疑。通过延伸调查开票单位,确认该发票的真实业务内容并非会议费,而是餐费储值卡,且该储值卡并未发生支出。最终,该公司因虚增费用少缴企业所得税而被补税、罚款、加收滞纳金。

6.4.2 有针对性地开展涉税风险评估

对具体经营行为涉及的税费风险进行识别是风险管理的核心内容之一,至少需要考虑以下问题:有哪些具体经营行为?哪些经营行为涉及纳税问题?这些经营行为分别涉及哪些税费？所有涉税风险中，哪些是主要风险？与这些涉税风险相关的工作岗位有哪些？这些岗位的相关责任人是谁？等等。

识别税费风险也应当分门别类。例如，是税收筹划方案所涉及的税种，还是纳税环节、纳税申报、税收优惠政策误用或账务处理差错？是近期的、中期的，还是远期的涉税风险？等等。

6.4.3　设计税费风险的控制措施

设计控制措施是指针对已识别的风险对相关责任人进行授权、调整以及责任的分配等，一般需要考虑以下因素：谁将对控制措施的实施负责？他将做什么？他将怎么做？他将在什么时间做？最终税负是多少？等等。

对一家小企业的税负情况也可实行定额控制（也称绝对控制）和定率控制（也称相对控制）等方法。例如，企业所得税税前扣除费用的标准就是一种有限额控制作用的标准，超过标准将调整应纳税所得额。

6.4.4　关注会计政策与税收政策的区别

当前，我国企业会计准则体系基本完善，税收制度也逐渐健全，但财务会计与税法规定之间的差异会长期存在。为避免税费风险，小企业需要把握两者之间的差异，并予以分析和调整。

小企业发生的任何一笔经济业务，首先要遵守小企业会计准则的规定，依法进行会计核算，对六大会计要素进行确认、计量、记录与报告；然后在纳税申报或年报审计时对相关涉税事项进行审核，对涉及税收政策的有关经济业务进行再确认、计量、记录与调整；最后按照现行税法的有关规定进行纳税申报。

小企业会计的目的主要是真实、完整地反映小企业的财务状况、经营成果和现金流量，为管理者提供有用的信息，而税法由于组织财政收入，因此依据自身的强制性、无偿性、固定性进行征收，致使两者之间的差异不可避免。我国《企业所得税法》第二十一条对纳税调整原则的要求是，"在计算应纳税所得额时，企业财务、会计处理办法与税收法律、行政法规的规定不一致的，应当依照税收法律、行政法规的规定计算"。

例如，"所得"是税法上的专有名词，与会计上的"收入"（包括营业收入、营业外收入和投资收益）既有联系又有区别。

"所得"的内涵为应税收入，包括以货币形式和非货币形式取得的收入；其外延包括销售货物所得、提供劳务所得、转让财产所得、股息红利等权益性投资所得、利息所得、租金所得、特许权使用费所得、接受捐赠所得和其他所得。其中,其他所得又包括小企业资产溢余所得、逾期未退包装物押金所得、确实无法偿付的应付款项、已做坏账损失处理后又收回的应收款项、债务重组所得、补贴所得、违约金所得、汇兑收益等。

"所得"也不是小企业的全部收入,因为还存在不征税收入(如财政拨款,而不是政府补助)和免税收入(如国债利息收入,直接投资12个月以上取得的投资收益等)。此外,小企业发生非货币性资产交换以及将货物、财产、劳务用于捐赠、赞助、集资、广告、样品、职工福利和利润分配,税法上规定应当视同销售货物、转让财产和提供劳务,而在会计核算上可能没有确认为"会计收入",故需要进行纳税调整。

应税收入只有进行法定扣除后的余额才依法征收企业所得税,但不是会计凭证与会计账簿中记录的已经发生的所有成本费用都可以税前扣除。小企业发生的准予税前扣除的支出必须是真实的、与取得收入相关的、合理的支出。相关性一般是从支出发生的根源和性质方面进行判断与分析,而不是看费用支出的结果。合理性主要是看发生支出的计算与分配方法是否符合常规等。

6.4.5 加强与税务的信息交流和沟通

小企业应建立税务风险管理的信息与沟通制度,明确税务相关信息的收集、处理和传递程序,确保小企业税务部门内部、小企业税务部门与其他部门、小企业税务部门与董事会等小企业治理层以及管理层的沟通和反馈,发现问题应及时报告并采取应对措施。

小企业应建立和完善税法等相关法律法规的收集和更新系统,及时汇编小企业适用的税法并定期更新,确保小企业财务会计系统的设置和更改与法律法规的要求同步,合理保证会计信息的输出反映法律法规的最新变化。

税务信息的交流与沟通是涉税风险工作平稳运作的"润滑油"。因为即使设计了清晰的目标和措施,若相关部门和人员不理解,导致责任人不能有效执行和相关部门不能密切配合,实施效果也将大打折扣。为此,加强对风险管理涉及部门和人员的培训与沟通,让相关部门和人员熟知涉税风险的控制策略、目标、路径与方法相当必要。

6.4.6 积极实施税费活动的有效监控

为了确认涉税风险控制措施在小企业内部已经落到实处并取得相应的效果,采取一定的措施去监控实施效果是非常必要的。监控实施效果就是再检查涉税风险管理的效果,并对涉税风险管理效果进行总结,目的在于查出哪些规定失效、哪些目标没有达到、产生哪些新风险、将采取什么措施解决上述问题等。

应当十分重视税务汇算清缴的风险。一年一度的汇算清缴会在年度结束后开始,这是税务关注的最主要的时段。尤其是企业所得税汇算清缴,是指由纳税人自行计算年度应纳税所得额和应缴所得税额,根据预缴税款的情况,计算全年应缴应退税额,并填写纳税申报表,在税法规定的申报期内向税务机关进行年度纳税申报,经税务机关审核后,办理税款结清手续。汇算清缴至少应当关注以下几个控制要点:① 是否及时向主管税务部门提出各项减免税或其他涉税审批申请;② 是否存在遗漏的收入没有纳入应税收入;③ 是否按照税法规定进行税前费用抵扣,并调整了超标费用;④ 是否已调减各项免税收入或不征税收入;等等。必要时,可安排税务自查,以降低纳税风险。

涉税风险控制是一个较为复杂的过程,其活动内容并无固定的先后顺序。在日常经营活动中,上述活动是持续进行的,目的是使小企业保持对涉税风险连续的识别、分析、计量、控制及改进的能力,所以,上述活动贯穿于小企业的日常经营行为,应当注意不断完善内部控制的行为。

6.4.7 切实履行应尽的纳税义务

义务是指对他人或社会做自己应当做的事,是在社会关系中应该进行的价值付出。依照税收法律和行政法规的规定,纳税人在纳税过程中负有以下义务,不容疏忽:① 依法进行税务登记;② 依法设置账簿、保管账簿和有关资料,依法开具、使用、取得和保管发票;③ 财务会计制度和会计核算软件备案;④ 按照规定安装、使用税控装置;⑤ 按时、如实申报;⑥ 按时缴纳税款;⑦ 代扣、代收税款;⑧ 接受依法检查;⑨ 及时提供信息;⑩ 报告其他涉税信息。履行纳税义务的简要内容如图6.3 所示。

正常申报,是指纳税人按照税法规定的期限和内容向税务机关提交有关纳税事项书面报告的法律行为,是纳税人履行纳税义务、承担法律责任的主要依据,是税务机关税收管理信息的主要来源和税务管理的一项重要制度。

零申报,是指在税务机关办理了税务登记的纳税人、扣缴义务人当期未发生应税行为,按照国家税收法律、行政法规和规章的规定,应向税务机关办理零申报手续,并注明当期无应税事项。如果小企业连续 3 个月零申报,就可能属于异常申报,会被列入重点关注对象。

负申报,就是纳税申报时,应缴税金呈现负数状态,如增值税一般纳税人当期

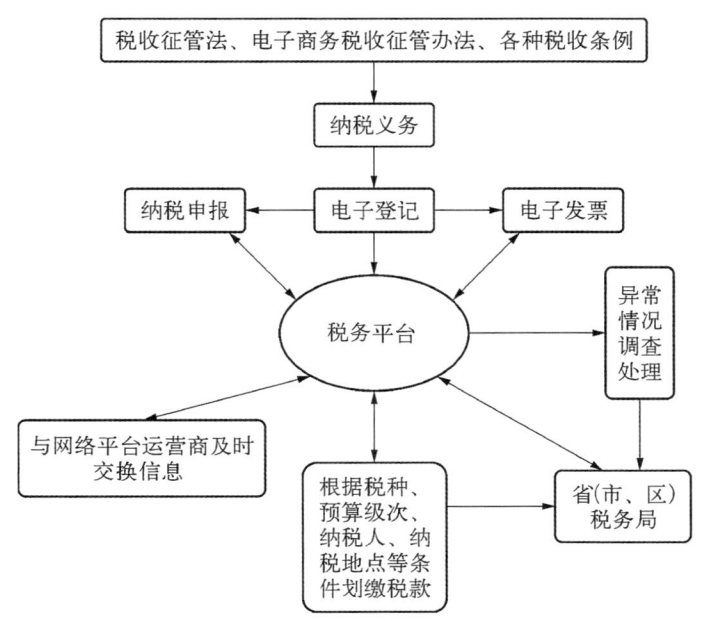

图 6.3 履行纳税义务的简要内容

申报的销项税额小于进项税额、企业所得税申报的所得额为负数等,应当特别慎重。

纳税申报有风险,别给自己惹麻烦。关注风险提醒相当重要。

经典案例评析

咎由自取的"黑名单"

"咎",是指灾祸。"咎由自取"比喻灾祸或罪过是自己招来的,即自作自受。

某电子有限公司某年被认定为高新技术企业,其后的第三年起连续 6 个月增值税负申报,但纳税申报资料却显示每个月都购进了大量原材料。税务人员提醒该公司自查自纠,该公司财务人员却回复"无问题"。

税务局以纳税评估方式对该公司的相关数据进行测算,发现该公司的税负率异常,投入产出相差 120 万元左右,遂再次要求该公司自查,但该公司未予理睬。于是,稽查人员调阅该公司的账簿资料,初步确定该公司存在账外经营行为。此时,该公司仍不正视错误,拒绝了最后一次自查申报的机会。最终,在公安部门的配合下,稽查人员查明该公司隐瞒收入一百四十多万元,需补税 21 万元,被处罚款

21万元。

不久,该公司因技术改造需要贷款。该公司贷款原本可享受"即贷即批"等待遇,然而这次银行却告知:"因你们公司在纳税上有不良记录,贷款必须提供担保,且贷款额度要从100万元降到60万元,分三次发放到位。"

更让该公司始料未及的是,高新技术资格认定到期报请复审时,因年度内偷税数额超过5万元,该公司被取消了高新技术企业认定资格。这意味着,该公司以后不能再享受企业所得税减按15%征收的税收优惠政策。该公司财务沮丧地说:"自从上了纳税'黑名单',公司的订单量直线下降。"

纳税"黑名单"指的是纳税人实施税收违法行为后,税务机关以"黑名单"的形式予以公布,并与发改委、工商、公安部等联合实施惩戒。这一制度充分发挥了舆论监督的作用。登上纳税"黑名单"的损失难以估量,该公司领导咎由自取,后悔不已。

第 7 章　费用失控及风险管控

> 面对微利时代的挑战,有效管控费用就是要苦练"内功"。

7.1　认清费用失控风险点

7.1.1　微利时代与全面成本控制

从高利润时代走向微利时代是大势所趋。降低成本、保证质量、开发新品是微利时代赢得市场的基本出路,也是小企业面临的重大挑战,更是迫使小企业从"一窝蜂"降价大战中脱颖而出、从粗放式管理走向精细化管控的好时机。

随着知识经济、数字经济、信息经济席卷全球,顾客需求的多样化迫使产品生命周期不断缩短。小企业的竞争不仅要在产品质量、满足顾客需求方面加大力度,而且会不可避免地被卷入成本竞争。当前的市场已由卖方转向买方,降低成本首当其冲。质量越好,成本越低,产品就越有市场。

管理大师彼得·德鲁克说:"在企业内部,只有成本。"成本是商品价值中最重要的组成部分,是成本控制最主要的对象。钢铁大王卡内基认为:"盯住成本,利润就会随之而来。"成本是小企业换取收益的代价,降低成本就是减少这种代价。提高小企业的经济效益,应当从管控成本开始,这是在微利时代求生存、谋发展的一剂良方。在小企业的战略管理中,成本控制始终处于练"内功"的重要地位,成本水平的高低直接决定着小企业盈利能力的大小和竞争能力的强弱。苦练"内功"可以锻炼小企业内部的各个"器官",达到强身健体的效果。

节省应当成为小企业成本费用管控的着力点。只有倡导节约、削减成本、降低消耗才能突破微利时代的成本"瓶颈",让消失的利润不断"回归"。所以,勤俭节约、精打细算是讲效益、练"内功"的表现。

全面成本控制要求全体职工参与,对小企业生产经营全过程中所耗费的全部成本进行严格的限制和监督。这里的"全面"至少包含三个方面的内容:一是对小企业全部的料、工、费支出进行控制;二是小企业内部所有职工参与的全员成本控制;三是对产品成本形成的全过程控制。

实行全过程成本管理,其成本控制不应当只局限于生产过程,还应当严格控制产品的设计和试制、物资的采购和储存、生产工艺的制定、生产组织、质量检查、供销、运输、售后服务等各环节发生的成本。实践证明,只有当产品的整个生命周期成本得到有效控制,小企业的成本才会显著降低。

7.1.2 成本费用的风险分析

成本费用的控制风险几乎遍及小企业及其员工能够想到或想不到的每一个角落。只有强烈的节约意识和健全的管理办法,才能捕捉到每一个可能带来成本费用的失控点,防止真空点,进而控制住关键点。尽管有些成本费用的风险点看起来微不足道,似乎对小企业的财务状况不构成太大的威胁,但是"千里之堤,溃于蚁穴",任何细微或隐性的风险点,在经历从量变到质变的过程后,就可能将小企业置于支付不能的境地,逼到收不抵支、资不抵债的边缘。所以,成本费用控制要有"既抱西瓜,也捡芝麻"的意识,不论费用项目如何繁多,只要稍微放松,就极易处于失控状态。

某小企业在成本分析时发现,连续3个月某材料"超耗"约10万元,经调查差异原因后,发现某生产人员与仓库主管"合谋"虚假领料并被分批转至厂外进行销售谋利。

从管理的角度看,成本费用风险主要包括两个方面:一是成本费用上升的风险;二是成本费用信息扭曲的风险,从而影响甚至误导相关管理决策(如定价决策、产品组合决策等)。

下列事项的发生会造成成本费用核算不准确,从而降低成本信息的质量:① 不能正确地进行费用归集与分配,不能及时核算成本;② 不能正确地划分期间费用和生产成本,混淆支出界限,不恰当地分摊成本;③ 不能将成本与收入进行恰当配比,成本在各期的计算和分摊比较随意;等等。

下列事项的发生会使产品成本信息扭曲,从而影响小企业管理报告的质量:① 信息不完整,不能反映真实的产品成本,影响小企业的定价决策和产品目标利润的实现;② 成本标准不能及时修订,既不能准确反映不同产品的成本,也不利于小企业产品成本的控制;③ 间接制造费用不能合理分摊,势必影响产品成本的正确性,难以满足小企业产品规划与定价决策对高质量成本信息的需要;④ 不能根据不同的管理目的及时、正确地提供不同维度的成本信息;等等。

7.1.3 成本费用控制的积极意义

成本费用控制是指在经营活动过程中,按照既定的成本费用目标,对构成成本费用的诸要素进行规划、限制和调节,及时纠正偏差,把实际耗费控制在成本费用计划(预算)范围内。其控制范围包括生产成本(营业成本)和期间费用(销售费用、管理费用、财务费用等)。其控制的主要内容包括材料消耗成本控制、工资成本控制、费用成本控制等。

由于资源与资金有限,因此小企业一般只能在几种产品中谋求生存与发展的空间。又由于大多数小企业目前仍采用成本领先优势,并依靠"走量",即在扩大销量的同时提高销售利润率,因此,节省费用、控制支出对小企业的生存与发展具有绝对重要的意义。

第一,通过成本费用控制,可以提高小企业的经济效益。小企业是以营利为目的的经济组织,成本费用是抵减利润的主要因素。降低成本费用可以增加利润,进而提高小企业整体的经济效益。

第二,通过成本费用控制,可以提高小企业的竞争力。小企业的成本费用水平对产品的价格影响重大。若小企业的成本费用水平较低,产品价格就可以定得较低;若小企业的成本费用水平较高,低价格就会使小企业处于不利的境地。通过有效的成本费用控制,可以降低小企业的成本费用水平,提高小企业在竞争激烈的市场中尤其是在"红海战"[①]中的竞争力。

第三,通过成本费用控制,可以提升社会的经济效益。加强成本费用控制是落实节能、降耗、减排的重要举措,符合建设节约型社会的时代要求。特别是节约稀有资源和不可再生资源,对于谋求可持续发展具有重大意义。

---

① 现存的市场由两种"海洋"组成:"红海"和"蓝海"。"红海"代表现今存在的所有产业,也就是人们已知的市场空间;"蓝海"代表未知的市场空间。在"红海"中,每个产业的界限和竞争规则为人们所知,在这里,随着市场越来越拥挤,利润增长的前途就越来越黯淡。残酷的竞争使"红海"变得鲜血淋漓。与之相对的是"蓝海",代表亟待开发的市场,代表创造新需求,代表高利润增长的机会。

7.2 梳理费用流程控制点

7.2.1 成本费用控制流程

成本费用控制可以从各部门的预算入手，在规范成本费用开支项目、开支标准和支付程序的基础上，分解各项费用控制指标，从严控制各项支出。对未列入预算的成本费用项目，如确需支出，应当按照规定的程序申请追加预算。对已列入预算但超过开支标准的成本费用项目，应由相关部门提出申请，报授权部门审批。

简洁的流程或流程再造可以明确权、责、利，减少无用功，提高管控效率。某小企业设计的成本费用控制流程如图7.1所示。

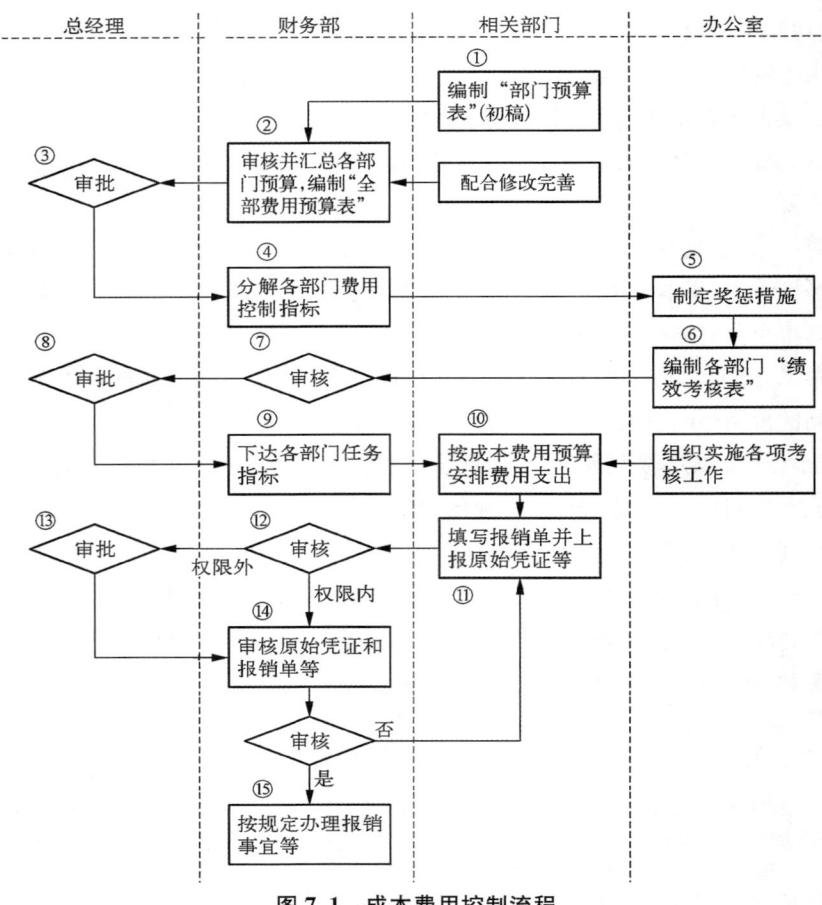

图 7.1　成本费用控制流程

7.2.2 明确成本费用核算的控制基础

上述成本费用控制流程的有效执行牵涉成本核算制度与相关基础工作的落实情况。为此,小企业应当参照执行《企业产品成本核算制度(试行)》(财会〔2013〕17号)。

《企业产品成本核算制度(试行)》共5章53条,其内容一方面与企业会计标准体系衔接,有机整合了企业会计准则中关于产品成本核算的内容,进一步规范了产品成本核算对象、产品成本核算项目和范围以及产品成本归集、分配和结转,建立了产品成本核算的操作性规范;另一方面与管理会计体系建设进程衔接,突出体现了企业内部管理对产品成本核算多维度、多层次的需要,明确规定企业应当根据内部管理要求确定成本核算对象、成本核算项目,并在此基础上对有关费用进行归集、分配和结转;同时,适度引入作业成本等现代成本核算与管理方法。通过制定成本制度,探索建立我国成本会计体系,既满足了加强企业成本核算的需要,又体现了管理会计理念,是我国成本管理会计发展的必然趋势。

加强小企业成本核算与管理,制度建设是基础,制度的执行与控制是关键。

(1) 正确划分收益性支出与资本性支出

费用耗费了资产,但并不是所有资产耗费都是费用,从而需要明确怎样的资产耗费才应当作为费用。首先,应当分清收益性支出和资本性支出。

收益性支出是指受益期不超过1年的支出,即发生该项支出仅仅是为了取得本期收益,也称支出费用化。对于收益性支出,应记入费用账户,作为当期损益列入利润表。

资本性支出是指受益期超过1年的支出,即发生该项支出不仅是为了取得本期收益,而且是为了取得以后各期收益,也称支出资本化。对于资本性支出,应记入资产账户,作为资产列入资产负债表。资本化支出随着每期对资产的耗费,按照受益原则和耗费比例通过转移、折旧和摊销等方法逐渐转化为费用。

(2) 认真落实权责发生制的核算基础

按照权责发生制,凡是本期已经发生或应当负担的费用,不论其款项是否已经收付,都应作为当期费用处理;凡是不属于当期的费用,即使款项已经在当期收付,也不应作为当期费用。权责发生制明确了费用确认与计量的要求,解决了费用何时确认及确认多少等问题。

财务会计应当以权责发生制为核算基础,根据产品的生产特点和管理要求核算费用、结转成本。

(3) 检查与控制配比原则的具体应用

配比原则是指某个会计期间或某个会计对象所取得的收入应与为取得该收入所发生的费用、成本相匹配，以正确计算在该会计期间该会计主体所获得的净损益。配比原则以权责发生制为基础，最终受持续经营和会计分期两个前提的制约。

配比原则至少有三个方面的含义：一是某产品的收入与该产品的耗费相匹配，二是某会计期间的某项收入与该期间的某项耗费相匹配，三是某部门的收入与该部门的耗费相匹配。

收入与费用的配比方式主要有两种：一是根据收入与费用的因果关系进行直接配比，二是根据收入与费用之间存在的时间上的一致性关系进行间接配比。如果销售出去的商品是直接与所产生的经营收入相联系的，那么，该商品的成本就可以随同本期实现的经营收入而作为该期的费用。如果采用分期收款方式销售商品，则应按合同约定的收款日期分期确认收入。在这种情况下，按商品全部销售成本与全部销售收入的比率计算出本期应结转的营业成本，并与本期所确认的经营收入相配比。或者说，为产生当期收入所发生的费用应当确认为该期的费用，即当收入已经实现时，某些资产（如物料用品）已被消耗或已被出售（如商品）或劳务已经提供，已被耗用的这些资产和劳务的成本应当在确认有关收入的期间予以确认。如果收入要到未来期间实现，则相应的费用应递延分配于未来的实际受益期间。

(4) 关注各种费用报销与支付方法

费用报销是指业务经办部门在业务发生并取得原始凭据后，按规定的审批程序办理的经费结算活动。费用报销要严格按照各项经费支出的标准执行，节约使用资金，提高费用的使用效率。

费用支付的账务处理方式大致可以归纳为以下几种：一是直接支付法，如差旅费、会务费、审计费、诉讼费、相关税费等；二是转账摊销法，如固定资产折旧、无形资产摊销、低值易耗品摊销等；三是预付待摊法，如一次支出数额较大的财产保险费、技术转让费、固定资产修理费、预付租入固定资产的租金等；四是预提应付法，如预提利息费用、预提固定资产修理费用、租金和保险费等。

(5) 合理管控费用分配方法

某项费用发生后，其用途往往不止一个，生产的产品不止一种，成本计算的对象也不止一个，这样，该项费用发生后往往不能直接地、全部地记入反映某一个对象的明细账户，而需要把这项费用按系统、合理的分摊方式确认，在几个对象之间进行分配。

当然,小企业的有些支出不能提供明确的未来经济利益,并且,如果对这些支出加以分摊也没有意义,这时,这些支出可以直接作为当期费用予以确认,如所得税费用等。

成本会计核算很关键的一个问题就是如何将费用准确地分配到各成本对象中。费用分配的基本原则是"谁耗费,谁负担"或者"谁受益,谁负担"。例如,材料费用一般可以按产品的重量、体积或定额消耗量进行分配,人工费用可以按工时进行分配等。要素费用的分配就是将各种费用要素的发生额合理分配给各个成本计算对象。在选择适当的分配方法时,既要考虑分配标准与分配费用的关联度,又要考虑分配标准资料取得的难易程度,这样才能保证分配结果的合理性和计算的简便性。

小企业常用的分配标准有:① 成果类,如产品的重量、体积、产量、产值;② 消耗类,如生产工时、生产工人工资、机器工时、原材料消耗量等;③ 定额类,如原材料定额消耗量、定额费用等;④ 成本动因类,如批次、机器台时、检验时间等。成本动因是指引起成本发生的原因,是采用作业成本法的前提。

间接费用分配最常见的公式如下:

$$费用分配率 = 待分配费用总额 \div 分配标准总额$$
$$某分配对象应分配的费用 = 该对象分配标准额 \times 费用分配率$$

在成本会计中,如何将成本准确地分配到各成本对象中很关键。歪曲的成本分配会导致错误的决策和评价。成本分配方法主要有直接追溯法、动因追溯法和分摊法等。直接追溯法依赖可实际观察的因果关系,其结果最准确。动因追溯法是依赖成本动因将成本分配至各个成本对象,其准确性次之。分摊法具有操作简单和低成本等优点,但是准确度不高。某一种标准被选定后,不要轻易变更,否则就违反了一致性原则,因为分配标准的不同会人为地造成计算出来的成本不同。

如果小企业内部管理有相关要求,就可以按照现代小企业多维度、多层次的管理需要,确定多元化的产品成本核算对象。

多维度,是指以产品的最小生产步骤或作业为基础,按照小企业有关部门的生产流程及其相应的成本管理要求,利用现代信息技术,组合出产品维度、工序维度、车间班组维度、生产设备维度、客户订单维度、变动成本维度和固定成本维度等不同的成本核算对象。

多层次,是指根据小企业成本管理的需要,划分为管理部门、工厂、车间和班组等成本管控层次。

7.2.3　成本费用控制要点

（1）制定成本费用的控制标准

控制标准是成本费用控制的准绳，小企业可以选择的制定成本费用控制标准的方法主要有以下几种：

一是计划指标分解法。这是将大指标分解为小指标。分解时，可以按部门、单位分解，也可以按不同产品和各种产品的工艺阶段或零部件分解，还可以按工序分解。

二是预算法。这是用制定预算的办法来制定控制标准。有的小企业是根据季度的生产销售计划来制定短期的（如月份）费用开支预算，并把它作为成本控制的标准。

三是定额法。这是建立起定额和费用开支限额，并将这些定额和限额作为控制标准来进行控制。在小企业中，凡是能建立定额的地方都应把定额建立起来，如材料消耗定额、工时定额等。实行定额控制有利于成本控制的具体化和经常化。采用定额法确定成本控制标准时，一定要进行充分的调查研究和科学计算，同时要正确处理成本指标与其他技术经济指标的关系（如与质量、生产效率等的关系），从完成小企业的总体目标出发，经过综合平衡，防止片面性。

（2）监督成本费用的形成过程

根据控制标准，对成本形成的各个项目进行监控。不仅要检查指标本身的执行情况，而且要检查和监督影响指标的各个条件，如设备、工艺、工具、工人技术水平、工作环境等。所以，成本的日常控制要与生产作业控制等结合起来进行，主要包括：

一是监控材料费用。车间施工人员和技术检查人员要监督按图纸、工艺、工装要求进行操作，实行首件检查，防止成批报废。车间设备人员要按工艺规程的要求监督设备维修和使用情况，不符合要求的不能开工生产。供应部门材料人员要按规定的品种、规格、材质实行限额发料，监督领料、补料、退料等制度的执行。生产调度人员要控制生产批量，合理投料，监督期量标准的执行。车间材料费的日常控制一般由车间材料核算人员负责，要经常收集材料、分析对比、追踪原因，并会同有关部门和人员提出改进措施。

二是监控工资费用。车间劳资人员要对生产现场的工时定额、出勤率、工时利用率、劳动组织的调整、奖金和津贴等实施监控。生产调度人员要监督车间内部作业计划的合理安排，要合理投产、合理派工，控制窝工、停工、加班、加点等。

三是监控间接费用。间接费用的项目很多，发生的情况各异。有定额的按定额控制，没有定额的按各项费用预算进行控制，如采用费用开支手册、企业费用券等形式实行控制。各个部门、车间、班组分别由有关人员负责控制和监督，并提出改进意见。

上述各项费用的日常控制不仅要有专人负责监督，而且要使费用发生的执行者实施自我控制，还应当在责任制中加以规定，这样才能调动全体员工的积极性，使成本的日常控制有群众基础。

（3）及时纠正出现的各种偏差

针对成本差异产生的原因，查明责任者，分别情况和轻重缓急提出改进措施，并加以贯彻执行。对于重大差异项目的纠正，一般采用下列程序：

第一，提出问题。对于那些成本降低潜力大、各方关心、可能实行的项目，应提出问题，包括其目的、内容、理由和预期达到的经济效益。

第二，讨论和决策。问题选定后，应发动有关部门和人员进行广泛的研究和讨论。对重大问题可能要提出多种解决方案，然后进行各种方案的对比分析，从中选出相对令人满意的方案。

第三，确定方案实施的方法、步骤及负责执行的部门和人员。

第四，贯彻执行确定的方案。在执行过程中要及时监督检查，还要检查方案实施后的经济效益，衡量其是否达到了预期目标。

实证分析7.1 │ 失控的报销导致失足的悔恨

虞某从一所职业学校会计专业毕业后，来到某金属公司担任出纳员，负责公司报销事宜。由于其父母曾是这家公司人缘很好的老职工，因此虞某受到领导的信任。领导经常将就餐、礼品、交通以及办公用品等发票交给虞某汇总并填写报销单后报销。

为领导报销的钱款多了，虞某心里渐渐不平衡："他们开销这么大，我为什么不可以弄一点？"某年12月，虞某第一次尝试将自己消费的发票夹在领导的报销单中报销了。事后，提心吊胆的他发现居然平安无事，胆子因此大了不少。有时，他将别人已经报销了的原始凭证抽出若干张，附在自己伪造的报销单上，再冒充领导签名予以报销。这样还嫌捞得不够多，虞某干脆购买假发票，自己填上金额，冒充领导消费。几年来，虞某贪污公款达五十余万元。

审计发现有一份报销单背后所附的发票有缺失，而这张缺失的发票竟然在另一份不相干的报销单上出现。因追查这张被重复报销的发票才将虞某列为怀疑对象，进而案发。

贪欲是祸,失控是灾,两者结合便葬送了一个年轻人的前程。虞某在狱中后悔莫及。

7.3 明确费用风控的重点

7.3.1 成本控制从节俭文化开始

中华民族历来崇尚勤劳与节俭,成本核算与节约支出的思想自古有之。管仲治国,重视节俭与发展经济。"审度量、节衣服、俭财用、禁侈靡,为国之急也,不通过若计者,不可使用国。"(《管子·八观》)孔子主张勤俭节用,把"俭"或"节用"作为管理经济的重要原则,他指出,"节用而爱人"(《论语·学而》),宣扬"礼,与其奢也,宁俭"(《论语·泰伯》)。孟子也主张君主应恭俭,"俭者不夺人",通过节用以减轻民负。"食之以时,用之以礼,财之不可胜用也。"(《孟子·尽心上》)"食之以时"系保护生产,不误农时;"用之以礼"指节用有度。《孝经》说:"制节谨度,满而不溢……所以长守富也。""不溢",不滥用之意,把生产搞好了,财源丰裕又不滥用,国家方能长富。

正因为浪费的都是利润,所以要培养节约的习惯和费用控制意识。不少成功的企业家认为,"省钱就是挣钱"。多挣钱的方法只有两个,不是多卖,就是降费。丰田的成本控制思路可以用"拧干毛巾上的最后一滴水"来概括。管理学名师汪中求在《浪费的都是利润》中认为:"微利时代的残酷生存环境之下,造成生产成本膨胀和生产价格过高的一个主要因素就是浪费,往往是10%的浪费能够引起100%的利润损失。换句话说,如果一家企业能够杜绝10%的浪费,那么这家企业将会增加100%的利润。"

成本控制不仅是一门节约的艺术,而且是一门花钱的艺术。科学的成本控制首先要正确地认识"成本"的意义,进而有效地控制成本。如何将每一分钱花得恰到好处,将小企业的每一种资源用到最需要它的地方,这是小企业在新的商业时代面临的难题。也就是说,成本控制就在于把钱花得恰到好处。

"成本优势的巨人"和"成本管理的侏儒"是对某些小企业的比喻。单纯追求成本降低的简单做法会考虑降低原材料的购进价格或档次,或者减少单一产品的物料投入(偷工减料),或者考虑降低工价,这种做法是十分危险的,会导致产品质量的下降、劳动力资源的流失,甚至失去已经拥有的市场。这就是说,单纯削减成本,把成本降低作为唯一目标并不见得有远见卓识。

降低成本不能用饮鸩止渴的方式实现，浪费才是衍生成本的真正源头，因而只有紧抓"杜绝浪费"与"合理性生产"，才能真正健康地实现"低成本、高品质"。

7.3.2 成本控制从费用发生的源头入手

费用是成本的基础，没有发生费用就不会形成成本，所以，成本控制应当从费用发生的源头开始。

从广义看，成本费用与销售业务、采购业务、库存业务有着必然的联系，所以，成本费用控制不仅应当关注生产加工过程，而且应当"提前"和"延伸"。"提前"就是加大技术投资控制、工艺技术控制和采购成本控制等；"延伸"就是将上下游资源整合起来。产品生命周期成本就是指在小企业内部及其关联方发生的全部成本，包括产品开发、设计、制造、营销等过程中发生的成本，消费者购入产品后发生的使用成本、维护成本，以及产品的废弃处置成本。现代企业控制要求积极创造条件实施全面成本控制，这是一种全员、全过程和全方位的成本控制。它与传统成本管理观念相比，在深度、广度和指导思想等方面有了很大的改变：扩大了成本控制的空间范围，增大了成本控制的时间跨度，可以充分发挥成本控制的积极效能。

成本计算和控制的对象可以是各种耗费的受益物，也就是耗费各种投入品后形成的产出物，这是"制造"活动取得的直接成果，即"产品"，如工厂生产的工业品、农场生产的粮食、电影工作室摄制的电影等。但成本控制不能只注重最终标的物——产品成本的高低，因为它只是结果，不是过程，也不是源头。成本控制最好从源头入手，这才是管控重点，如从设计开始、从采购开始、从降低物料成本入手、从提升销售质量入手等（如图7.2所示），积极探求控制成本的路径与方法。

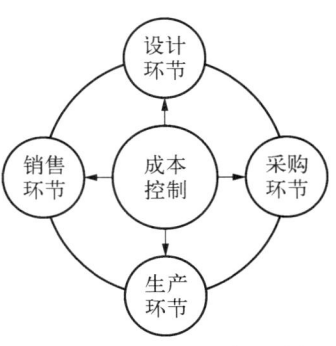

图 7.2 成本控制的主要路径

（1）优化与降低设计成本

降低产品成本应当从设计开始，这是设计人员应尽的职责。产品设计的工程技术人员是产品制造成本的控制主体，在全面掌握所设计产品的功能、性能和市场需求的基础上，一方面应当减少产品设计功能过剩，另一方面应通过采购人员或材料价格信息以及新材料、新工艺信息库，确保采用性好价廉的先进材料，还应经常与负责成本管理的会计人员沟通，根据管理会计人员的建议对产品设计进行调整。

管理会计人员作为产品研制、开发的参与者，要采用现代分析方法，对产品成本与市场价格信息,产品成本与市场竞争力,产品成本与企业长短期效益进行分析,提供产品研制的可行性报告,还要编制产品开发费用预算,对产品开发过程中发生的成本进行控制。尽管管理会计人员不是设计成本的决策者,但应掌握产品研制、开发的有关知识,努力积累经验,广泛收集和整理有关信息、资料,熟练掌握管理会计理论,灵活运用不同的成本性态分析方法做出正确的财务评价,为成本决策者提供较优方案。

(2) 优化与降低采购成本

供应链管理的目的之一是降低采购成本。对于采购方来说,一旦确定了可以长期合作的供应商,就应该与其建立直接的战略伙伴关系,使采购方在长期的合作中获得货源上的保证和成本上的优势,也使供应商拥有长期稳定的大客户,以保证其产出规模的稳定性。这种战略伙伴关系的确立能给供需双方带来长期而有效的成本控制利益。

在与供应商的合作过程中,应当对供应商的行为进行绩效管理。例如,建立供应商绩效管理的信息系统,对供应商进行评级,建立量化的供应商行为绩效指标等,并利用绩效管理的结果权衡与供应商的后续合作。这样能促使供应商持续改善供货行为,保证优质、及时地供货,从而有效降低项目采购总成本。

如何有效控制采购成本?一是要实施"货比三家、招标采购、按质论价"的采购原则,做到质优价廉,就近采购,节省运输费用;同时,尽可能做到定点采购,以保证原材料的质量和交货期。二是严格计量和检验,防止质次价高、数量不足的货物入库。采购合同的签订、执行、计量、检验要由不同的人负责,以防可能出现的舞弊。三是制定合理的储备定额。储备要合理,不同的材料要有不同的标准,将实际采购量和进价控制在限额内,特别是大宗原材料需要根据不同的季节制定合理的库存,以减少资金浪费。四是加强存储管控,做好防火、防盗、防变质工作,做到账实相符、安全完整。

(3) 优化与降低物料成本

成本项目中的物料成本较高,因而降低成本的潜力较大。物料成本的高低与物料采购的计划、品种、数量、时间相关。改进物料的采购、运输、收发、保管等方面的工作可以减少各个环节的损耗。

如何加强生产过程中的物料成本控制?一是改进产品设计,在保证产品质量的前提下,改进产品结构,降低材料消耗;二是改进工艺,利用科学技术研制并使用新材料和代用料,力争做到低投入、高产出;三是注重边角余料的回收利用,实行科学配料、集中下料、合理套裁和修旧利废,使原材料能够得到充分利用;四是做好原材料、燃料的供应储备工作,按限额领料;五是提高产品质量,减少废品损失,开展全面质量管理,建立严格的检验制度;等等。

(4) 优化与控制质量成本

销售最怕质量出问题,一旦退货,前功尽弃。质量缺陷是指因产品质量问题而出现的浪费、失误或无法满足客户的要求。质量成本是将产品质量保持在规定的水平上所需的有关费用,包括预防成本、鉴定成本、内部损失成本、外部损失成本等,是小企业生产总成本的组成部分。随着产品质量的提高,预防及鉴定成本随之增加,内外部损失成本则相应减少。如果预防及鉴定成本过少,将导致内外部损失成本增加,利润下降。如果小企业的目标是凭借优质产品树立企业形象,那就需要将产品质量列为重中之重。质量成本管理就是对产品从市场调研、设计、试制、生产到售后服务的整个过程进行的管控。

7.4 落实费用防控的要点

7.4.1 不相容岗位分离控制

小企业应当通过合理设置岗位,明确相关岗位的职责权限相互分离。成本费用业务的不相容岗位至少包括:① 成本费用定额、预算的编制与审批;② 成本费用的支出与审批;③ 成本费用的支出与相关会计记录。

在制造业中,成本费用的发生与生产加工业务循环有着密切的关系,其具体的岗位(职务)分离表现在:① 审批发料的人员不能同时担任仓库保管员;② 生产计划的编制者应与其复核和审批人员适当分离;③ 产成品的验收部门应与产品制造部门相互独立,产成品的验收、保管、记账职务应当分离;④ 生产用物资的保管职务应与会计记录职务分离,仓储部门的职责主要是记录各种入库材料、商品的种类、数量以及实物的保管,不能同时负责有关账户的会计记录;⑤ 存货盘点不能由负责保管、使用或记账中的任何一人单独进行,而应由他们共同进行;等等。

7.4.2 授权批准控制

小企业应当对成本费用业务建立必要的授权批准制度,明确审批人对成本费用业务的授权批准方式、权限、程序、责任和相关控制措施,规定经办人办理成本费用业务的职责范围和工作要求。

审批人应当根据成本费用授权批准制度的规定,在授权范围内进行审批,不得超越审批权限。

经办人应当在职责范围内,按照审批人的批准意见办理成本费用业务。对于审批人超越授权范围审批的成本费用业务,经办人有权拒绝办理,并及时向审批人的上级授权部门报告。

小企业应当做好成本费用管理的各项基础工作,制定成本费用标准,分解成本费用指标,控制成本费用差异,考核成本费用指标的完成情况,落实奖罚措施,降低成本费用,提高经济效益。

7.4.3 控制盈亏临界点

盈亏临界分析是以盈亏临界点为基础,对成本、销售量、利润所进行的盈亏平衡分析。当销售量低于盈亏临界点的销售量时,将发生亏损;反之,当销售量高于盈亏临界点的销售量时,则会获得利润。盈亏临界点是一个很重要的数量指标,因为保本是获得利润的基础,尤其是在对新产品的投资进行决策时,更应控制好盈亏临界点。

当销售产品所获得的边际贡献总额等于固定成本总额时,提供这一边际贡献的销售量或销售额就是小企业的盈亏临界点,即当边际贡献等于固定成本时,小企业正处于既不盈利又不亏损的状态。盈亏临界点分析应当落实到具体产品,体现在日常的成本费用管控过程中才更有效。在安全边际率之上的作业才不至于亏损。安全边际和安全边际率的数值越大,发生亏损的可能性越小,小企业就越安全。

7.4.4 控制杠杆作用

一家小企业的全部成本费用可以分为固定成本和变动成本两大部分。固定成本的高低与杠杆作用相关。为了反映杠杆作用的程度、估计杠杆利益和风险的高低,应当测算相关杠杆系数,控制杠杆风险的不利影响,即分析固定性成本的增减变动作用有助于控制经营风险和财务风险。

营业风险主要因营业杠杆而产生。营业杠杆是指由于经营性固定成本(如固定资产折旧)的存在,导致息税前利润变动率大于销售变动率的一种经济现象,反映了小企业经营风险的大小。营业杠杆系数越大,经营活动引起收益的变化也越大;收益波动的幅度大,说明收益的质量低。经营风险大的小企业在经营困难时,倾向于将支出资本化而非费用化,这会降低其收益的质量。

在固定成本不变的情况下,经营杠杆系数说明了销售额增长(或减少)所引起的营业利润增长(或减少)的幅度。销售额越大,经营杠杆系数越小,经营风险就越小;反之,销售额越小,经营杠杆系数越大,经营风险就越大。

在销售收入一定的情况下,影响经营杠杆的因素主要是固定成本和变动成本的金额。固定成本增大或变动成本减小都会引起经营杠杆系数增加。这些研究结果说明,在固定成本一定的情况下,小企业应采取多种方式增加销售额,这样利润就会以经营杠杆系数的倍数增加,从而赢得"正杠杆利益";否则,一旦销售额减少,利润就会下降得更快,从而形成"负杠杆利益"。

财务风险主要因财务杠杆而产生。财务杠杆是指由于固定性财务费用(如债务利息、优先股股利)的存在而导致普通股每股利润变动幅度大于息税前利润变动幅度的现象。

负债包含有息负债和无息负债,财务杠杆只能反映有息负债带来的财务风险而没有反映无息负债。在通常情况下,无息负债是正常经营过程中因商业信用而产生的,有息负债是因融资需要而借入的,一般后者的金额比较大,是产生财务风险的主要因素。如果存在有息负债,财务杠杆系数大于1,就放大了息税前利润的变动对每股盈余的作用。财务杠杆系数较大,当息税前利润率上升时,权益资本收益率会以更大的比例上升;若息税前利润率下降,则权益利润率会以更快的速度下降。此时,财务风险较大。相反,财务杠杆系数较小,财务风险也较小。财务风险的实质是将借入资金的经营风险转移给权益资本。所以,在拟订筹资方案时应当确定适度的负债数额,保持合理的负债比率,因为负债经营能获得财务杠杆利益,也要承担由负债带来的筹资风险损失。

总杠杆作用是指经营杠杆和财务杠杆的连锁作用(经营杠杆×财务杠杆)。经营杠杆通过扩大销售影响息税前收益,而财务杠杆通过扩大息税前收益影响每股收益。如果两种杠杆共同起作用,那么销售额稍有变动就会使每股收益产生更大的变动。所以,影响经营杠杆和财务杠杆的因素都会影响总杠杆,如边际贡献、固定成本、息税前利润、利息等,都应当经常分析、合理考量。

利用总杠杆系数分析,在一定的成本结构和融资结构下,当营业收入变化时,小企业的管理层能够对每股收益的影响程度做出判断,即能够估计出营业收入变动对每股收益造成的影响。如果一家小企业的总杠杆系数是3,则说明营业收入每增长(减少)1倍,就会造成每股收益增长(减少)3倍。

为了控制某一总杠杆系数,经营杠杆和财务杠杆可以有多种不同的组合。例如,经营杠杆系数较高的小企业可以在较低的程度上使用财务杠杆,而经营杠杆系数较低的小企业可以在较高的程度上使用财务杠杆等。小企业应当根据自己的目标,在总风险与预期收益之间进行权衡,使总风险降低到适当的水平。

经典案例评析

谁来管控"米缸"里的"老鼠"

一只老鼠发现了一缸米,于是每天跳进去吃,吃饱后便跳出来,日复一日。终于有一天老鼠发现缸口太高,再也跳不出去了,在吃完缸中最后一粒米后,老鼠饿死了!

某园林开发公司总经理周某就是这样的"老鼠",他利用职务之便,通过假业务、假合同、假发票、假流程等虚假行为贪污公款71万余元,最终数罪并罚被判处有期徒刑13年。

周某常以"会务费"名义虚构业务,并用虚开发票或假发票办理个人消费报销手续。某年6月,周某授意办公室主任以"单位旅游活动"为由向财务借款56 000元现金供其个人使用。为了冲抵此次借款,周某通过向海南某假期旅行社支付增值税税额4 480元的方式取得了该旅行社开具的一张面值为56 000元的发票,同时伪造对应的旅游合同。周某还发动办公室的两名"心腹"在发票后签字验证,这种形式上的"完整"可谓"煞费苦心"。周某照此顺利地将发票和合同拿到财务处,冲抵了56 000元借款。

周某能够多年在个人借款及费用报销环节挪用公款,如同老鼠掉进米缸里,与"适宜的环境"不无关系——该公司法制观念薄弱,内部控制制度形同虚设。周某利用一份莫须有的旅游合同并加盖公章就能套取资金,且长期多次舞弊没有被及时发现,说明该公司的监督制衡缺失,助长了周某的肆无忌惮、以权谋私。或者说,由于该公司内部控制形同虚设,没有起到各司其职、各负其责、相互制约的作用,让周某有机可乘,阴谋得逞。

周某经常以各种借口让办公室主任申请现金借款,套取公司财务资金,且屡屡得逞,说明该公司的借款申请流程存在不合理之处。向公司借款没有申请审核和审批流程,借款申请单据没有任何证明文件资料。

费用报销必须经过申请、审核、审批及复核环节。财务人员在此过程中对报销事由、报销依据、报销发票的真实性及合理性等应严格审核、逐层把关,审核无误后方可按照合同规定及时办理付款。周某多次通过虚开发票、使用假发票冲抵个人借款,说明财务报销流程存在严重缺陷,在报销环节对发票真伪的认证管理也存在缺失。财务的警觉性如此差,内部控制缺失如此严重,难怪周某如"米缸"里的"老鼠",胆大妄为了。

第8章　合同失控及风险管控

> 警惕合同违约或被骗的风险，签章须谨慎。

8.1　认清合同失控风险点

8.1.1　契约责任与合同管理

合同最早被称作"书契"。《周易》记述："上古结绳而治，后世对人易之以书契。""书"是文字，"契"是将文字刻在木板上，形成契约。这种木板一分为二，称为左契和右契，以此作为凭证。"合同"即合为同一件书契，这是"合同"一词的本义。

合同是商品交换在法律上的表现形式，是指平等主体的自然人、法人、其他组织之间设立、变更、终止民事权利义务关系的协议。

合同形式是指当事人合意的外在表现形式，是合同内容的载体，包括书面形式、口头形式和其他形式。法律、行政法规规定采用书面形式的，应当采用书面形式。书面合同非常重要，它是当事人之间约定的重要凭据。但一些小企业对于合同的签订并没有给予足够的重视，有的小企业仅凭对方的电话或是发货清单就进行交易，这给履约带来较大隐患。

合同的内容由当事人约定，一般包括以下条款：① 当事人的名称或者姓名和住所；② 标的；③ 数量；④ 质量；⑤ 价款或者报酬；⑥ 履行期限、地点和方式；⑦ 违约责任；⑧ 解决争议的方法。当事人可以参照各类示范文本订立合同。

依法成立的合同自成立时生效，受法律保护。合同有效成立的条件是：① 双方当事人具有实施法律行为的资格和能力；② 双方当事人是在自愿的基础上达成的意思表示一致;③ 合同的标准和内容必须合法;④ 合同双方当事人必须互为有偿;⑤ 合同必须符合法律规定的形式。

无效合同是相对有效合同而言的,是指合同虽然已经成立,但由于存在无效事由,因此自始不具有法律约束力的合同。合同无效的情形有:① 一方以欺诈、胁迫的手段订立合同,损害国家利益;② 恶意串通,损害国家、集体或第三人利益;③ 以合法形式掩盖非法目的;④ 损害社会公众利益;⑤ 违反法律、行政法规的强制性规定;⑥ 格式条款及免责条款无效;⑦ 虚伪表示与隐匿行为;等等。

有交易就有合同,就会产生风险,尤其是在对方缺少履行合同的诚意时,无效的或内容不规范的合同就会给守约的一方造成损失,因而识别合同"陷阱",增强法律意识,加强内部控制,谨防合同失控相当重要。

合同管理是日常经营活动中最基础的工作之一,也是复杂性较强和容易出现问题的地方,为此,小企业应当将合同风险作为内部控制的着力点,致力于健全以防范欺诈为重点的合同风险管控机制,强调事前风险防范、事中过程控制、事后法律监督与补救。对于合同管理制度不完备、缺乏合同风险控制能力、不具备应对合同纠纷和维权处理能力的小企业,更应当谨防合同风险。如果小企业的合同管理仅限于制度层面,不能灵活应用于实际的合同管控过程中,就会给合同业务带来不必要的隐患。

8.1.2　合同约束力与约束事项

合同约束力的主要表现:① 当事人不得擅自变更或者解除合同;② 当事人应按合同约定履行义务;③ 当事人应按诚实信用原则履行一定的合同外义务,如完成合同的报批、登记手续以使合同生效等。

一份合同往往会涉及许多约定事项,如定金、订金、押金、保证金、违约金,这"五金"各有特点,作用不同,账务处理有别,在签订合同时一定要仔细辨析,谨慎签约,绝不能马虎了事。

(1) 定金

定金是指为担保合同债权的实现,双方当事人通过书面约定,由一方当事人向对方预先支付一定数额的金钱作为担保的方式。签订合同时,对定金必须以书面形式进行约定,同时应约定定金的数额和交付期限。

定金的基本特征:一是合同正常履行时,定金充作价款或由交付方收回。二是合同不履行时,适用定金罚则——交付方违约的,无权收回;接受方违约的,双倍返还。三是定金担保的标的物具有特定性——法律规定为金钱的偿付。四是定金担保有最高限额的规定,不得超过主合同标的额的20%。

(2) 订金

订金是一方当事人为交易需要而向另一方当事人交纳的金钱,其数额应当在合同总价的5‰以内。一般情况下,交付的订金视为预付款,在交易成功时,订金充当货款;在交易失败时,订金应全额返还,收受订金的一方即使违约,仍应承担返还订金的义务。

订金与定金的区别:一是两者产生的基础法律关系不同。定金合同相对主合同而言是从合同,除非当事人有特殊约定,主合同无效则定金合同亦无效;而当事人关于订金的约定是主合同的组成部分。二是两者的功能不同。订金不具有债的担保功能,其功能在于为一方当事人履行债务提供资金上的支持。订金的给付本身属于给付订金一方当事人履行债务的行为。三是两者的作用不同。定金一经给付,则发挥制裁违约方、补偿守约方的功能;而订金给付后,如发生因一方违约而导致解除合同的情形时,收受订金的一方就必须如数退还订金。四是两者适用的范围不同。定金担保方式适用于各种合同;而订金只适用于金钱的给付为一方履行债务的合同,多见于买卖合同、租赁合同、承揽合同等。

(3) 押金

押金是担保物权的一种,是质押担保的一种特殊形式,是为了担保债务的履行,债务人或者第三人将一定数额的金钱或者等价物移交债权人占有,在债务人不履行合同时,债权人可从押金中优先受偿。

押金与定金的区别主要表现在:一是定金担保的是债权,不具有物权效力,而押金属于担保物权的范畴;二是定金是法定的担保方式,而押金只是民间交易中习惯上采用的方式,我国法律既未明确承认,也不禁止押金这种担保方式;三是设定人的范围不同,定金的设定仅限于被担保合同的当事人,而押金的给付可以是主合同的债务人,也可以是债务人以外的第三人;四是约定限额的法律规定不同,定金的数额不得超过主合同标的额的20%,而押金的数额可由当事人自由约定,其数额可以高于或者低于主合同的标的额;五是制裁后果不同,定金具有惩罚违约方的功能,而押金仅具有担保合同义务人履行合同的作用,其对违约方的制裁仅以所交的押金为限,即给付押金的一方当事人不履行合同义务的,无权收回押金,而接受押金的一方当事人不履行合同义务的,并不承担双倍返还押金的义务。

(4) 保证金

保证金是指合同当事人一方或双方为保证合同的履行而留存于对方或提存于第三人的金钱,如合同保证金、投标时的履约保证金、期货交易中的保证金、取保候审中的保证金等。

保证金具有类似定金的担保合同实现的作用,但其没有双倍返还的功能。保证金留存或提存的时间和数额没有限制。

(5) 违约金

违约金是由当事人通过协商,预先确定的在违约发生后做出的独立于履行行为以外的给付。

定金与违约金都有担保合同履行的作用。但定金与违约金是不同的,两者的主要区别在于:一是根本目的不同。定金是以确保债权的实现为根本目的的,因此定金属于担保的一种形式;而违约金的根本目的是制裁违约行为,是民事责任的承担方式,是对双方履行合同的一种约束。二是交付时间不同。定金是在签订合同时或之前预先支付的,作为签订合同或履行合同的担保,其具有双倍返还的惩罚性;违约金是双方在合同中约定的违约方应支付的赔偿金,不事先支付。三是发生的根据不同。定金是由当事人双方在定金合同中约定的,而违约金一般是当事人协商约定的。四是确定的标准不同。定金最高不能超过合同标的额的20%,超过部分无效;而违约金因具有预定赔偿金的性质,是根据违约可能造成的损失额来确定的。五是生效条件不同。定金是在支付后生效;而违约金是诺成生效,只要合同成立,违约金就生效了。六是作用不同。定金的作用在于证明合同成立、保证合同履行,具有惩罚和预付款的作用,合同履行后,定金应当收回,或者抵作价款;违约金的作用在于惩罚和保证,只要出现由于当事人的过错而不履行或不适当履行合同的事实,不论是否给对方造成损失,都必须给付违约金。违约金是补偿侵害造成的损失。违约方支付违约金后,只要对方认为违约方还有继续履行合同的必要并坚持要求违约方继续履行合同,违约方就有继续履行合同的义务。

8.1.3 合同的风险分析

一些小企业因为合同管理失控而遭遇纠纷、诉讼、失败的情况屡见不鲜。从产生合同风险的源头分析,主要可归类为三个方面:一是合同本身所带来的风险,二是合同履约过程中的风险,三是合同遭遇上当受骗的风险。

(1) 合同自身风险

一些小企业对合同内容不够重视,自身没有统一的合同范本,因而在合同文本的选择上比较被动,习惯使用对方提供的合同文本,在合同的关键条款上处于弱势,一旦出现合同纠纷,就很容易陷入被动。有些小企业虽有合同文本,但其内容没有经过专业人员的审核,关键条款缺失或表述不清,缺乏可操作性,有的内容甚至存在重大误解,容易造成将来履行困难、责任难以界定的尴尬局面。

合同本身的风险即合同条款形成的风险,主要包括合同价格、结算方式、合同工期、支付条款、合同变更等风险。

合同价格风险主要是指因采用固定总价合同形成的风险。

合同结算方式风险主要包括合同中约定采用计费方式、结算方式、结算时间、结算程序等形成的风险。

合同工期风险。签订合同一定要明确主要工序及其控制点,并说明影响工期的条件。一旦工期延长,就要分清责任,由责任方负责。

支付条款风险。工程款的预付款、工程进度款、最终付款和质量保证金,以及对支付违约索赔条款的约定要完整、严密、公平。

合同变更风险。合同的擅自变更,即使是合理的,也可能产生纠纷。合同变更程序上的疏忽容易导致反索赔。

"黑白合同"也称"阴阳合同",即发包方与承包方针对同一建设工程订立两份实质性内容相异的合同,其中一份是根据招投标文件签订并备案的中标合同,即"白合同";而另一份是双方私下签订的合同,是双方实际履行的依据,即"黑合同"。对于依法必须进行招投标且如实进行了招投标的工程项目,如果"黑合同"签订在"白合同"前,"黑白合同"可能都为无效合同,因为该行为违反了法律强制性规定中的效力性规定。这是值得警惕的一个重要的法律问题。

(2) 合同履约风险

在经济不断发展的形势下,合同已成为小企业管理的必要手段。但一些小企业没有对合同的监管意识,未建立相关的合同管理机构和制度,无法很好地规范签约行为,也不能在履行合同的过程中起到很好的监督作用。

合同履约风险即在合同执行过程中形成的风险,主要包括安全风险、质量风险、进度风险等。

安全风险主要包括违章罚款、重大安全事故、为保证安全生产而增加的投入等造成的项目管理成本增加等。

质量风险主要包括执行规范标准,提高产品质量的投入,或重大质量事故造成的损失。

进度风险主要包括因赶工而增加的成本投入等。

(3) 上当受骗的风险

合同欺诈是以订立合同为手段,以非法占有为目的,用虚构事实或隐瞒真相的欺骗方法骗取小企业财物的行为,一般具有双重性:一方面,行为人的行为表面上是合法的，行为人通过订立、履行合同使自己的行为合法化；另一方面，行为人的行为本质是非法的，通过诱使或误导对方做出错误的意思表示，以签订合同达到欺诈的目的。合同欺诈行为的双重性使利用合同从事违法活动具有隐蔽性和风险性。

第一，不愿履约，欺诈占有。当事人一方自订立合同起就没有履行合同的诚意，而是想通过欺诈手段诱导对方履行合同，给对方造成重大损失。

第二，伪造证件，欺世盗名。通过伪造营业执照及各种许可证等，利用伪造证明签订合同、骗取钱财。个别不法分子还利用私刻公章或合同专用章骗取营业执照，成立假企业，然后冒充该企业董事长或业务经理与被欺诈方签订合同，待对方履行或预付款项后，携带钱财逃之夭夭。

第三，设饵钓鱼，利诱上当。以滞销和积压商品为目标，抓住对方急于推销滞销和积压商品的心理，签订购销合同；或以紧俏物品为诱饵抓住对方急于发财的心理，许以高利，签订合同侵吞对方预付货款。欺诈方有时会在实施欺诈前与被欺诈方签订几份小额合同，支付小额定金，且履约顺利，制造重合同、守信誉的假象，然后谎称因生产急需，签订大额买卖合同，骗取大量货物或钱款等。

第四，投资为名，骗财为实。一些小企业对投资者考察不慎，盲目签订合同；诈骗者则打着联合经营、优势互补、盈利分享等幌子，取得对方信任，签订联营合同，或采用种种手段设置骗局，诱惑小企业上钩。2020年7月1日贵阳公安双龙分局通报，3人伪造"老干妈"公司印章，冒充该公司市场经营部经理与腾讯签订合作协议，骗取腾讯一千多万元。

第五，欲擒故纵，先予后取。以预付货款或给付定金为诱饵，给对方一些甜头，打消对方的顾虑，以达到骗取对方大量钱财的目的。

第六，恶意串通，合演双簧。两个以上企业或个人串通，一买一卖，制造商品紧俏气氛，以此推销劣质或滞销商品，骗取货款。例如，欺诈方先后以卖方和买方两种身份出现，先派人以卖方或推销方的身份出现，意欲出卖某种商品，使受骗方产生有人出卖某种商品且价格较低的错觉，然后欺诈方多次派人以买方或求购方的身份出现，又使被欺诈方产生有多人要买这种商品且价格较高的错觉。

第七，偷梁换柱，从中牟利。通过签订合同，骗取对方货物，然后用自己的劣质产品替换所骗货物，从中牟取暴利。

第八，金蝉脱壳，人去楼空。诈骗者先以种种优惠条件打动对方，签订巨额合同，一旦货物到手，随即藏匿或外逃；而受欺诈方往往是一些开业不久又赚钱心切的小企业，由于缺乏签约和交易经验，很容易上当受骗。有些以转让专利、高新技术为名，打着包技术、包设备、包培训、包回收、包利润的幌子，引诱对方签订

"五包"合同,连续骗取对方转让费、中介费、培训费、设备费等,"上楼抽梯,环环相连"。

第九,移花接木,指山卖磨。自己没货,而把需方领到码头、货场或仓库,将他人的货说成自己的货,骗取对方信任,签订合同,骗取对方的货款。

第十,以小充大,狐假虎威。牌子大,资金少;假集体,真个体。以大牌欺骗对方签订合同,谋取不义之财。

第十一,以假乱真,假戏真唱。双方当事人为规避法律,签订假标的合同。一方"假戏真唱",借机推销劣质或滞销商品,骗取对方货款,而被骗方只得自认倒霉。

第十二,招摇过市,以势欺人。诈骗者用董事长、总经理等显赫身份,以豪华的办公场所等表面形式博得对方信任,签订合同,谋取财物。

第十三,浑水摸鱼,乱中取之。这类诈骗手法往往是借订货会、展览会、博览会等机会,利用会议期间人员复杂、时间仓促、不易审查的特点,签订合同,骗取财物。

第十四,抛砖引玉,沆瀣一气。诈骗者以贿赂或女色打通关节,买通有关人员和领导,里应外合,狼狈为奸,损公肥私。

第十五,掩人耳目,盗名欺世。盗用他人公章、合同、凭证,以他人名义签订合同,实施诈骗。

第十六,明火执仗,强取豪夺。诈骗者通过签订合同,诱使对方送货,一旦货到则以暴力相威胁,抢劫财物,手段极其恶劣。

第十七,非法转让,坐收渔利。这类诈骗往往发生在建筑工程承包合同中,其特点是一方利用种种手段将工程承揽到手,然后转手倒卖,从中牟取暴利。

第十八,设置陷阱,守株待兔。这类诈骗往往是以高利润为诱饵,签订加工承揽合同,合同中设置陷阱,造成对方违约,骗取保证金、中介费等。

专题讨论8.1 | 合同风险审核的三大重点

合同风险的分类方法很多,从审核的角度看,可以重点关注以下三大风险:一是合同中的业务风险,包括企业是否具有履约能力,是否存在项目风险或经营风险等,如原材料采购,其数量、时间、品质、保修、退还是否符合规范要求等;二是合同中的财务风险,如发票真伪、税务风险、资金结算方式与付款风险等;三是合同中的法律风险,包括合同主体是否有效、合同本身是否有效、合同签订是否有效、合同内容是否完整等。

8.2 梳理合同流程控制点

8.2.1 合同管理基本流程

合同控制必须坚持预防为主，层层把关，因为合同管理是一个首尾相连、循环往复的过程，直接关系到小企业的经济利益与社会声誉等。合同控制的具体目标是维护小企业权益，避免法律风险，为经济活动提供支持，并提高管理效率。

合同的业务控制流程主要包括合同的订立与审批、合同的履行与监督、纠纷处理以及合同登记归档等环节。

某小企业设计的合同管理基本流程如表 8.1 所示。

表 8.1　　　　　　　　　　　合同管理基本流程

责任人	流程描述	备注
合同经办人	填写合同审批单	合同经办人草拟合同或初审对方草拟的合同
项目负责人/部门总监	审核	业务审查
法务专员	审核	法律审查
合同经办人	修改合同	综合上述各类意见和建议修改合同，如有新的修改，需再次提交项目负责人及法务专员审核
分管副总经理	审批	重要的合同经决策程序呈报总经理审批
项目负责人/部门总监	签订合同	合同经办人凭合同审批单及项目负责人签署的合同申请加盖合同专用章
合同经办人	行政人事部存档	将合同审批单、生效的合同正本及传真件交法务专员存档
业务部门	执行	按业务流程执行
法务专员	监控合同履行	出现合同履行障碍，业务部门应主动与法务人员联系，寻求法务协助

8.2.2 合同风险控制配套的责任措施

合同风险管理的重点措施可以针对"合同行为"在每个阶段的管控，并落实责任制。小企业虽然人手少,但合同责任的落实不可轻率,以下三个方面的重点措施值得关注：

(1) 实行分级管理制度

分级管理是指将合同行为按照一定的标准(如合同金额、合同标的、合同期限、付款时间等)进行划分,再分别进行管理。以合同销售金额为例,小企业可规定销售金额在××元以下的合同由主管业务人员负责审核、签署,而××元以上的合同行为须由分管副总经理或小企业的法定代表人审核、批准等。这种管理模式的优势在于可对业务人员适当放权,减少小企业管理层的工作量；同时,小企业能将风险控制在较小的范围内。

分级审查很重要。某小企业设计的合同审核与风险控制流程如图 8.1 所示。

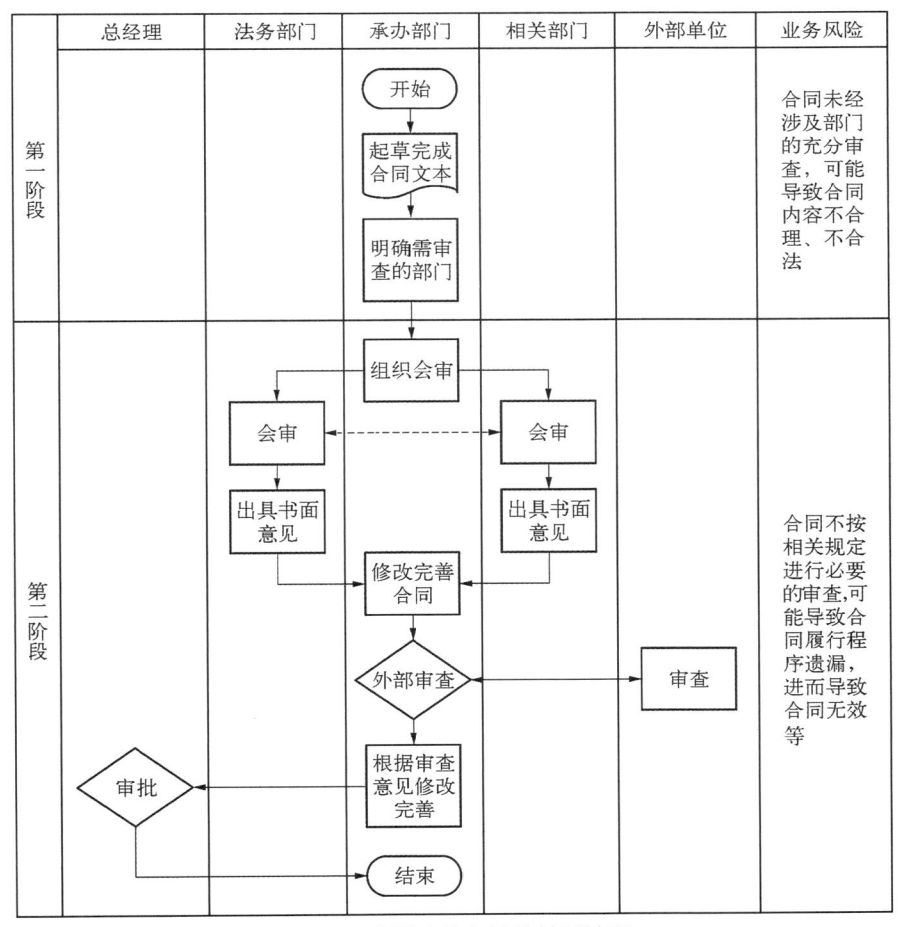

	总经理	法务部门	承办部门	相关部门	外部单位	业务风险
第一阶段			开始 → 起草完成合同文本 → 明确需审查的部门			合同未经涉及部门的充分审查,可能导致合同内容不合理、不合法
第二阶段	审批	会审 → 出具书面意见	组织会审 → 修改完善合同 → 外部审查 → 根据审查意见修改完善 → 结束	会审 → 出具书面意见	审查	合同不按相关规定进行必要的审查,可能导致合同履行程序遗漏,进而导致合同无效等

图 8.1　合同审核与风险控制流程

专题讨论 8.2 | 合同管控的"三审""三要"与"三不要"

因为小企业可能没有专设法务人员,而财务管理与合同管理紧密联系,所以,一些财务人员担负了合同风险控制的主要职能,他们在合同管控中倡导"三审""三要""三不要",很有裨益。

一审合同的合法性,包括当事人有无签订、履行该合同的权利能力和行为能力,合同内容是否符合国家法律和相关政策的规定;二审合同的严密性,包括合同应具备的条款是否齐全,当事人双方的权利、义务是否具体、明确,文字表述是否准确无误;三审合同的可行性,包括当事人双方特别是对方是否具备履行合同的能力、条件,预计取得的经济效益和可能承担的风险,合同非正常履行时可能受到的经济损失等。

一要建全内部管控,不要权责不清。小企业要根据自身实际,依照我国《民法典》制定适合小企业的合同管理机制,明确相关的人员配置、相关部门和人员的职责等。

二要严格授权审批,不要越权违规。小企业对外签订合同的授权审批应当有严格的规范,防范可能发生的合同风险。

三要规范用章管理,不要随意盖章。合同用章作为签订合同时的重要凭证,要加强保管,做到专人保管、专章专用,以有效避免合同章的滥用所造成的合同风险。

(2) 实行归口管理制度

归口管理是指小企业内部应当设立集中管理合同文本、控制合同进度的分管机构(或岗位)。合同管理机构负责将小企业所有的合同文本、往来信函、传真件原件、信函凭证、送货凭证的原件及业务人员的业务报表进行统一保管。

小企业合同归口管理的必要性在于:可实现合同文本的集中统一管理,不致发生合同原件的散落、遗失;便于小企业负责人及时了解小企业全部合同的进展情况;便于集中审查业务人员的业务进展情况,也有利于对业务人员实现业绩考核。

(3) 实行承办人负责制度

承办人负责制度设计的目的在于确保小企业的每份合同都有相应的专门负责人跟进,不致发生遗忘或业务人员责任不清、相互扯皮的现象。业务承办人的工作应当具有连续性、稳定性,从每笔业务开始,注意审查对应客户的主体资格、资信状况、授权代表(或业务代表)的权限范围;合同签署后负责跟进合同生效期限、货物发放和签收情况、货款进账情况、往来信函资料的收集等事项;纠纷发生后还应配合小企业负责人、法律顾问等进行相关诉讼、仲裁活动。

业务承办人应定期(以每月为例)将合同情况向小企业负责人书面汇报(如以工作月报表的形式),汇报内容应当包括截至本月经手合同数量、合同编号、对应客户、发货情况、应付款情况、实付款情况、逾期付款天数、对方联系方式、其他说明事项等,小企业负责人签阅后退还承办人,承办人再将小企业负责人签阅后的工作月报表交归口管理机构存档保管。

承办人负责制度可与小企业的岗位责任制度建设相结合,如业务承办人应将所有资料的原件(如合同文本、信函、挂号信函凭证、传真件、小企业负责人签阅的工作月报表等)交归口管理机构存档,自己可保留相应的复印件,或需要使用时到归口管理机构借阅;归口管理机构人员负责定期向业务人员索要近期资料;业务承办人员应及时就货款进账情况与财务人员沟通,财务人员应及时反馈货款进账情况;等等。遇有客户逾期付款的状况,业务承办人应及时与财务人员沟通制作对账单并前往对账等。

8.3 明确合同风控的重点

8.3.1 认真审查签约对象的主体资格和资信

订立合同前没有对另一方的背景资料进行尽职调查或可行性分析是合同风险的重要来源之一。小企业在签约前,不了解清楚交易对方的经营状况,不能盲目签约。实践中,合同一方往往在未查验对方营业执照或工商登记,对对方的性质、经营范围、注册资金及法定代表人等基本信息不甚了解的情况下草草地签订了合同,在索要货款时才发现对方无任何财产或下落不明。所以,主体资格调查是签订合同前不可或缺的重要环节。

一是对合同当事人进行调查。无论是新客户还是老客户,当合同交易额巨大或有迹象表明客户履约能力异常时,都应当进行必要的调查。调查的内容包括主体的真实性、合法性、主要资产(车辆、房屋等)状况、上一年度财务报表等。尤其是对签约主体资格的审查很重要。企业内部未经授权的科室、车间等部门,或者未正式取得营业执照和已经被注销、撤销的企业都不具备对外签订合同的主体资格,其签订的合同是无效的。

二是对合同相关方展开调查。合同相关方是可能与合同有关的担保方、债务承担方(如约定由第三方付款)。在合同履行的过程中,相关方的担保能力、债务履行能力出现异常也有可能危及合同的正常履行,因此也有必要进行调查。

三是对合同行为的相关财产进行调查。例如,合同交易中担保方提供担保财产的权属情况,有无设定抵押、查封等他项权利的情形。

上述调查活动应由小企业业务承办人具体负责,必要时也可由律师前往调查。

实证分析 8.1 ｜ 签约主体资格无效的风险分析

某配件公司与某制造公司第一车间签订加工承揽合同,结果有多半产品质量未达标,于是该配件公司要求该车间承担违约责任。该车间以自己不具备合同主体资格为由进行抗辩。经审查,合同上盖的是车间的章,也就是说,车间是以自己的名义签订的合同,因此法院判决该合同无效。

8.3.2 谨防合同变更风险与无效合同

在合同履行的过程中碰到困难,需变更、解除合同时,应在法律规定或合理期限内与对方当事人协商。若对方当事人提出变更、解除合同的,应从维护本小企业合法权益出发,从严控制。

变更、解除合同应按制度规定的审批权限和程序执行,尤其要掌握变更的原则,分清合同的变更性质,重点关注工作量的变化、工作性质的变化和工作范围的变化。变更、解除合同一律采用书面形式(包括当事人双方的信件、函电、电传等),口头形式无效。变更、解除合同的协议在未达成或未批准前,原合同仍有效,仍应履行;但特殊情况经双方一致同意的除外。因变更、解除合同而使当事人的利益遭受损失的,除法律允许免责的以外,均应承担相应的责任,并在变更、解除合同的协议书中明确规定。以变更、解除合同为名,行以权谋私、假公济私之实的,一经发现,从严惩处。

根据合同的实际履行情况及市场的波动变化,对原合同的标的、数量、价格、履行期限等内容进行变更是一种普遍现象。但个别小企业在订立合同时比较注意采用书面形式,而在对合同进行变更时却常以口头协定代替书面协议。如果对方缺少诚信意识,在合同履行后不承认变更内容,在诉讼中便无据可依。

实证分析 8.2 ｜ 变更合同不能口头说了算

甲公司与乙公司签订购买 200 吨钢材的购销合同,约定每吨××元,分期发货,货到付款。后因钢材走俏,价格上升,乙公司致电甲公司要求每吨加价 200 元,甲公司因急用钢材,于是在电话中对此条件表示同意。后甲公司仍按原合同约定的价格付款。乙公司诉至法院,因没有提出书面变更的证据,故法院未支持其诉讼主张。

8.3.3 注意及时行使法定抗辩权

为了降低交易风险,法律赋予合同当事人抗辩权,包括先履行抗辩权、同时履行抗辩权和不安抗辩权。规定抗辩权是为了切实保护当事人的合法权益,防止借合同进行欺诈,促使对方履行义务。但有些小企业签订合同后并不关注对方经营状况的变化和实际履约情况,自己履行了义务却因对方亏损、破产或转移财产而无法收回投资的案件并不罕见。

在诉讼时效期限内,当事人若不主张权利,则会丧失胜诉权。有些小企业的负责人只管签合同,并不派专人去监督合同自签订至履行的整个过程,直到有些债权无法追回,诉至法院时,才知道已过诉讼时效。很多有经济往来的企业之间会存在"三角债务",但只要两者还能维持交易关系或者企业自身经济实力雄厚,彼此就不会开口要账。可是,当关系破裂或者企业经营出现危机,需要资金周转时,就不得不去收账。这时,有相当一部分债权已经超过诉讼时效,除非对方愿意偿还,否则即使通过法律途径也难以要回钱来。另一些小企业虽然设置了专门的要账人员负责收取债权,但在多数情况下是无功而返,也没有与债务人达成还债协议,以致在诉讼时没有任何可以证明诉讼时效中断的证据,法院只能认为该债务已经超过诉讼时效而不予保护。

实证分析 8.3 | 缺乏专人管理而超过诉讼时效的教训

某公司与某金刚石厂签订工矿购销合同,约定该金刚石厂向该公司购买人造金刚石压机两台,总价款为55万元。该金刚石厂只支付货款11万元,尚欠44万元。4年后,该公司诉至法院主张货款,却不能提供证据证实这些年内曾向该金刚石厂主张过权利,故法院判决驳回该公司的诉讼请求。该公司未主张权利的原因就在于没有专人管理合同,以致无人对以前发生的业务进行清理,致使权利得不到法律的保护。

8.4 落实合同防控的要点

8.4.1 争取合同的起草权与订立标准化合同文本

首先要争取合同的起草权,在一般情况下,合同由谁起草,谁就掌握主动权。合同的签订应当采用标准化书面形式,做到用词准确、表达清楚、约定明确,避免产生歧义。对于重要的合同条款,要字斟句酌,防患于未然。这些都是合同管控的必要前提。

与标准化合同文本相关的主要条款(如付款方式、违约责任、争议解决机制、担保问题等)不要轻易变动。若合同文本内容最终发生了变动,则应重新认真审查变更后合同文本的合法性、严密性和可行性,必要时由律师进行审查。

在签订合同时,只要当事人采用书面形式,自双方当事人签字或者盖章时合同成立。请注意"或者"的含义,即小企业法定代表人的签名或盖章只要具备其一,合同就具有法律效力。一般法定代表人会授权他人管理小企业印章,但往往印章的使用程序并不规范,从而导致滥用印章的情况层出不穷。有时掌管印章的人由于人情关系等原因,未经法定代表人许可便随意向他人出具盖有印章的空白合同、介绍信,或者将印章借与他人使用而不问其具体用途,直到追究小企业责任的时候才会认识到问题的严重性。借用印章的人通常是以转嫁责任为目的,以印章所属小企业的名义购买货物或为他人提供担保,由于有印章为证,最终盖章的小企业不得不承担法律责任。

实证分析8.4 │ 关注合同上签名盖章的有效性

某合同纠纷案再审时,申请人认为:协议书中"此协议双方签字盖章后生效"的约定的生效条件是双方的"签字"和"盖章"必须同时具备!最高院审理后认为:根据一审期间司法鉴定的结论,协议书上家具商城的印章印文与工商档案材料中的印章印文是同一枚印章盖印,家具商城对该鉴定结论予以认可。协议书上盖有家具商城真实的公章,虽无家具商城法定代表人或其委托代理人的签字,但足以表明该协议书是家具商城的真实意思表示。协议书上虽只有机床公司法定代表人的签字而无公章,但机床公司并不否认该协议书的真实性。据此,一、二审判决认定该协议书真实、有效,家具商城否定该协议书的真实性及其效力的再审申请理由不能成立。

8.4.2 仔细审查合同的主要条款或约定事项

第一,合同标的物的约定应尽可能详尽。例如,标的物的名称、型号要准确;标的物要明确不会侵犯他人的知识产权;标的物的数量要明确;标的物需要包装时,应明确其包装标准,包括外包装、内包装或者填充物的材质,以及对防潮、防火、防撞击的要求等,同时要确定包装费用的承担方式;应注意列明每种商品的单价,而不能只列一个总价;标的物的交货时间应明确;等等。

第二,交付方式条款应当明确。如果货物送往本地,要明确约定送货地点;如果货物送往外地,则要尽量写明是代办托运,这关系到纠纷处理时法院的管辖。此外,合同中应列明收货方的经办人姓名等。

第三,质量条款的约定应明确。在合同纠纷中,因为质量问题而发生的争议占很大的比例,建议在合同中约定明确的质量检验标准。此外,在合同中双方还应就承担质量责任的时间和期限做出明确规定。

第四,付款条款应明确,如付款方式、时间、金额等应明白无误。

第五,约定的违约责任应清楚明白。例如,鉴于送货单签收相对比较混乱,而确认客户确已收到货物又是双方将来发生争议时的重要依据,故在合同文本中可约定客户方对货物签收签字的一个或数个授权代表,并在合同中预留签字字样;如授权代表发生变动,应在第一时间将授权人变动情况及新的签字字样书面函告对方等。

合同是确定双方权利和义务最根本的依据,小企业在签订合同前,必须认真斟酌每一项条款,将可能发生争议的地方详细说明,用词一定要准确,不能产生歧义。但有些小企业往往忽视合同内容的规范和翔实,有时代表小企业签订合同的人本身并不十分了解合同中标的物的性能、用途等相关指标,未经过技术人员或有关领导的审查便轻易做出决定,当合同履行发生争议时,从粗线条的合同条款中无法找出对自己有利的依据。

实证分析 8.5 │ 合同事项约定不清后悔莫及

某酒店在圣诞节前向某葡萄酒公司订购了 20 箱葡萄酒,合同写明"甲方向乙方购买××品牌葡萄酒 20 箱"。后酒店收到 20 箱葡萄酒,每箱 12 瓶,但在签订合同前,酒店一直认为该葡萄酒应该是每箱 24 瓶,对此双方在合同中没有明确约定,由此产生纠纷。该酒店最终因货源短缺而错过了最佳销售时机。

8.4.3 在合同履行的过程中应注意对账、发函与确认

在合同履行的过程中,若客户方拖欠货款达到一定金额或一定期限,小企业就应当安排具体业务承办人或财会人员与拖欠货款的客户对账。通过对账,一方面可提示该客户及时付款;另一方面可明确双方债权债务关系的具体数额,为可能进行的诉讼(或仲裁)做准备。

若客户方拒绝对账或拒绝盖章,小企业应当注意:其一,该客户是否已经不具有相应的支付能力;其二,审查该笔债务发生的时间,注意不要超过 2 年的诉讼时

效,如时间已经接近2年,则应尽快发出催讨款项的公函(应当通过邮局挂号或双挂号),以中断诉讼时效并为下一步拟采取的法律手段争取时间。

8.4.4 重视合同违约风险的管控

无论是我方还是对方,都应熟知相关的法律规定,按照合同管理制度进行操作,建立健全合同监督保障机制。

对方违约时,应当按合同(协议)条款的约定收取违约金,违约金不足以弥补小企业损失时,应当要求对方赔偿损失,必要时应采取相应的保全措施。小企业自身违约时,应当由合同(协议)承办部门以书面形式报告小企业的有关负责人,经批准后承担相应赔偿责任。

经双方协商,对合同纠纷达成一致意见的,应当签订书面协议,由双方法定代表人或其授权人签章并加盖单位印章后生效。

合同纠纷经协商无法解决的,应向小企业的有关负责人报告,并依合同的约定选择仲裁或诉讼方式解决。法律部门会同有关部门研究仲裁或诉讼方案,报小企业有关负责人批准后实施。

鉴于目前一些小企业的注册地与实际经营地不一,或一家小企业拥有多处经营地,为防止纠纷发生后可能出现的沟通不畅、函件无法送达等情形,可在合同文本中确认双方信函、文件等的送达地址,明确任何一方地址发生变动的,应及时书面通知对方,并约定一方按确认地址发出有关信函若干天后,即可推定对方已收到等。

针对目前一些小企业印章使用相对混乱的情况,也可在合同中约定各种印章(公章、合同专用章、财务专用章或业务专用章)在合同行为中的使用规则等。

老法师提醒 8.1 | **谨慎签章的几点建议**

公章可以代替合同专用章吗?可以。在合同或协议的签订中,公章和合同专用章具有同等法律效力。

公章外借他人使用而私下签订的担保合同是否有效?有效。小企业作为独立的企业法人,印章是其对外进行活动的有形代表和法律凭证。小企业自愿将印章外借他人使用,应视为小企业授权他人使用印章,该印章所产生的权利义务关系应由该小企业承担。

小企业更改名称后使用新印章的,盖有原印章的合同对小企业是否仍有效力?有效。小企业名称的变更并不影响变更后的小企业承担原小企业的债务,盖有原小企业名称印章的文件对变更后的小企业依然具有法律效力,因此对原小企业名称的印章应当妥善保管,可以明确保管人,必要时可以对该印章进行销毁并登记备案,以降低法律风险。

合同上只有法定代表人的签字,合同有效吗?有效,除非约定合同生效需签字并盖章。因为法定代表人以小企业名义从事民事活动时代表小企业,所以仅有法定代表人的签字也能使合同成立并生效。

虽然合同约定经双方签字盖章后生效,有权主体的签字或加盖小企业有效印章的,均可使合同生效,但从谨防风险出发,笔者建议,法人代表人签字和加盖小企业印章尽量都不要缺少。重要的合同还需尽量面签。代理人应签署自己的姓名,但应注明被代理人是谁。签约时间应注明年、月、日。最好签章时间相同;如果不同,应以最后签章时间作为合同成立时间。加盖印章时,请记得加盖骑缝章。使用电子签章需事先约定,并在法律允许的范围内使用。请注意确定电子签章的可靠性。

经典案例评析

阳奉阴违的"黑白合同"

某建设开发公司开发建设经济适用房,为抢施工进度,没有进行招投标,发包方与承包商签订了建筑工程施工合同,该合同确定每平方米造价为1250元。待施工进入主体即将封顶时,开始补办招投标手续,补办备案招投标的建筑工程施工合同每平方米造价为1450元。施工完成后,承包商起诉发包方,要求按照招投标备案的施工合同单价进行结算,诉讼标的额为1800万元。该案件最终以调解方式结案,发包方对承包方进行了赔付。

本案中出现两份合同,一份是招投标备案的"白合同",另一份是自行签订的"黑合同"。出现阳奉阴违的"黑白合同",说明合同双方的法制观念和内部控制都出现了严重问题。

实务中,"黑白合同"可能会涉及招标前、招标中和招标后三个阶段,应当警觉,注意防控:

招标前,发包人与承包人已经就工程项目的施工达成合意并且签订了"黑合同",即在招标前已经确定了中标人,然后通过形式上的招投标程序确定由该承包人中标,双方再签订中标合同,这就是典型的明招暗定,属于虚假招投标行为。

招标中,中标人尚未确定,发包人以中标为前提与某一投标人达成合意,签订

"黑合同",然后发出中标通知书并签订"白合同",但实际上,双方都确认按照"黑合同"来执行。

中标后,中标人已经确定并且签订了中标合同,招标人利用自己的强势地位要求中标人与自己签订补充协议以修改中标合同的实质性内容,从而构成实质上的"黑合同"。

正常的合同变更受到法律的保护。对于一些以变更合同之名行签订"黑白合同"之实的行为,应当认定"黑合同"无效。最高人民法院《关于审理建设工程施工合同纠纷案件适用法律问题的解释》第二十一条规定,当事人就同一建设工程另行订立的建设工程施工合同与经过备案的中标合同实质性内容不一致的,应当以备案的中标合同作为结算工程价款的依据。

第9章 信息失控及风险管控

> 以警觉数据失控为中心的信息化管控日显重要,马虎不得。

9.1 认清信息失控风险点

9.1.1 信息失真与信息风险

信息经济是通过产业信息化和信息产业化两条相互联系且彼此促进的途径不断发展起来的,是以现代信息技术等高科技为物质基础,信息产业起主导作用,基于信息、知识、智力的一种新型经济,是反映经济活动实况和特征的各种消息、情报、资料、指令等的统称。

与其他控制对象相比,信息经济至少有以下三个显著特点:一是极强的渗透性以及由此而来的十分广泛的应用性,几乎是"水银泻地,无孔不入";二是能与信息资源的开发和利用一起影响管理和决策,且正在深刻地改变着生产、生活、学习及思维方式;三是信息风险无处不在,特别是由于信息的不准确、不及时从而可能导致管理或决策失误,或者说,在共享信息的过程中,由于信息的不对称和严重的信息污染将导致信息不准确、滞后和其他一些不良后果的产生。

信息失真是指信息在反映过程、传输过程和理解过程中偏离了客观事物的真实状况与一定的衡量标准所导致的失误,包括由于信息接收者遗忘造成的信息失真,这是信息失真的正常原因;由于信息接收者的态度、经验、期待等不同,对信息的感知、理解带有选择性和倾向性所造成的失真,这是信息失真的常见情况;信息接收者为了某种企图故意夸张、削弱或改变信息的内容,这是信息失真的异常现象。

信息风险主要是指信息在传递和交流过程中,由于不准确、不及时、不对称等原因,导致信息失真,引发决策失误的可能性。任何决策都不是凭空做出的,"情报到手,决策自现"。

前几年,日本地震造成的核泄漏事件引发了一场"购盐热",原因起于一条信息:"据有价值消息,日本核电站爆炸对山东海域有影响,并不断地污染水质,请转告周边的家人朋友储备些盐、干海带,暂一年内不要吃海产品。"消息发出后,各网站竞相转载,短信、电话等各种渠道全上阵,抢购风潮骤起。风波未持续几天,政府和媒体就出面辟谣,最终切断了谣言的传播。在这次"购盐热"中,伴有恐慌和骚乱,对正常生活秩序造成严重干扰。风波过后,很多人为谣言传播之快而惊叹;同时,如何保障信息畅通、信息公开引起各界的高度重视。

"谣言止于智者。"信息畅通是最好的谣言粉碎机,也是将损失降到最低限度的必要条件。所以,信息来源要准确,不能道听途说,收集第一手资料可以提高信息的可信度。

《小企业内部控制调研报告》数据显示,超过50%的小型企业主要以口头或其他非正式沟通方式传递管理要求,大型企业则需要正式的沟通方式(如大型企业中有超过70%的业务管理事项通过完善的制度来约束)传送信息,才能保持信息质量不在传输过程中损耗。小型企业的优势在于快速沟通,如一些小企业的管理层将办公桌搬到生产一线,这样使得管理者能随时发现问题、了解问题并解决问题。机构简单使得小企业扁平化程度高,内部沟通方便灵活,决策者能迅速全面地掌握信息。然而小企业机构设置简单与人手不足有关,人员兼岗情况普遍,尤其是后台支持职能(财务、行政、管理等)比较缺乏。在这种情况下,一旦监督不力,职责未分离,就会给小企业带来一系列风险。

9.1.2 信息不对称及其风险分析

信息不对称造成了市场交易双方的利益失衡,影响社会公平、公正原则以及市场配置资源的效率。事实上,占有信息的人在交易中获得优势。每一个行业都有特定的信息渠道,需要专业的信息支持。"隔行如隔山",这座"山"其实就是信息不对称,而要获得这些信息是要付出成本(代价)的。

例如,买者对所购商品的了解总是不如卖者,因而卖方总是可以凭借信息优势获得商品价值以外的报酬。又如,集资原本是融通资金的一种方式,但随着互联网行业的蓬勃发展、资本市场的活跃和民间借贷业的迅速成长,有些借贷利用互联网这一信息传播渠道,打着五花八门的旗号,背后却隐藏着非法集资的隐患。再如,众筹面向小额而分散的公众投资者,在这种独特的融资结构下,高昂的信息成本、"搭便车"的心态以及投资经验的缺乏使得众筹投资者必然面临比传统投资方式更加严重的信息不对称问题,如果没有能够减少信息不对称风险的措施,众筹融资发生逆向选择和道德风险的可能性就会很大。

由于小企业在信息获取与信息化建设方面不如大中型企业,因此其不要多为,更不能妄为。小企业应当学会静心观察,伺机而动,绝不能在情况不明时盲目乱动,从而浪费自身宝贵的资源,效果却适得其反。

如果小企业的信息化安全程度较低,又不重视对信息的利用与沟通,在信息不对称的前提下盲目或冲动,就容易上当受骗。

小企业越是渴求资金,越是融资困难,就越要提高警惕,不让非法集资有机可乘。非法集资往往与传销、"庞氏骗局"等不法行为相互交织,在"口口相传""熟人拉熟人"等"滚雪球"的手法中实施诈骗。非法集资的手段五花八门,经过层层包装,以当下"热门名词""热点概念"炒作诱惑社会公众投入资金。

虽然非法集资并未经过有关部门的依法批准(包括没有批准权限的部门批准的集资,有审批权限的部门超越权限批准的集资),即集资者不具备集资的主体资格,但公众并不知晓。并且,集资者承诺在一定期限内支付出资人本息,并伪装成正常的生产经营活动,具有很大的欺骗性。非法集资能够猖獗一时,与信息不对称、信息失真、信息失控等现象休戚相关。许多非法集资借助互联网平台、微信群等工具,隐蔽性强、传染快,风险不容忽视。

例如,"人人贷"(P2P)的风险令人关注。P2P意为个人对个人(伙伴对伙伴),又称点对点网络借款,即以互联网作为平台,撮合借款人和个人投资者交易。该金融模式的客户对象主要有两类:一类是将资金借出的客户,另一类是需要贷款的客户。投资者看好项目,把钱借给需要的人。其交易模式多为"一对多",即一笔借款需求由多个投资人投资。

一旦进入P2P借贷模式,稍不留心就会陷入被骗的泥潭。

一是经营不善,存在流动性风险,导致平台无法存续。因为P2P作为平台获取的是两部分收入:一部分是达成交易的收入的一定比例,另一部分是会员费。P2P的支出是经营平台所需要的一系列费用。如果平台交易不活跃,收不抵支就是常有的事。

二是失误交易,存在信用风险,导致出资人信用判断失误,出现坏账,从而遭受损失。例如，P2P平台通过虚构借款方信息诱骗投资者购买，实际上资金流向平台方的腰包。

三是欺诈行为。由于交易数据和信用审核的权限都在平台手中，出资人不能有效审核这些信息，也无从判断其真假，很容易让P2P走入歧途。只要投资者的资金直接转账到该平台的老板或者高管手中，就会暗藏"老板跑路"的风险。

四是黑客攻击。据不完全统计，仅2013年上半年，网贷P2P平台就有一百多家被黑客攻击，七十多家因此"跑路"。

五是暂停支付接口，即P2P充值接口纷纷遭到银行叫停。互联网金融本身就是一个高风险领域，并且自身的抗风险能力较弱，稍不留神就可能灰飞烟灭。

六是挤兑风险。从外部来讲，最可怕的风险莫过于挤兑风险。当不明真相的人们聚集在一起时，极容易形成从众心理，被个别人或未经证实的事件所左右，最终引发恐慌，形成挤兑。

老法师提醒9.1 │ 轻信、轻率是受骗上当的根源

在信息不对称的环境中，小企业应当谨慎从事投融资活动。首先，轻信就容易上当。非法集资者往往编造"一夜成富翁"的神话引诱投资者，在集资初期往往按时足额兑现承诺的本息，待集资达到一定规模后便秘密转移资金或携款潜逃，使集资参与者遭受损失。其次，轻率则容易被骗。集资者通过注册公司，打着"响应国家产业政策""高新技术开发""集资建房""投资入股""售后返租"等旗号，编造虚假项目；有的假借委托理财名义，故意混淆投资理财概念，利用"电子黄金""投资基金"等新名词迷惑社会公众。再者，小心利用亲情诱骗。一是直接或间接地利用亲情、地缘关系拉拢亲朋参与非法集资；二是以投资养老公寓、提供养老服务为诱饵，引诱群众"加盟投资"；三是通过举办所谓的养生讲座、免费体检、免费旅游、发放小礼品等方式引诱大众投资入股；等等。

9.1.3 信息化安全及其威胁情况分析

目前，我国小企业一方面信息化程度较低，另一方面存在较高的信息化安全风险，甚至对生存造成威胁。公安部通报，2019年全国共破获电信网络诈骗案件20万起，抓获犯罪嫌疑人16.3万人。坚持"打、防、管、控、宣"同步推进的目的在于坚决遏制电信网络新型违法犯罪多发高发的势头。

调查数据显示，有25%的小型企业未建立业务运行的信息管理系统（大型企

业的该比例是3%),小型企业信息化程度相对较低。在建立信息系统的小型企业中,覆盖部分业务的企业数与覆盖全部业务的企业数的比例是1.41∶1(在大型企业中,该比例是0.75∶1),信息化应用程度最高的仍然是财务管理软件,这是因为小型企业资源有限,更多着眼于解决眼前急迫的管理问题,希望借助信息化建设及时掌握企业的核心业务信息。现场调研发现,达到一定规模的企业往往会考虑自主开发符合企业需要的系统,更多小企业则采用直接购买成熟套装软件或外包简单开发的模式。此外,很多小企业尚未关注信息系统所带来的风险。

信息安全风险是指在信息化建设中,各类应用系统及其赖以运行的基础网络、处理的数据和信息由于可能存在的软硬件缺陷、系统集成缺陷等,以及信息安全管理中潜在的薄弱环节而导致不同程度损失的可能性。目前,小企业信息化安全所面临的威胁主要包括但不限于以下几个方面:

一是技术安全风险因素,包括基础信息网络和重要信息系统安全防护能力不强,安全体系不完善等安全隐患。个别程序员恶意破坏数据库信息的新闻从不间断,小企业IT内部控制和信息化管理面临的风险不可忽视。小企业如何加强IT管理和事前防范,通过建立有效的内部控制框架,不给舞弊者留下可乘之机,任重道远。

二是泄密隐患严重,包括互联网泄密、手机泄密、电磁波泄密、移动存储介质泄密等,给信息安全带来新的挑战。

三是人为恶意攻击,包括主动攻击和被动攻击。主动攻击的目的在于篡改系统中的信息,以各种方式破坏信息的有效性和完整性。被动攻击的目的是在不影响网络正常使用的情况下进行信息的截获和窃取。

四是信息安全管理薄弱,包括漏洞很多,"擦边球"不少,从而给信息窃取、信息破坏者可乘之机。面临日益严峻的网络风险与信息安全问题,任何层次的管理者都不能一叶障目、混淆视听,也不能盗钟掩耳、欺人自欺。

实证分析9.1 │ 电信诈骗团伙为何屡屡阴谋得逞?

某公司成立近二十年来,人员结构相对稳定,员工彼此之间关系和睦、相互信任,因而容易产生麻痹大意、疏于相互提醒的情况。在平时的实务操作中,曾有过一接到老板电话或微信,仅凭口头指示即转账的操作。某日,该公司财务在电信诈骗团伙假扮的"老板"诱骗下,分12次向"老板"指定的多个银行账户转账达三千五百余万元。案发时,公司出纳人员不在,财务经理朱女士自行在电脑上制作了付款单,然后交由财务主管陆女士复核,陆女士对财务经理充分信任,一听说是"老板"要钱,立即完成了审核,并通过网银输入密码后逐笔完成转账。此案经上海警方3个月的侦查和追捕,捣毁了这个特大电信诈骗团伙,抓获嫌疑人101名,查获并冻结涉案资金一千四百余万元。此类案件涉案金额巨大,给被害人及其所在企业造成重大损失,社会危害性极大。

9.2 梳理信息流程控制点

9.2.1 信息系统业务管理流程

任何失控的现状都是有一定征兆的,问题是你发现了没有、解决了没有。例如,原本清晰的一些经营数据变得模糊不清,同一事项出现了相差甚远的几个或几组数据,甚至出现了结论完全相反的数据;信息不畅,原本应及时上报的数据迟迟不报,管理失去了基础,决策没有了依据;"报喜不报忧",围着领导转的变成了少数人……凡此种种,信息系统应当及时予以反映,并发出预警信号,这才是管理当局最应当关心的事。

信息系统可以自行开发,也可以委托开发。有经验的管理者认为,开发信息系统的成败大多不在于技术问题,而在于管理问题。持续安全的关键在于建立一套对风险进行持续管理和控制的机制。一个信息系统的开发需要顾客、用户、设计人员和项目经理等的合作,每个参与者都要有一定的安全意识,并且体现于信息系统。

某公司信息系统自行开发业务与风险控制流程如图9.1所示,供参考。

信息系统的开发需要有一定的设备,存在于一定的物理环境中,必然会受到各种人为或自然灾害的威胁。参与者如果没有充分的安全意识,就很可能带来灾难性的破坏。

在信息系统开发过程中,对人和数据的控制很重要。数据泄密、资料篡改、系统资源丢失等都有一定的破坏性,存在着较大的风险。

传统的内部控制制度侧重于防止因舞弊和差错而形成的以内部稽核和相互牵制为核心的工作制度。由于内部控制理论的发展和信息技术的广泛应用,应当赋予内部控制新的内涵,发展成为系统安全保障与管理控制相结合的控制体系,包括系统控制与管理控制两个方面。

信息系统自行开发业务流程与风险控制

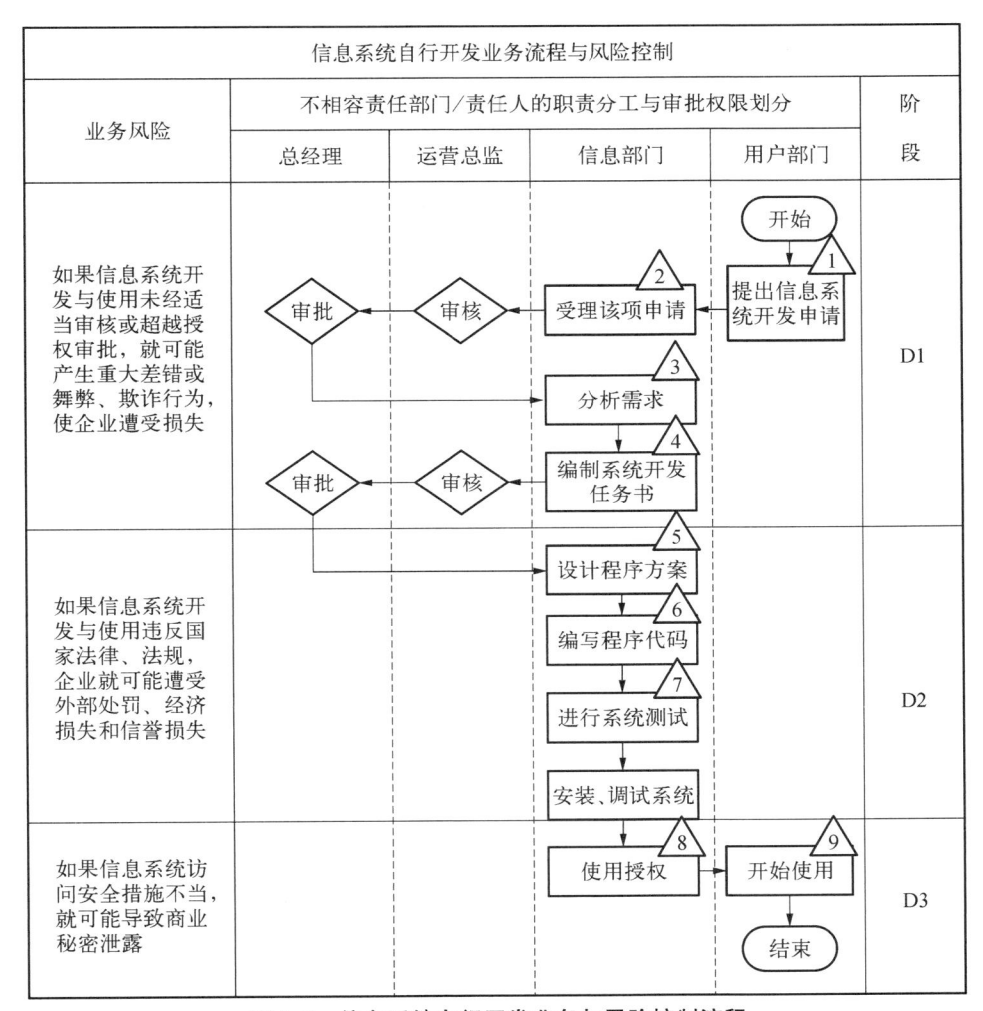

业务风险	不相容责任部门/责任人的职责分工与审批权限划分				阶段
	总经理	运营总监	信息部门	用户部门	
如果信息系统开发与使用未经适当审核或超越授权审批，就可能产生重大差错或舞弊、欺诈行为，使企业遭受损失	审批 ←	审核 ←	② 受理该项申请 ③ 分析需求 ④ 编制系统开发任务书	① 开始 → 提出信息系统开发申请	D1
	审批 ←	审核 ←			
如果信息系统开发与使用违反国家法律、法规，企业就可能遭受外部处罚、经济损失和信誉损失			⑤ 设计程序方案 ⑥ 编写程序代码 ⑦ 进行系统测试 安装、调试系统		D2
如果信息系统访问安全措施不当，就可能导致商业秘密泄露			⑧ 使用授权 →	⑨ 开始使用 → 结束	D3

图 9.1 信息系统自行开发业务与风险控制流程

9.2.2 系统控制

系统控制是指与程序设计、运行维护、数据处理过程、硬件设备等相关的可靠性控制制度。根据信息技术应用下小企业内部控制中新的控制风险，小企业应加大这方面的控制力度，包括一般控制与应用控制。

一般控制帮助管理层确保系统持续、适当地运转，具体包括应用系统开发、建立和维护控制，系统软件与操作控制，数据和程序控制，存取安全控制，网络安全控制等。

应用控制是对信息系统中具体的数据处理活动所进行的控制,包括应用软件中的电算化步骤及相关的人工程序,具体可划分为输入控制、计算机处理与数据文件控制和输出控制。

为了保证信息处理质量,降低产生差错和事故的概率,应对软件的操作规程实施制度化,具体包括输入控制、处理控制和输出控制。

输入控制:① 对各类经济业务单据和凭证应在输入计算机前进行审核,输入计算机时应由程序自动执行逻辑检验;② 采用必要的人工审核措施,对输入的数据进行确认;③ 批量输入数据后要进行正确性检验或平衡检验;④ 数据经处理或使用后再进行数据修改时要留有痕迹。

处理控制:① 对加工处理步骤的正确性进行控制;② 对需要处理的数据再次进行正确性、合法性检验;③ 在主要数据文件刷新前进行保护;④ 处理过程中应有适当的控制,以保证对所有数据进行正确处理;⑤ 计算机处理业务记录应及时、完整、准确。

输出控制:① 及时产生和输出证、账、报表;② 应审核输出账、表的正确性、合理性和完整性;③ 对于输出的经济业务,要明确各自的会计责任。

随着计算机在会计工作中的普遍应用,管理部门对由计算机产生的各种数据、报表等会计信息越来越依赖,这些会计信息的产生只有在严格的控制下,才能保证其可靠性和准确性,才能预防和减少计算机犯罪的可能性。

信息技术为达到记录、维护和产生精确、完整、及时的信息这一目标带来了机遇。但是,小企业在系统的开发与应用时,更应强调:在业务活动发生时,在有关数据进入小企业数据库前,检查这些数据的精确性、完整性和合法性。如果不恰当的数据出现在记录和维护过程中,将会对小企业造成伤害。

新的技术带来了大部分人还没有意识到的新风险,内部控制系统必须经常评估和更新。因为没有哪一套规则可以一劳永逸,所以,对专业人员来说,评估内部控制的有效性是非常重要的。控制程序与小企业的具体环境相关,当新的业务和信息流程提出后,控制目标应当保持不变,但为达到该目标的具体控制措施必须改变以适应新的环境,不要让内部控制程序限制能使小企业的运行更加有效的技术的使用。

9.2.3 管理控制

管理控制是运用现代管理学的组织规划、资源使用限制等原理制定的诸如业务流程、工作程序、岗位设置、职责分工、授权批准等的一系列内部管控制度。

(1) 完善内部控制环境,培养小企业整体的信息技术能力

小企业为了适应控制环境的变化,需要从一个新的角度来看待信息技术,要重视小企业进行网络化管理的整体信息技术能力,而不是简单的建立诸如储存系统、存货控制系统等几个孤立的信息技术系统。

内部控制归根结底是由人来实施并受人的因素影响。保证小企业内所有成员具有一定水准的诚信、道德观和能力的人力资源方针与实践是内部控制有效的关键因素之一。

(2) 采用现代信息技术设计特定控制程序

对于内部控制的研究不可能脱离其赖以存在的环境及小企业内外部的各种风险因素,而必须从环境及其风险的分析入手。管理者应把注意力集中在评估特定业务环境下的风险,而不是拘泥于特定的控制程序。

例如,岗位或职责分离是内部控制的一个重要组成部分。传统上,控制程序将不同的责任分派给不同的人员以期达到互相牵制的目的。但随着信息技术的发展,许多过去由人来做的工作可以由计算机代替,自动控制处理代替并分离了人的角色,从而消除了一个人执行两项不相容工作的风险。但计算机环境下也要有职责分离,如某种软件被安装并用于执行某项功能后,其编码、运行和维护职责就必须相互分离。职责分离仍然是形成内部控制的重要程序,所以,处于信息技术环境下的小企业需要分离新的职责,取消旧的职责,以反映用来设计和运行系统的手段的更新。

(3) 控制手段应当充分引入信息技术以增强内部控制

一套有效的内部控制制度需要具有预防性、检查性和纠正性等。小企业一旦检查出了错误和舞弊,就应该纠正其影响;同时,制定预防性控制措施以确保错误和舞弊不再发生。如果能事先预防错误和舞弊而不是事后检查和纠正,这样的内部控制制度就能给小企业带来更大价值。传统的内部控制制度通常是根据已输出的会计信息在年末检查财务的错误和舞弊,大部分内部控制的预防功能被限制了。在信息技术环境下,广泛地使用信息技术为支持决策、改善业务过程提供了机会,也提供了预防、检查和纠正错误或舞弊的机会。会计与审计人员在建立内部控制制度时,应充分考虑技术的能力,打破传统上独立的、反映式的、检查性的模式,具备"实时""动态"的控制思维方式,即利用信息技术将控制嵌入信息系统中,在更广泛的信息技术环境中看待企业内部控制,强调预防、业务操作和对规章制度的遵守,从传统管理的发现问题、事后补救的做法发展为事前预防和事中控制等。

（4）正确处理传统内部控制方式与新型内部控制方式的关系

随着计算机、网络等信息技术的广泛应用，一些传统的核对、计算、存储等内部控制方式被计算机这个新型内部控制方式所替代。但任何先进手段都是被人所指挥、掌握的，传统的企业内部控制制度，如职务分离控制、业务程序控制等仍有自身生存和发展的土壤，仍将发挥积极的作用，即采用新型内部控制手段时，要结合传统有效的内部控制方式，谨防舞弊犯罪案件的发生。

9.3　明确信息风控的重点

9.3.1　岗位职责分工界限模糊的风险

会计软件的功能集中，导致职责集中，在手工操作中不易合并的岗位在信息化系统中可以合并。由此就产生了一个难题，在某些管理不规范的小企业中，一些管理人员身兼数职，如有的会计人员既从事数据输入处理，又负责数据输出报送。如何防止未经批准擅自修改和操作数据库等舞弊行为呢？随着信息技术的推进，在信息处理高效率的同时，也给小企业内部控制带来了新的问题与挑战。信息流程和业务流程整合后，既给增强业务效率带来了机遇，也增加了内部控制的潜在风险。

例如，实施会计信息化应有相应的规章制度，但由于管理与监督的不严格，许多制度流于形式。比如，按照财政部的规定，以计算机代替手工记账的小企业必须满足一定的条件，并且需要财政部门的审批。但实际上，部分小企业未经批准就直接用计算机代替手工记账。计算机替代手工记账必须建立与之相适应的内部管理制度，但有些小企业没有建立内部管理制度或没有依照制度执行。按《会计电算化工作规范》的要求，凭证输入人员和审核记账人员不能是同一个人；除系统维护人员外，其他人员不得直接打开数据库；软件开发人员、专职电算化维护人员和档案保管人员不允许进行系统性操作；等等。这些制度在一些小企业流于形式，同一个人用不同的姓名、口令进入系统从事两项不相容工作的现象时有发生。当前的问题一方面在于制度完善与否，另一方面在于管理与监督是否到位，是否能保证制度切实贯彻执行。

9.3.2　数据采集与输出缺乏监控的风险

电算化数据的采集虽然要求有原始单据才可以输入，但是缺乏可靠信息的记录或未经确认的数据也有可能被输入，数据采集的不谨慎必然导致处理结果缺乏可信度。会计数据存储在磁性介质上，只有凭借计算机和会计软件才能阅读。程序与数据都保存在计算机中，数据删改容易，在监控不力的情况下很容易产生舞弊行为。

9.3.3 数据安全性难以保障的风险

数据安全性包括数据信息的保密性、数据存储的安全性等。信息化中数据的安全可能受到的威胁主要有：不可控制的自然灾害；非预期的、不正常的程序结束操作造成的故障；存储数据的辅助介质（如磁盘）部分或全部遭到破坏；用户非法读取、执行、修改、删除、扩充、迁移各种数据、索引、模式、子模式和程序；使用、维护人员的错误或疏忽；利用计算机舞弊和犯罪；计算机病毒侵入等从而使数据遭到破坏、篡改或泄漏。信息系统的安全控制是指采用各种方法保护数据和计算机程序，防止数据泄密、更改或破坏，主要包括实体安全控制、硬件安全控制、软件安全控制、网络安全控制和病毒的防范与控制等。

众所周知，数据是小企业重要的信息，甚至关系着小企业的存亡，但是不少管理软件重视功能而轻视数据保密，有些软件仅对程序本身加密，只要具备一些数据库知识的人就可以绕开软件的各类控制措施，通过数据库管理系统直接读写这些数据库文件，甚至对文件中的数据直接进行增删等操作。另外，网络的开放性会造成对数据的非法访问以及黑客与病毒的攻击。所以，如何保障数据的安全性事关重大。

9.3.4 差错重复性与后果严重性的风险

信息系统环境下的内部控制具有人工控制与程序控制相结合的特点，在软件中包含了内部控制的部分功能，如果程序发生差错或不起作用，那么依赖程序的思想和程序的重复操作就会使错误扩大化，一个部门的差错可能会引起整个系统的错误。

9.4 落实信息防控的要点

9.4.1 畅通信息沟通的渠道与方式

健全信息交流和沟通程序，目的在于通过建立小企业内部各层次之间、各职能部门之间、与相关方及顾客之间的沟通渠道，及时收集、处理和反馈各方的问题，以确保信息透明与对称。

内部信息传递程序及其控制很重要，它是指小企业内部各管理层级之间通过内部报告的形式传递生产经营管理信息的过程。所以，要充分利用信息技术将内部报告纳入小企业统一的信息平台，构建科学的内部报告网络体系，重要风险信息应及时上报，突出问题和重大风险应启动应急预案；还可以通过设立员工信箱、投诉热线等方式，广泛收集合理化建议和员工投诉、举报的违法违规、舞弊或其他有损小企业形象的信息；要注意建立内部报告保密制度和评估制度，防止泄露商业秘密，关注内部报告的及时性、安全性和有效性。

小企业在实施内部控制的过程中，可以采用灵活的信息沟通方式，以实现小企业内部各管理层级、业务部门之间，以及与外部投资者、债权人、客户和供应商等有关方面之间的信息畅通。

内外部信息沟通方式主要包括发函、面谈、专题会议、电话等。随着电子商务的发展，小企业的运营越来越依靠网络，信息流、物资流、资金流通过网络快速传递，网络指挥成为小企业运转的神经中枢。信息技术将促进设计、生产、销售等各个环节的整合，改变长期以来的分割式治理，发展成各个环节连成一个整体的集成治理，也精简了很多不必要的过程和员工，简化了治理流程，使得小企业内外部的交流更加方便、顺畅，从而降低了运营成本，使小企业更加频繁、直接地接触外部市场、业务伙伴和内部员工，有效提升了小企业的核心竞争力。

9.4.2 构建信息系统不相容岗位分离控制

信息系统是利用计算机和通信技术对内部控制进行集成、转化和提升所形成的信息化管理平台。小企业可以采取自行开发、外购、业务外包等方式开发信息系统，将业务流程、关键控制点和处理规则嵌入系统程序，包括操作人员不得擅自进行系统软件的删除、修改；不得擅自升级或改变系统软件版本；不得擅自改变软件系统环境配置；建立信息系统的保密和泄密责任追究制度；对重要业务系统设置访问权限；禁止不相容职务用户账号的交叉操作；利用防火墙、漏洞扫描、入侵检测等软件技术确保网络安全；定期数据备份；专人保管信息设备；未经授权，任何人不得接触关键信息设备；等等。

一些小企业认为采用了 ERP 系统，管理就做到了控制。其实不然，如果在设计系统时未考虑控制因素，并将其通过系统固化，风险反而是被掩盖在了信息化之下，更加不易察觉。那么，对于采用了信息化项目的小企业，该如何考虑不相容岗位相互分离的内部控制要求呢？

从信息技术层面分析，需要关注的职务有：系统管理、开发(包括系统变更)、配置、测试和传输(SAP 系统)。这些职务除了开发人员和配置人员的岗位可以相容外,其他岗位均为不相容岗位。

系统管理员的职责:主要是维护系统用户权限,对系统用户权限进行增、删、改,并进行定期梳理。

开发人员(系统变更人员)的职责:主要是为新信息系统的开发编程,或者进行后期功能变更的代码修改,或者开发新的管理报表等。

配置人员的职责:对系统功能进行配置。与开发人员工作的不同处在于,开发工作是系统没有该功能,需要进行开发;而配置是系统已有功能却未启用,现在由于业务需要而启用该功能,由配置人员在系统后台进行配置。

测试人员的职责:对新开发的或者重新配置的功能进行测试,判断其是否能满足业务需求,以便开发人员或者配置人员进行修订。

传输人员:一般由负责数据库或者服务器的人员兼任。

9.4.3 完善业务层面不相容岗位分离控制

设计业务层面不相容岗位或职务分离包罗万象,应当具体情况具体分析。某公司 ERP 系统中业务层面含有的不相容岗位或职务分离情况举例说明如下:

(1) 财务模块的不相容职务

财务模块在系统中的岗位:会计负责人、会计主管、各职能会计以及出纳。

出纳的职责:主要负责货币资金的收支业务,负责现金和银行存款日记账。

各职能会计的职责:主要负责在系统中预制凭证。

会计主管的职责:主要负责在系统中审核凭证。

会计负责人的职责:主要查看系统中的财务相关报表和管理报表。

出纳与收入、支出、费用、债权债务的会计核算,会计主管,会计档案的保管职务等属于不相容职务,应当予以分离。如果出纳和会计岗位不分离,则有可能出现舞弊而无法及时发现,这是属于执行与监督的分离。

职能会计与会计主管职务属于不相容职务,需要分离,这是属于执行与审核的分离。

一般来说,凭证由预制凭证、审核凭证和记账凭证三个步骤完成。按照合规性原则,这三个步骤应分别由三个人独立完成。如果凭证经过审核后不能进行更改便自动记账,则预制凭证人员与审核凭证人员相分离即可;如果凭证经过审核后还可以更改凭证内容,则需要将记账人员与审核人员相分离。

(2) 销售模块的不相容职务

销售模块在系统中的职务有销售人员和销售主管。

销售人员的职责：销售订单的维护、销售交货的创建与打印、销售发票的维护。

销售主管的职责：销售订单的审核、销售交货的确认。

这两个职务属于不相容职务，需要分离。如果销售订单的下达和审核均由销售人员经办，则销售人员可能因个人私利与不合格的客户签订销售订单而导致坏账增加。

在销售模块中还包含对价格以及客户主数据的维护，价格的维护应由销售部门负责人授权非销售人员进行，并且应经过销售部门负责人审核后方可生效，销售人员在下销售订单时不能更改该价格。此控制可以通过权限以及后台配置查看和监督相应功能。

(3) 采购模块中的不相容职务

采购模块中包含的职务有采购员和采购主管。

采购员的职责：采购订单的下达、采购合同的订立。

采购主管的职责：采购订单的审核、采购合同的审批。

这两个职务属于不相容职务，需要分离。如果采购员既下达采购订单又审核采购订单，则可能导致采购员和供应商串通舞弊，采购不合格或者价格高昂的物料。

如果由于小企业人员编制的限制，物料主数据和供应商主数据的维护由采购人员负责，那么必须经采购主管审批后方可生效，且经审批通过的主数据不能更改。

如果物料主数据和供应商主数据由采购人员维护，采购业务又由采购人员负责，那采购人员就可能会因为牟取私利而维护不合格的供应商，并向其采购相关物料。

(4) 存货模块的不相容职务

存货模块的职务主要为库管员和主管。

库管员的主要职责：采购收货、采购退货、存货总账和明细账的登记。

主管的主要职责：审核总账和明细账。

如果库管员在系统中可以审核本人登记的明细账，则可能导致库管员收发货时进行舞弊而无人察觉。

9.4.4 严格信息化工作的环境控制

机房是数据和程序的集中存放地，制定严格的机房管理制度并遵照执行是保障数据安全的首要防线，也是小企业进行信息化工作的基本要求。严格的机房管理制度包括对进入人员的要求、对操作机器人员的限制、操作管理规程、机器使用情况登记等，具体如下：① 无关人员不能随便进入机房；② 录入的数据均需经过严格的审批并具有完整、真实的原始凭证；③ 数据录入员对输入数据有疑问的，应及时核对,不能擅自修改;④ 机房工作人员不能擅自向任何人提供任何资料或数据;⑤ 软件操作人员不得泄露操作口令;⑥ 不准把外来软盘带进机房,不准使用计算机玩游戏、上网;⑦ 开机后,操作人员不能擅自离开工作地点;⑧ 做好日备份数据,同时要有周备份、月备份。当然,这些制度并不是一成不变的,必须随着小企业经营的变化而不断修改和完善。只有通过完备、详尽的制度才能减少错误的发生,从源头上确保会计信息的真实性和可行性。

9.4.5 千方百计增强信息的透明度

信息对称是相对的,信息不对称是绝对的,这就决定了人们从事任何经济活动都会面临风险。不完全信息是风险形成的根本原因之一,减少不确定性就可以减少风险。

有效信息就是用来消除某种不确定性的载体。如果信息量增大且被理解,不确定性就会减少,风险性就会相应降低。

信息透明度就是指参与经济活动的市场主体等相关的信息的公开程度。信息越透明,风险越小。

例如,识别非法集资最好的方法就是千方百计增强信息透明度,从而让"庞氏骗局"之类的阴谋诡计无处躲藏。

第一,对照银行贷款利率和普通金融产品的回报率,多数情况下,明显偏高的投资回报很可能就是投资"陷阱"。你贪的是利息,他要的是你的本金。别让贪欲蒙蔽双眼,勿信"天上掉下馅饼"。

第二,通过政府网站,查询相关企业是不是经过国家批准的合法的上市公司,是不是可以发行公司股票、债券等。如果其不具备发行、销售股票,出售金融产品以及开展存贷款业务的主体资格,就涉嫌非法集资。

第三,通过查询工商登记资料,查明相关企业是否是经过法定注册的合法企业,是否办理了税务登记等。如果其主体身份不合法、不真实,则有欺诈嫌疑。

第四,观察是否"阳光"操作。非法集资往往具有隐蔽性,其主要方法是通过亲戚朋友互相介绍发展下线。有的通过编制所谓"好项目"在"地下"操作,不敢在市面上公开出售。投资应当坚持"阳光"操作,不可参与"黑市交易"。

第五,关注、查询媒体报道。一些影响较大的非法集资犯罪,相关媒体会进行报道,要通过媒体和互联网资源,查询相关企业的违法犯罪记录,防止不法分子异地重犯。

第六,了解资金的去向。正规的投资项目都清楚地说明吸收资金的用途,投资者也能够了解自己的钱投出去到底干了什么。

第七，审慎决定。面对低风险、高回报的投资建议和反复劝说，要多向专业人士咨询，审慎决策。

第八，不要选择无法理解的产品。越是包装复杂的金融衍生品，风险链条拉得越长，其风险隐藏得越深，问题就可能越大。

专题讨论 9.1　｜　"庞氏骗局"是可以被拆穿的

"庞氏骗局"是一个名叫查尔斯·庞兹的投机商人"发明"的。该骗局骗人向虚设的企业投资，以投资者的钱作为快速盈利付给最初投资者，以诱骗更多人上当，即利用新投资者的钱向老投资者支付利息和短期回报，以制造赚钱的假象进而骗取更多投资。这在中国又称"拆东墙补西墙""空手套白狼"。

"庞氏骗局"不断重演。2009 年 6 月，前纳斯达克主席麦道夫制造了美国历史上最大的诈骗案，其操作的"庞氏骗局"诈骗金额超过 600 亿美元，在纽约被判处 150 年监禁。

静心观察"庞氏骗局"，其欺诈手段是可以被识破的，应当警觉：一是鼓吹低风险、高回报的反投资规律的特征。众所周知，风险与回报成正比，"庞氏骗局"往往反其道而行之，鼓吹无极限的单向性增长（尤其是几何级数的增长）。二是具有"拆东墙补西墙"的资金腾挪回补特征。由于根本无法实现承诺的投资回报，因此对于老客户的投资回报，只能依靠新客户的加入或其他融资安排来实现。三是具有投资诀窍的不可知和不可复制性等特征。骗子们竭力渲染投资的神秘性，将投资诀窍秘而不宣，努力塑造自己的"天才"或"专家"形象。四是投资行为具有反周期性特征。"庞氏骗局"的投资项目似乎永远不受投资周期的影响，无论是与生产相关的实业投资，还是与市场行情相关的金融投资，投资项目似乎总是稳赚不赔。五是具有投资者结构的"金字塔"特征。为了支付先加入投资者的高额回报，"庞氏骗局"必须不断地发展下线，通过利诱、劝说、人脉等方式吸引越来越多的投资者参与，从而形成"金字塔"式的投资者结构。

────── **经典案例评析** ──────

警觉网络欺诈与财务失控

"苍蝇不叮无缝蛋，无蜜不招彩蝶蜂。"上海市浦东新区一家公司的财会人员被身边的同事拉进 QQ 群后，一步步按照"老板"的指令转账了 98 万元。浦东警方接报后快速启动了止付程序。整个被骗的经过大致如下：

12月初的一个上午，该公司人事主管魏女士收到领导陈老板的邮件，让其建立一个QQ群。魏女士依言行事，并根据陈老板的要求把公司财务老邱拉进了群。

老邱被拉进了一个陌生的QQ群，看到群成员中老板的全名赫然在列，便及时询问有何吩咐。"老板"在群里向财务老邱布置了任务，老邱没有怀疑，一步一步按照指令将公司账上的98万元"垫付"款打入对方指定的账户，并请"老板"确认某银行卡内的钱是否到账。在这个过程中，老邱既没有打电话核实"老板"的真实身份，也没有与业务部门联系或按规定走业务流程审批程序。

几分钟后，QQ群里的"老板"又发话了，让老邱再转200万元。老邱本就想确认到账情况，对方的异常行为此时才让他警惕起来，他立即拨通了老板的电话，才知道自己遇到了骗子。

于是，魏女士和老邱来到浦东公安分局江镇派出所报案。窗口民警得知转账就发生在1小时前，立即开展止付工作，帮助这家公司保住了98万元。

警方提示：QQ账号只是一个虚拟身份，无从判断聊天对象的真实身份。因此，对于网络上的汇款要求，一个电话、一次核实是最便捷的防范措施。

打铁还需自身硬，当家更须本领强。掌管着公司资金大权的财务部门，在骗子眼中就是"挂着锁的人民币"，只要"开了锁"，就是"一块肥肉"。所以，财务人员应严格遵照内部控制制度办事，走内部控制审批程序后按照财务制度的规定付款，对每一笔支出都要进行认真核实，以免受骗上当。

第10章 自控自强与持续运行

> 通过防风险、治危险、除危害，可以畅通平安健康、持续发展的路径。

10.1 控制行为与控制能力

10.1.1 自我控制与控制能力

回顾第1章和第2章关于内部控制的阐述，联系控制目标进而观察控制责任，笔者认为，小企业内部控制既是根源于自主经营、自负盈亏、自我约束、自我发展内在要求的自觉行为，也是控制主体的受托责任，从而对控制客体施加影响的过程。

控制效果与控制能力休戚相关。能力是完成目标或者任务所体现的综合素质。控制能力的提升体现在控制履职中，是一个不断渐进的过程，可能需要经过三个阶段：他控、自控、自动控制。

（1）他控

"他控"在小企业设立初期占主导地位。小企业对内部控制的认知与实践需要一个过程，此时，内部控制可能被认为是国家"要我控"、法规"要我控"、领导"要我控"，小企业还不具备自觉性，而是属于被动应付，甚至是消极对抗。"他控"需要有他人指导，并加以积极引导。犹如孩子小时候读书不自觉，家长的管束、老师的管教、学校的管理对于孩子来说就是多种形式的"他控"，这在孩子的成长过程中是必需的。

（2）自控

"自控"应当构成内部控制的核心行为。"自控"是指小企业有意识地按照某种规范行事,或在没有"他人"干预的情况下具有自觉性的行为,是内部控制行为的主动表现。"自控"处于有"约束感"的状态。对自我有高要求,并严格去做,就是最好的自控自律。

人不仅有思想,而且应当是理智的,从而可以按照一定的目的,控制自身的情感和行动。控制力是一个人控制自己思想和行为的能力,也被称为自制力。"自控"是个人对自身思想与行为的主动掌握,是人所特有的一种理性活动。所以,自控能力的强弱与人的品质和修养密切相关,可以体现在理智的表现中,反映出理性的程度。

"自控"是自觉选择目标,在没有外界监督的情况下,适当地控制与调节自身行为,抑制冲动,抵制诱惑,坚持不懈地保证目标实现的一种综合能力。凡事先经大脑分析,然后做出明确判断再进行现状处理,就是自控能力的表现。与之相反的就是任性,对自己持放纵态度,不加约束,肆意妄为,这是失去自控能力的表现。

人要给自己施压,才能将自身潜在的才华和智慧发挥得淋漓尽致。人需要有一颗检讨自己的心,才能约束自己的欲望,进而成就自己。人最终的高度取决于对自我要求的高度。

自控自律要学会取舍。你想要保持身体健康,就必须和垃圾食品说"再见";你想要成为学霸,就得努力学习,而不能半夜三更玩游戏;你想要成就事业,就必须抓紧时间深入研究,拒绝无益的社交聚会……只有真正的自控自律,才能"从心所欲,而不逾矩"。

小企业能否真正做到自主经营、自负盈亏,取决于自控认知与自控能力的强弱。彼得·德鲁克认为:"管理本身并非目的,管理只是企业的器官。……管理管理者的第一个要求是目标管理与自我控制。"(《管理的实践》)确实,成事者大多是能够掌控自己的人。

自主的"主"是指主见、主意、主权。怎样才算自主经营?首先要心理健康、目标健康,需要区分哪些事情能做以及怎么做,哪些事情不能做及为什么不能做,要有合理、合法的见解与行为准则,并勇于朝"对"的方向前进。在经营过程中,切不可人云亦云、亦步亦趋、缺乏主见,也不可三心二意、好高骛远、缺乏定力。

自负的"负"是指背负、负重、担任,即有责任意识,能够担当。怎样才算自负盈亏?首先要行为健康、方法健康,知晓怎样才算盈亏及如何正确取得盈亏,善于按照"对"的方法去做,并对自己所做的事情承担相应的责任。在盈利过程中,切不可华而不实、趋炎附势、酿成后患,更不可急功近利、弄虚作假、招致惨败。

只有具备自主自负意识,才能自控自律,做到自强不息,走向安全健康。"知人者智,自知者明。胜人者有力,自胜者强。知足者富。"(《道德经》第三十三章)世人之所以不能明道,正是因为不能内明。在内则为力,在外则为强。能战胜自己的欲心妄念,持正而修,改正缺点错误,改邪为正,改恶从善,使心身合于道德,无私无畏,这才是真正的强者。所以,"知足不辱,知止不殆,可以长久"。

(3) 自动控制

"自动控制"是指根据控制体系的设置和信息化的路径与方法,自动按照预定的程序有规律地运行的一种控制机制,包括自动控制与自动控制化。

自动控制突出自己主动的控制行为,如上班打卡考勤对于规范考勤管理、严肃工作纪律、提升员工敬业精神具有连续的、惯性的自我约束作用;定期盘点可以理解为每隔一定的时间就对库存物料盘点一次,定期对账、定期审核也是类似的自动行为。至于内部牵制、互控、联控可以是两人以上互相监督的一种互动的约束行为。

自动控制化是以自动控制理论为基础,以电子技术、计算机技术、网络技术、控制技术、传感器与检测技术等为主要技术手段,对各种业务流程或管理系统所实施的控制行为。例如,风险预警系统是由电子装置进行信息采集、信息分析与决策和发出警报的一种自动预警系统;财务指标危机预警系统是将财务信息转化为一系列能够识别的指标,然后根据指标的异常情况进行危机预警的报警系统。内部控制一旦与数据化、信息化和网络化融合,就可以构建系统的管控流程,涉及小企业管理及其生命周期的各个环节,使控制处于"自动约束"状态。

10.1.2 业务活动与风险应对能力

风险主要存在于业务活动过程中,控制能力主要体现在业务活动的风险应对方面。有效的控制活动不仅根据风险评估结果采用了相应的控制措施,而且能将各种风险控制在可承受的范围内。所以,业财融合、算管融合、管控融合的提法与做法对于有效的风险控制活动具有积极的意义。

控制能力应当针对风险异动。作为管理者,下列几个方面,你具备了吗?

一是控制预算执行与纠偏的能力。预算是重要的控制工具,预算的执行是把预算(计划)变成行动的一种方式。小企业应当以业务预算为基础,以财务预算为重点,以现金流控制为核心进行预算编制,分季度按月落实财务预算管理工作,并做到预算内资金实行责任人限额审批,严格控制无预算的资金支出。

偏离预算可能存在风险。例如,销售预算是小企业生产经营全面预算的起点,其目标通常被分解为多个层次的子目标,如果某个层次的销售目标严重偏离预算,将导致整个小企业的经营失算。

对预算执行过程及其出现的偏差进行控制很重要,包括外部控制和自我控制。外部控制是指预算执行过程中上级对下级的控制,自我控制是指每一责任单位对自身预算执行过程的控制。预算管理过程以自我控制为主,通过分解和明确各责任单位的目标及责任,并与激励制度相配合,把责、权、利紧密结合起来,这样有利于责任单位在执行过程中对偏离预算的不利活动进行自我纠正,调动责任部门实行自我控制的积极性。

二是控制关键业务与关键风险点的能力。为了有效控制,管理者需要特别注意衡量工作成效时具有关键意义的那些指标或构成因素。因为随时注意计划执行情况的每一个细节既没有必要,也不切实际。控制者应善于将注意力集中于主要业务与关键控制点,这是有效内部控制的核心。关键控制点(主要矛盾和矛盾的主要方面)往往会影响全局。有效的控制方法是指那些能够以最少的费用或其他代价查明实际偏离或可能偏离目标的偏差及其原因,并落实相应措施的方法。只有抓住关键控制点,才能有效避免失控。

销售失控很危险,因为销售管理是所有业务管理的源头,并由一连串紧密连接的流程构成,其中,如何实施执行监控并提升绩效尤其困难。在这个方面,警惕销售团队或业务员的执行失控,并落实多元绩效评价指标相当关键。销售经理如何对业务员的销售行为与销售业绩进行必要的"干预"已经成为关键的风险控制点,其最终"落脚点"就在于能否对销售团队"脱离预期轨道的绩效表现"进行及时纠正,这是"难上加难"的事。有经验的销售经理正在改变"短视"的销售绩效评价指标,采用多维度的"销售人员绩效计分卡"来完整监控销售团队的表现,并从"绩效评估"升级为"绩效干预",这是相当理智的。在如何控制关键业务与关键风险点方面,有经验的管理者应当善于将"经验"方法化,将"想法"标准化,将"做法"工具化,并通过不断交流予以提升。

三是控制业务发展与风险变动趋势的能力。对控制全局的管理者来说,重要的是现状所预示的趋势,而不是现状本身。例如,当发现应收账款的上升幅度大于同类产品销售增长的幅度并持续一段时间时,应当特别警觉,销售可能出现了严重的危机信号。一般来说,趋势是多种复杂因素综合作用的结果,是在一段较长的时间内逐渐形成的,并对管理工作成效起着长期的制约作用。趋势往往容易被现象所掩盖,控制趋势的关键在于从现状中揭示倾向,特别是在趋势刚显露苗头时就觉察,并给予有效控制。控制变化的趋势比仅仅改变现状重要得多,也困难得多,必须予以高度重视。

四是控制例外(突发)事件的能力。在经营管理活动过程中总会发生一些例外的、突发的事件,如某类产品的销售量突然萎缩、某部门业务员突然集体离职、某项应收账款或存货出现异常波动……例外事件防不胜防,但对例外事件不能无动于衷。倡导例外管理,就是要求主要(或分管)领导将日常发生的例行事项(工作)拟定处理意见,使之规范化、标准化、程序化,然后授权下级管理人员处理,而自己主要处理那些没有或者不能规范化的例外工作,并且保留监督下级人员工作的权力。实行这种制度可以节省管理层的时间和精力,使他们集中精力研究和解决重大问题,使下属部门有权处理日常工作,提高工作效能(如图10.1所示)。

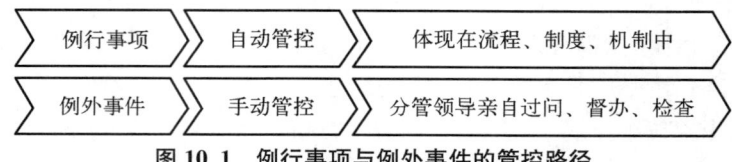

| 例行事项 | 自动管控 | 体现在流程、制度、机制中 |
| 例外事件 | 手动管控 | 分管领导亲自过问、督办、检查 |

图10.1 例行事项与例外事件的管控路径

在控制过程中,管理者应注意一些重要的例外性偏差,将注意力集中在那些异常情况(如特别好、特别坏或特别突兀的情况)的管控方面,同时将例外原则与风险导向相结合,更多注意关键点的例外情况,谨防突发与突变事件导致的不良后果。

"居安思危,防患于未然"不仅是智者避免灾祸的良方,而且是降低损失的最佳措施,更体现小企业应对风险的能力。在风险经济中,无论是小企业还是个人,都应该牢牢握住"防患于未然"这把钥匙,打开通向安全平稳的健康大门,把灾难和不幸挡在门外。

10.1.3 执行效果与控制能力

执行力一般包括两个方面:一是与意志相关的自我控制意识与自我控制力,它来自内心,是控制的基础;二是与控制活动有关的能力(如占有力、管理力、影响力等),它表形于外。

大部分管理者有一定程度的占有欲、管理欲或影响欲,但是否拥有与之相匹配的控制能力呢?控制过程体现控制者的控制能力,控制效果(执行力)与控制能力正相关,控制能力又与人的意志相关。意志就是人自觉地确定目的并支配其行为,以实现预定目的的心理过程。由于某些原因影响或损害了人的意志,便会出现行为失控、言语失控、管理失控等。

制度不在于多,而在于有力量。措施不在于繁,而在于有针对性。制度与措施都应当体现在各项控制活动与控制过程中。控制的关键在于行动。制度不落实、不执行就是"纸老虎",只有执行才能发挥作用。所以,内部控制不是开个全体员工大会说执行就执行的,也不是制定一大堆制度放一边应付检查就行了。内部控制活动一定要防止形式主义、教条主义,防止说空话、走过场。

将制度安排与人的执行力融为一体,并成为一种习惯,控制文化就产生了。管理的真谛在于既"理"又"管",先"理"后"管",边"理"边"管"。管理者的主要职责就是建立合理的游戏规则,让每个员工都按照游戏规则通过自我管理,自律自强。游戏规则要兼顾小企业利益和个人利益,并使两者有机统一起来。责、权和利是管理平台的三根支柱,缺一不可。缺乏责任,就会产生腐败;缺乏权力,执行力就会形同虚设;缺乏利益,积极性就会下降。只有把责、权、利的平台搭建好,相关制度设计好,各级人员才能"八仙过海,各显其能"。

基层是执行的最终落实者,应该做到执行有力、令行禁止。但实际情况可能是"拨一拨,转一转"。领导说得口干舌燥,员工却岿然不动。基层不动,执行就没有效果。基层缺乏执行力往往是小企业执行的最大阻力。

专题讨论 10.1 ｜ 工作执行结果达到 90% 就很不错了吗?

一些人对其管理工作不求最好,因为 100 分太辛苦;也不求最准确,差不多就行,认为把工作做到 90% 就很不错了。问题是,执行力可以打折扣吗?执行过程是由一个个环节串联而成的,每个环节都以上一个环节为基础,各个环节之间相互影响的关系以乘法为基准从而产生最终结果。如果材料入库的准确率是 90%,领用出库的准确率是 90%,费用分摊的准确率是 90%,成本计算的准确率是 90%,成本核算的准确率是 90%,则最终核算的成本准确率是多少呢? 90%×90%×90%×90%×90%=59%。执行过程不能打折! 执行力的高低与控制效果休戚相关。

10.1.4 防微杜渐与控制能力

小企业在成长过程中难免会出现差错或失控,此时能够坚持问题为导向和自我批判相当重要,这可以成为小企业风险识别和解决问题最有效的路径之一。应正视自身存在的问题,哪怕是微小的问题,因为"千里之堤溃于蚁穴"。面对"蚁穴"视而不见甚至推诿或掩盖,将积重难返。进行自我革新、自我净化,就能减少失控与失误。

谈到"失控",也许有人会将其与大企业信息失真、领导干部贪污腐败挂钩,会联想到登上各大媒体的私吞财产、损害公众利益等重大事件。其实,小企业自身存有不少"失控"与"腐败",与大企业相比可能只是"微失控"或"微腐败",但却不容忽视。

"微失控"或"微腐败"的表现形式大体有四种：一是"小"，与"大腐败"相比，数量、金额小，行为影响小，容易被忽视，或存在一定的容忍度；二是"多"，如请客送礼、"吃拿卡要"、公车私用、"打擦边球"等行为司空见惯，听之任之；三是"近"，离基层近，离群众近，社会关注广泛，群众议论颇多；四是"暗"，这些"小错小病"可能裹着"合情合理"的外衣，打着"人情交往"的幌子，依靠"潜规则"的手段游走于"边缘地带""灰色地带"，具有相当的模糊性，腐蚀着人们的心灵，扭曲了价值观。

"微失控"或"微腐败"的危害并不微小。近年来，一些"潜规则"逐渐流行起来，有的人甚至以深谙其道为荣，必须引起高度警觉。几顿饭、几杯酒、几张卡，"温水煮青蛙"。须知，"蚁穴能毁堤，群蝗能毁田"，如不及早消灭，后果不堪设想。对于"微失控"或"微腐败"，如不坚持抓早抓小，任其发展下去，势必严重损害资金、资产与资本的利益。贪似火，无制则燎原；欲如水，不遏必滔天。一些人在腐败的泥坑中越陷越深，一个重要的原因是对其身上出现的违法违纪小错提醒不够、教育不足、惩戒不力，导致出现大问题。

管控风险的关键在于行动起来并有针对性。所以，对于"微失控"或"微腐败"不能有"微态度"。切勿以恶小而为之，切勿以善小而不为。"图难于其易，为大于其细。天下难事，必作于易；天下大事，必作于细。"（老子《道德经·第六十三章》）大事、难事都是从小事、易事做起的。

柳传志说："联想希望成为一个长久性的公司，要做百年老字号，不急于一下子很出名，利润很高，然后很快就垮了，这是第一条最重要的目标。"联想采用"撒土夯土"逐次推进法（撒上一层新土，夯实；再撒上一层新土，再夯实）来夯实管理基础。筑路工人习惯用这样的方法构造公路的路基，联想人习惯用这样的方法建设坚强的队伍。

千里之行，始于足下；合抱之木，生于毫末；九层之台，起于累土；锲而不舍，金石可镂。跑得快，不一定能走远。蚂蚁入秋后就开始不停地储备，因为它们知道只有积累得多才能抵御寒冬，小树还在幼苗时就不停地向深处扎根，因为它知道只有根扎得牢才能顶得住暴雨狂风。动植物尚且知道为风险与艰难做准备，人类更应该懂得居安思危方能立于不败之地的道理。

10.1.5 纪律教育与控制能力

没有规矩，不成方圆。纪律普遍作用于社会生活的各个领域、各个层面和各种组织。军有军纪，厂有厂纪，校有校纪……几乎所有组织都有自己的纪律。纪律具体化为章程、条例、制度、守则、规定、注意事项等,体现在内部控制的各项规定中。纪律是锁住私欲膨胀的锁,是约束河流泛滥的岸,是驯服马匹狂奔的鞭。

遵守纪律包括按照内部控制规范的要求,对自身行为进行自我管控,这将使小企业得到实质性受益。如果能让小企业通过实施内部控制减少费用、降低成本、提高收益、赢得市场,那么其开展内部控制的意愿就会极大提升。

小企业的纪律直接关系到其生产力的提高。严明的纪律和完善的制度是小企业生存和发展的重要条件,是小企业效益和信誉的重要保证。一家小企业要想取得长远的发展,必须建立一套科学、合理的纪律体系,并切实抓好纪律的贯彻执行,真正实现用制度管人、管钱、管事。

小企业应明确内部控制的"红线",规定哪些能做、哪些不能做,虽然不见得能让所有管理者都真正理解内部控制,但至少可以推动小企业启动内部控制活动,在活动中体会内部控制是什么或怎么做。内部控制规范既是行为准则,也是纪律约束。纪律是维持关系的规则,要求成员必须执行;如果违反,行为人将受到惩戒。

专题讨论10.2 | 遵纪守法与红绿灯警示作用

因为十字路口有风险,所以有红绿灯警示。有风险并不一定不安全,关键是有没有纪律意识,是否遵守交通规则。

十字路口纵向亮红灯,在这数秒的时间内,在允许的空间范围内,横行的车辆和斑马线上的行人都处于安全的状态。如果在这数秒内,有车或人闯红灯了,空间位置的变化和时间同时发生了作用,就会产生危险,从而导致事故的发生。可见,遵纪守法的自控行为对于确保安全尤为重要。

自由是人们向往的,纪律是强迫人们遵守的,两者看起来是对立的,其实,两者是相互依存、相辅相成、缺一不可的。纪律以一定的自由为前提,自由以一定的纪律为条件;自由必须受纪律的制约,获得自由的保障。法国伟大的启蒙思想家、法学家孟德斯鸠指出:"在一个有法律的社会里,自由仅仅是一个人能够做他应该做的事情,而不被强迫去做事。"任何追求个人自由的人都必须以不损害他人的自由为限度。就像脱轨的列车,放纵了的自由最终将毁灭自己并危及他人。不能制约自己的人不能被称为享有自由的人。

从"要我控"走向"我要控",从"他控"走向"自控",领导者的表率作用很重要。笔者接触过一些小企业的老板,他们在管理中经常要求下属严格遵守制度,而自己却很少带头执行或者自觉维护制度的严肃性,甚至有的老板本身就是规章制度的最大破坏者,他们认为制度是给员工制定的,对老板无效,于是"上梁不正下梁歪"。须知,领导者的言行举止会严重影响内部控制制度的有效性和执行力。

控制能力的提升是一个系统工程,不是听一两次课就能立马解决的。领导者应该敢于承担执行不力的首要责任,明白自己在执行力改善中应该发挥的作用;还应当组织管理团队和骨干针对本小企业中影响控制力的各种因素进行系统分析、梳理和总结,找到制约制度执行的关键因素,然后下决心整改并长期坚持。

纪律只有得到有效的执行才能起到规范与约束的作用。如果制定了制度却不能贯彻执行,制度就会成为一纸空文,就失去了存在的意义。因此,制度一经制定,就要坚决执行,要通过教育和引导来增强执行的自觉性,加强监督和检查,增强执行的权威性,确保制度执行到位。

10.2 洞察风险与警示危险

10.2.1 风险具有难以琢磨的可变性

风险犹如万千气象,变幻莫测。天气预报的重要性就在于对某区域未来一段时间的天气状况做出预告。

科学研究与科学预警对人类防灾避祸具有重要的现实意义。一方面,我们不惧风险,也不人为放大对风险的恐惧;另一方面,应知晓风险变化的过程,并关注其动态变化趋势。例如,流行病是指可以感染众多人口、能在较短的时间内广泛蔓延的传染病,如流行性感冒、脑膜炎、霍乱等。在病毒没有流行前,虽然无险无警,但不确定因素已在那里;待到人们在说话、呼吸,特别是咳嗽和打喷嚏时,就应当重视传染的风险,发出必要的警示;一旦流传开来,就有危险;不断传染,就会引发危害;对危害不加以制止,就会导致灾难的降临(如图10.2所示)。

① 微险微警 ② 轻险轻警 ③ 危险中警 ④ 危害重警 ⑤ 灾难巨警

图10.2 风险程度、变动趋势与警报级别

对风险稍不留意就有可能引发危险,甚至产生危害并导致失败,这些都是风险泛滥与失控现状不断演绎所产生的后果。还是以第1章中出海捕鱼为例来进一步

说明风险的可变性,从而关注其可防性与可控性。渔民出海捕鱼可能会出现以下几种风险变化状况,也被称为风险暴露度:

一是风和日丽,风平浪静,目标清晰,一路平安。这时,可能存在着某种不确定性,但总体上风险可控,只需注意常规管理就行了。

二是微风细雨,有风有浪,上下波动,前景模糊。这时,外部风险已经显现,内部管控应当关注隐患、差错等不确定因素,并重视有效管控。

三是雨霾风障,风浪起伏,一路颠簸,视野不清。这时,危险已经出现,应当关注隐患、差错、舞弊等失控现状,在管控并举的基础上加强对危险的治理。

四是狂风暴雨,大风大浪,前景黯然,神情慌乱。这时,危害就在眼前,应当千方百计制止各种失控状态,尽力消除危害。

五是飓风雷电,惊涛骇浪,昏天黑地,惊慌失措。这时,灾难就要来临了,应当设法规避灾难,保全性命。

对小企业来说,在风险不断变化的过程中,危险因素最为重要。危险是一种警告,其发生可能会造成伤害、损失、破坏等,并可能引发进一步的危害或灾难,所以应当予以特别关注。

小企业为了防范危害,其治理风险的重点就是可能出现的危险,或者千方百计不让风险引发危险。危险包含着危和险两个部分:

危,会意字。小篆字形上面是人,中间是山崖,下面腿骨节形;本义为在高处而畏惧,不安全。危中虽然有机,最终结果也可以转危为机或化危为机,但从谨慎角度出发,应当倡导谨防危机的理念。

险,形声字,从阜,从佥。"阜"指山丘,"佥"为两面。"阜"与"佥"结合表示"两面都是绝壁的山丘",意为可能发生或遭受的灾难。所以,在谨防危机的同时应当注意规避危险,从而避免坠入危害的深渊。

10.2.2　监测风险与预警危险十分重要

由于小企业人少、资源少,对于面临风险变异的现状,应当引导管理层或治理层集中精力管控风险中的危险,而不是泛谈各种风险。因为风险一旦引发危险,就很容易产生危害与灾难。通过整治危险,有助于制止危害和消除灾难。

小企业可以选择一些综合性较强的财务指标进行监管,这是一种简捷、有效的信息反馈方法,对发现问题、防范风险、治理危险具有提示作用。其中,"红绿灯预警法"是一些公司在危机管理中的一种自动报警安排,它通过设置并观察有关指标偏离目标值的异常程度(波动性)及其变动趋势,对执行过程进行监测、预报,促使管理层警觉并采取相应措施：红色表示高度警戒，黄色表示提请充分关注，绿色表示基本正常。在这个系统里，警度的确认一般是在收集与监测警情、分析警兆和警源的基础上予以测定，然后根据相关警限转化为警度，并予以报告。监测、测定、报告三者之间步步递进，一旦触发某个警限，立即予以警告。

测算警度首先要判定预警指标为何种类型的变量。指标有三种类型：第一种是愈大愈好型指标，如利润额、净资产收益率等；第二种是愈小愈好型指标，如负债额、不良资产比率；第三种为区间型指标，如财务杠杆系数、资产负债率，在某一个区间为最佳值，超过这一区间，无论是大于这一区间还是小于这一区间，均会产生警情。善于危机预警与财务诊断对于化危为机、转危为安相当重要。[①]

实证分析10.1 | 关于风险程度与"红绿灯警示法"

ABC公司属于小型企业，自2019年起以资产负债率作为衡量债务风险程度的核心指标，并实施主动管控。公司明文规定，资产负债率的风险预警线为65%以下（通常为55%～65%），危险监管线为65%以上（通常为65%～75%），重点危害监管线为75%以上，由治理层负责落实整治与监管任务（如表10.1所示）。

表10.1　　　　资产负债风险程度与相应的配套措施

负债程度	管控对象	风险程度	亮灯	配套措施	相关责任
55%以下	债务安全线	微险微警	绿灯	日常管理措施	管理层
55%～65%	风险预警线	轻险轻警	绿灯	管控风险措施	管理层
65%～75%	危险监管线	中险中警	黄灯	整治危险措施	管理层
75%～90%	危害监管线	重险重警	红灯	制止危害措施	治理层
90%以上	灾难监管线	巨险巨警	红灯	消除灾难措施	治理层

ABC公司还注重资产质量，每年计算、分析、评价不良资产比率，并将其作为预警指标。因为不良资产比率是指年末不良资产总额占年末资产总额的比重，表明公司沉积下来、不能正常参加经营运转的资金现状，是对目前账面收益率的抵扣，所以必须严加管控。ABC公司认为，不良资产比率在1%以下亮绿灯，在1.0%～2.8%亮黄灯，并分别程度由管理层负责管控；在2.8%以上亮红灯，由治理层负责综合整治。

[①] 关于危机预警理论与财务诊断方法，请进一步阅读李敏所著的《危机预警与财务诊断——企业医治理论与实践》，上海财经大学出版社出版。

ABC公司更注重收益质量,每年计算、分析、评价盈余现金保障倍数,用以反映当期净利润中现金收益的保障程度(即利润含金量),并予以管控。该公司认为,盈余现金保障倍数必须大于1,所以,在1以上的亮绿灯,在1~0的亮黄灯,并分别程度由管理层负责管控;出现负数则亮红灯,由治理层负责综合整治。①

10.3 自我评价与监控结合

10.3.1 内部控制评价的主要内容

内部控制评价一般是对内部控制现状进行分析评估、形成评价结论、出具评价报告的过程,一般要求通过对企业层面和业务层面(包括内部控制各要素)的测试与分析,发现内部控制缺陷,督促及时改进,促进内部控制机制健全和完善。

从正面分析,一家小企业内部控制的有效性主要包括设计有效(建设情况)和执行有效(运行情况)两个方面。

设计有效是指在内部控制体系的控制措施设定上做了合理的要求,即当某项控制措施由拥有必要授权和专业胜任能力的人员按照规定的程序及要求执行时,能够实现控制目标,则表明该项控制的设计是有效的。

执行有效是指所有人员都严格按照流程和制度的要求运行相应的内部控制措施,即如果某项控制正在按照设计运行,执行人员拥有必要授权和专业胜任能力,能够实现控制目标,则表明该项控制的运行是有效的。

从反面分析,一家小企业内部控制的有效性存在缺陷,按其成因可分为设计缺陷和运行缺陷两个方面。

设计缺陷是指缺少为实现控制目标所必需的控制,或现存的控制不适当、不合理以及未能满足控制目标,包括设计不全面而遗漏、设计不正确而难以执行等。"真空点"就是由于设计不全面、不正确所导致的缺陷。

---

① 小型企业2019年全国企业绩效评价标准值(摘要)

项　　目	优秀值	良好值	平均值	较低值	较差值
资产负债率(%)	49.0	54.0	64.0	74.0	89.0
不良资产比率(%)	0.3	1.0	2.8	10.6	22.0
盈余现金保障倍数	10.9	5.4	1.0	−2.3	−5.6

运行缺陷是指设计合理及有效的内部控制在运作上没有被正确地执行，包括未按设计意图运行、不恰当地执行或违规操作等。"失控点"往往是由于运行不正确所导致的。例如，物资采购申请金额已超其采购权限，却未向上级单位申请安排大宗物品采购，这里存在权限管理的规定，但未在实际操作中被妥善执行。

小企业应当重视自我评价，至少每年开展一次全面系统的内部控制评价工作，并根据自身实际需要开展不定期专项评价；也可以根据年度评价结果，结合内部控制日常监督情况，编制年度内部控制报告，并提交小企业主要负责人审阅。内部控制报告至少应当包括内部控制评价的范围、内部控制中存在的问题、整改措施、整改责任人、整改时间表及上一年度发现问题的整改落实情况等内容。

10.3.2 监督方式及其利弊权衡

人们期望内部控制的五个要素都得到执行并发挥作用，但并不意味着在每家小企业中，每一个要素都必须同时或同等水平地发挥作用，这些要素之间的作用需要平衡。事实上，内部控制的五个要素很难在每个程序中都完美地发挥作用。某一个要素的不足可以通过其他要素充分发挥作用加以弥补，这种内部控制总体上的平衡也可以将错误或误报的风险降到一个可接受的水平。

持续有效的监督检查实质上是对内部控制现状的再评估，可以促使控制行为持之以恒，并增强内部控制的内生动力。所以，小企业对于日常监督中发现的问题，应当分析其产生的原因以及影响程度，制定整改措施，及时整改。

小企业应通过履行监督检查程序跟踪内部控制缺陷整改情况，确保整改责任方及时采取整改措施。对于无法整改或无法及时整改的缺陷，应评估相关人员的胜任能力以及内部控制设计的合理性，进而对内部控制活动做出相应的调整，推动小企业内部控制体系的持续完善和优化。

小企业还应当结合业务特点建立有效的问责机制，将内部控制的相关责任传达、落实到部门和员工，并将对内部控制实施的考核纳入小企业绩效考核的范围，促进内部控制的有效实施。绩效考核所采用的指标应适当，避免对员工产生过度压力而诱发舞弊和不当行为。

当然，小企业在监督的方式方法上可以权衡得失，考虑成本-效益等问题，但不能没有监督，也不能让监督形同虚设。图10.3所示的几个方面的监督优缺点可资参考借鉴，可根据监督对象及其要求择优选择或综合运用。

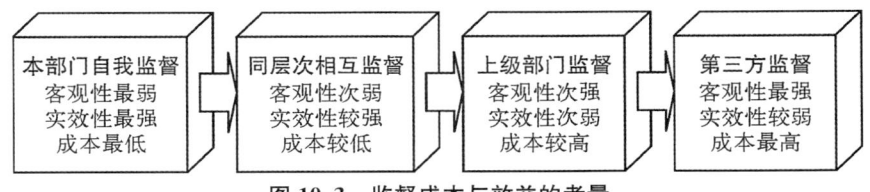

```
┌──────────────┐  ┌──────────────┐  ┌──────────────┐  ┌──────────────┐
│ 本部门自我监督 │→│ 同层次相互监督 │→│ 上级部门监督  │→│ 第三方监督    │
│ 客观性最弱    │  │ 客观性次弱    │  │ 客观性次强    │  │ 客观性最强    │
│ 实效性最强    │  │ 实效性较强    │  │ 实效性次弱    │  │ 实效性较弱    │
│ 成本最低      │  │ 成本较低      │  │ 成本较高      │  │ 成本最高      │
└──────────────┘  └──────────────┘  └──────────────┘  └──────────────┘
```

图 10.3　监督成本与效益的考量

目前,小企业数量和种类的多样性及治理水平的差异化直接导致其内部控制差异化程度高,相应加大了监管难度。监督缺位是大部分小企业较为明显的缺陷。调查问卷数据显示,只有31%的小企业设置了内部审计部门,还不到大型企业的一半。但随着企业规模的扩大,内审监督机构在企业中设置的比例逐渐上升。然而,一些在上市小企业中设置的内部审计机构只是为了遵循监管法规的强制要求,是不得已进行的形式上的配置,内部审计的职能作用实际上没有得到充分发挥。由于监督缺位,评价更加缺乏。

实证分析 10.2 ｜ 小企业内部控制现状不容乐观

某行业对所属小企业经过检查后归纳出内部控制常见症状,很有教益。

① 设计目标不集中。设计内部控制制度时,忽视目标定位,出现设计目标不集中、思路不清晰等问题,如没有将内部控制制度设计与小企业的发展目标挂钩,内部控制制度侧重查错,忽视财务信息及其管理信息在整体上的互动。

② 关键控制点偏离。内部控制制度没有涵盖董事会和部分管理层,在流程设计中涉及决策、执行、监督、反馈等环节时,对权力的相互制约要求不清、职责不明。

③ 照搬照抄,缺乏针对性。借鉴别人的经验本无可厚非,但只是简单照抄、千人一面,内部控制制度就不能充分体现个性化差异,只能算是充当门面,不具有可操作性。

④ 信任逾越监督。由于以习惯代替制度、信任逾越监督等问题的存在,少数人拥有凌驾于内部控制之上的特殊权力,而负责监督的部门则被边缘化,不敢行使监督权。

⑤ 内部控制制度迁就环境制约。有的小企业异地经营网点的采购、仓储、保管、销售、收款业务完全依赖同一部门的同一人员,风险大,缺乏强有力的内部控制措施,单靠事后复核难以解决危险问题。

⑥ 部门之间缺少协调。有的小企业把内部控制等同于内部会计控制,认为内

部控制是财务部门监督其他部门的职责,往往形成财务部门单枪匹马抓内部控制,却得不到其他部门的理解和配合的被动局面。

⑦制度多年不变难以适从。不少小企业内部控制制度不随外部环境而变化,不随经营业务的调整而创新,不随管理要求的提高而改进或完善,使得小企业在新情况、新问题面前缺乏应对措施。小企业内部控制制度应当与时俱进。

⑧控制流程中相关程序脱节。内部控制程序应当与业务流程环环相扣,相关的控制要求应当延伸到业务的各个链条,业务链条变化后也应当有恰当的控制程序与之相适应,否则就可能出现控制程序脱节等问题。例如,有的小企业在合同控制中只关注合同的评审和签订,不注重合同的执行和变更,或者虽然关注合同的执行,但跟踪控制程序只是参照初始签订的合同,不深入分析合同变更等原因,不认真了解合同条款变更等内容,使得控制程序脱节。

⑨成本-效益失衡。一是成本节省偏好,即使对重要业务与事项、高风险业务领域也不舍得投入必要的控制成本;二是苛求控制效益,设计的控制程序烦琐,管理刚性有余但缺少必要的变通,执行难度大、效率差。内部控制不在乎繁简,管用就行。

凡此种种都说明了小企业内部控制活动要有效果,就需要配以一定的监督,最好能够形成一定的监督机制,包括日常监督和定期监督。对于日常监督中发现的问题,小企业应当分析其产生的原因以及影响程度,制定整改措施,及时进行整改。小企业应当至少每年开展一次全面、系统的内部控制评价工作,并可以根据自身实际需要开展不定期专项评价。所以,小企业应当选用具备胜任能力的人员来实施对内部控制的监督,并应当通过加强人员培训等方式,提高实施内部控制的责任人的胜任能力,确保内部控制得到有效实施。

老法师提醒 10.1 | **内部控制自我检查不能替代监督**

监督虽然与控制概念交叉、行为交融,但监督并不等于控制,不能排斥必要时独立监督的作用,对内部控制的监督将有助于自我评价与自我检查工作的实质性"到位"与"落地",所以,监督与控制要各司其职。有效的内部监督应当与内部控制的建立和实施保持相对独立,这体现了监督与执行分离的基本原理。所以,内部控制自我评价与自我检查工作不等同于监督工作,对内部控制的内部监督不能由内部控制设计和执行的具体部门承担,而应由独立的内部审计部门实施,或者聘请外部审计。

例如，某企业在推行"阿米巴经营"①的同时开展内部控制活动，每半年由实施"阿米巴经营"的责任人进行内部控制自查工作，并填写自查报告。但这种由责任人开展的自我检查并不能替代该企业对该"阿米巴经营"的监督检查工作，这是不同的岗位职责与行为制约机制。缺乏对内部控制的监督会影响内部控制的达标程度。

10.3.3 监控结合与有效监督

监督和控制的基本内涵都是指对现场或某一特定环节、过程进行监视、督促和管理，使结果能达到预定的目标。其中，控制本身具有对经营活动进行督导的功能，对管控过程中发现的问题需要采取防错、纠偏等措施，这与监督的某些职能作用殊途同归。

监督中有控制，控制中有监督，监督与控制内在联系、互助互动。小企业既要"管控融合"，也要"监控结合"。对小企业来说，事前与事中的控制可以更多考虑"管控融合"，而有效的"监控结合"集中体现在事后的监督检查方面。

小企业应当结合自身实际情况和管理需要建立适当的内部控制监督机制，对内部控制的建立与实施情况进行日常监督和定期评价。在监督过程中，尤其应当重视对风险的监督和评价，包括监督和评价识别风险的充分性，以及针对这些风险所采取措施的恰当性，以凸显风险导向作用的落实情况。

小企业内部控制设计及其运行存在的缺陷和局限性决定了内部控制不能绝对预防或察觉所有不正常的现象。尤其是受制于成本-效益原则，在建立内部控制制度时，一般仅针对常规业务活动而设计，对于个别的、偶发的业务难以建立有效的控制；又由于客观经营环境、业务活动的不断变化，制度总是滞后于环境的变化，何况现实中对起约束作用的内部控制制度不情愿接受，甚至不愿意加强内部控制制度建设的情况时有发生，而内部人控制现象又很难予以根除……

没有监督检查，制度和措施就可能流于形式。目前，大部分小企业未设立内部审计机构或岗位，即使有，也往往形同虚设，无法保证其应有的独立性和权威性，对执行应有的程序、测试和评价更是流于形式，没有发挥监督应有的功能。所以，建立与健全对内部控制的监督机制是必要的。具备条件的小企业可以设立内部审计部门（岗位），它是指在小企业内部设置专门的机构或专门（或兼职）人员进行查核

---

① "阿米巴经营"是基于牢固的经营哲学和精细的部门独立核算，将企业划分为"小集体"，像自由自在地重复进行细胞分裂的"阿米巴"，持续自主成长，让每一位员工成为主角，全员参与经营，依靠全体的智慧和努力完成企业经营目标，实现企业的飞速发展。

和监督的部门，是对能否实施以及如何实施内部牵制的监督与保障。此外，小企业还可以通过内部审计业务外包的形式提高内部控制监督的独立性和质量，或可以委托会计师事务所对内部控制的有效性进行审计。

有效的监督检查是对内部控制的再评价，内部控制评价在某种意义上也是再监督。内部控制评价可以全面覆盖，内部审计可以突出重点。小企业开展内部审计（监督）和内部控制评价可以统筹运作，不必相互脱节、各行其是，从而既减轻自身的负担，又有事半功倍之效。

面对瞬息万变的市场，任何设想在实施过程中都有可能因为疏忽而导致行动失败。所以，除了设想与计划外，对行动、细节的把握，及时处理每一个小问题都很重要。

工作布置、应对施策、进度检查等行为动作，不能代替监督。只有通过监督，才可能检测管控行为是否发生以及发生的效果如何，才可能把工作开展得更好。

内部控制不是万能的，但缺乏内部控制是万万不能的。有效的内部控制应当善于将管理、控制、监督、评价有机融合，兼容并蓄，扬长避短，融会贯通，在管理过程中既有控制，又有监督，还有评价，是有其现实意义和实用价值的。

10.3.4 日常监督应当重点关注的情形

针对小企业目前开展内部控制的现状，在开展内部控制日常监督时，应当重点关注以下6种情形：一是因资源限制而无法实现不相容岗位相分离的场合与情形；二是业务流程发生重大变化可能出现的问题；三是开展新业务、采用新技术、设立新岗位遭遇的问题；四是关键岗位人员胜任能力不足或关键岗位出现人才流失的情形；五是可能违反有关法律法规的场合与情形；六是其他应通过风险评估识别出存在重大风险的场合与情形。

当发生下列情形时，小企业应当评估现行的内部控制措施是否仍然适用，并对不适用的部分及时进行更新和优化：一是小企业的战略方向、业务范围、经营管理模式、股权结构发生重大变化；二是小企业面临的风险发生重大变化；三是关键岗位人员的胜任能力不足；四是其他可能对小企业产生重大影响的事项；等等。当以上情形发生时，小企业的负责人应当具有内部控制的敏感性，及时审视现有的内部控制制度是否完善、能否防范风险、是否需要更新内部控制版本或增加"防火墙"的防控能力等。

年度终了，小企业应当根据年度评价结果，结合内部控制日常监督情况，编制年度内部控制报告，提交小企业的主要负责人审阅。小企业的主要负责人应当主动参与这项工作。内部控制报告至少应当包括内部控制评价的范围、内部控制中存在的问题、整改措施、整改责任人、整改时间表及上一年度发现问题的整改落实情况等内容。内部控制评价内容应当与内部控制监督结果一起纳入绩效考核的范围,从而促进内部控制的有效实施,并形成三者之间的良性互动。

实证分析 10.3 │ 内部控制监督与缺陷分析

某小企业通过内部控制监督,发现内部控制缺陷主要表现为以下几个方面:

一是一些不相容的职务由一个人担任。比如,资金收取、票据开具和资金盘点等都由出纳人员一人操作;再如,工资编制、工资核对和工资发放等由一人操作。

二是内部授权不规范,存在"一支笔""一言堂"的现象。很多事项的审批由领导一个人说了算,所有费用支付都由领导一个人审批,缺乏部门之间的制衡。

三是管理制度杂乱而不成体系。小企业有很多制度,但是较为凌乱,由各个处室自行编制,存在管理空白或者重复管理的情况。

四是流程缺少显性化的规范。小企业有操作流程,但是流程没有形成固化的文件,无法实现有效的经验传递。

五是岗位职责归属不清。有些职责没有相应的归口管理部门,而有些职责几个处室同时在管,导致管理混乱。

六是业务表单缺失或流转不规范。有些业务没有表单记录,不利于事后的痕迹追查,有时候表单的流程和归档不严谨,缺少内部的相互制约以及完整的单据留存。

10.4　协调发展与持续运行

10.4.1　自控自强的发展路径

自控自强有很多发展路径,以下 6 个方面的转变对小企业相当重要,应当通过自我检讨,观察其变动趋势:

一是战略从不清晰走向清晰。小企业可能不善于确定战略目标,或还没有制定清晰的战略目标,或战略目标制定得不合理而缺乏可操作性,或受外部环境和领导者个人的影响而摇摆不定,导致内部日常经营管理活动缺乏战略指引和方向性,员工为做事而做事,不是为目标而做事,小企业的管理者和员工不理解为什么要这样做,更不知道怎么去做正确的事。战略不清晰容易导致控制目标模糊,甚至失去控制方向。

二是组织架构从不合理走向合理。小企业治理结构不完善、组织架构设置不合理、部门职能定位不清晰、岗位职责划分不明确、管理授权不合理、责权利不对等都会影响组织的执行力,如果没有梳理清楚的话,很容易造成小企业内部出现推诿扯皮、避重就轻、管理内耗和执行力低下等问题,挫伤管理者与员工的工作积极性。

三是制度从不完善走向完善。一些小企业缺乏制度和流程,但不等于没有管理,所面临的最大问题是执行不力,尤其是缺乏制度和流程的保障机制,究其原因,主要是高层不重视,表现为过问少、关注少、参与少;其次是制度和流程不成体系、政策不明确、内容不合理、相互不衔接、效率低下。

四是人员从不匹配走向匹配。小企业"帅""将""兵"配置失衡、岗位设置不合理、不相容岗位没有分离是导致执行力低下的重要原因,而家族血缘宗亲复杂的人际关系也是一个重要的影响因素。长期"外行"管理"内行"是难以服众的。

五是监督从不到位走向到位。大部分人并不喜欢被他人监督,很多管理者也不愿意去指导和监督下属,更乐意发号施令、布置工作和等待下属汇报。但管理实践证明,如果没有对工作过程的有效监督、积极指导、纠正偏差及评估与考核,很多管理工作就无法达到预期效果,原因是人们大多喜欢"走捷径""找借口",惰性很强,甚至私欲很重。

六是奖惩从不配套走向配套。没有考核就没有管理,没有奖惩,考核就会形同虚设。有"大锅饭"吃,谁还想努力工作?这会严重挫伤管理者和员工的工作积极性与执行力,甚至引发牢骚、抱怨等,从而导致失控。

10.4.2 落实内控制责任与问责追责

问责制是指问责主体对其管辖范围内各级组织和成员承担的职责和义务的履行情况实施的一种责任追究制度。问责制问的是"责",追究的是具体问题的具体过错。

问责的前提是明确岗位责任,以便在实施责任追究时能够确定相应的责任主体,也让员工真正领悟自己岗位所负责任的内涵,认识到履行责任的重要性和必要性。

问责的必要条件是建立问责制度。在问责文件中,一要确定问责事项,明确发生什么样的情况或事情应启动问责程序;二要规范问责程序,规定在问责事项发生后,谁来启动问责程序、如何确定问责对象、如何核查、如何追究等;三要充分保证被问责人的申辩权和申诉权,问责决定做出后,被问责人在一定时间内享有申诉的权利。

问责制度应当是一个问责、追责、负责相统一的配套工程,涵盖决策、执行、监督和事前、事中、事后的各个方面及各个环节。

问责是前提和基础。人们通常把领导称作"负责人",既然是负责人,就应该明确负责哪些事务,各项事务的内容和要求是什么。对这些事务在考核和评价时不仅要有定性的要求,而且要有定量的指标。这样,履行职责和追究责任才能做到有章可循、有规可依。解决这个问题,一个重要方面就是将责任明确化、具体化,就是要问责。

追责则要解决"执规必严、违规必究"的问题。追责,就是追踪履行职责的情况,奖励尽职尽责的人员,追究渎职和失责行为。

问责和追责的目的并不仅仅在于处理相关责任人,更重要的是促使领导勇于负责、敢于担当,从而更好地推进事业。也就是说,问责和追责都是手段,负责才是目的。

一些小企业为了保障正常的经营和管理秩序,防止资金资产流失,制定企业责任追究制度、违反制度责任人处理办法等问责、追责管理办法。违反制度的责任人一般是指因违反法律法规或小企业内部管理规章制度,对小企业资金资产损失或其他严重后果负有直接责任和间接责任的主管人员及其他直接责任人员。

属于集体决策行为,违反制度、规章造成严重不良后果或资金资产损失的,追究决策层的责任,但经证明在表决时曾表明异议并记载于会议记录的,免除该个人的责任。属于个人决策行为,造成严重不良后果或资金资产损失的,追究该个人的责任。该个人的行为经过领导同意或批准,造成不良后果或资金资产损失的,追究该领导的责任。该个人未按领导意见执行而造成不良影响或资金资产损失的,追究该个人的责任。

问责、追责处理程序:一是及时报告,二是尽力挽回损失,三是研究处理意见,四是开展调查分析,五是听取责任人的辩解和申诉,六是做出处理决定,七是报送、备案、归档。

问责处理包括责令检查、停职检查、责令辞职、免职等。纪律处分包括警告、记过、记大过、降职(级)、撤职、留用察看、解除劳动合同等。

10.4.3 实施内部控制需要"软硬兼施"

内部控制措施还可分为硬性控制和软性控制两种类型。硬性控制落实到制度规定、流程措施、管理办法等,要求无论何时何地、无论是谁都必须严格遵守,如票据函证、实物盘点、合同评审等。软性控制归属于精神和文化层面,需要通过内部环境来优化思想认识和行为理念,如领导的管理风格、控制文化及内部控制意识等,其主要是靠理念、习惯以及每个人的道德观、价值观等来维系和发挥作用。

完善小企业的内部控制不能仅仅靠硬性的规定,因为再完善的制度也要依靠人来执行,所以,软性控制的有效与否可能对内部控制的实施更有意义。大量事实表明,良好的内部控制环境和文化意识、领导良好的综合素质有利于更有效地控制小企业的管理活动并促使控制目标的实现。

"人"在控制环境中起着举足轻重的作用,即"软控制",主要是指小企业中那些非物质层面的事物,如管理层的管理风格和管理理念、企业文化、内部控制意识等。

法律规范不同于道德规范,因而企业伦理学不以法律规范作为自己的主要研究对象。但企业伦理学又要涉及法律这一刚性的规范,法律和道德在诸多具体内容上有着一致性。道德所禁止或许可的规定,法律往往亦禁止或许可。譬如,制造伪劣产品、坑蒙拐骗实属道德败坏的行为,法律也予以严格禁止和惩治;诚实信用等良好的商业行为既为道德所褒扬,也被法律所许可或规定为特定的应尽义务。此外,生态环境、能源保护方面的法规,以及对消费者权益的保护,反映了小企业对自然环境、对社会和消费者应尽的道德义务和应有的职业良心。特别是调整小企业之间经济协作关系的合同法规更突出地体现了道德与法律内容的一致性。

如果说法律规范是一种刚性规范,那么内部控制是约定俗成的自觉行为并上升到规范的层面,是"准刚性"的。内部控制的很多内容实质上是人们在社会生活中长期形成的一种稳定的、习以为常的行为倾向。当某种法律规范、道德原则经过长期社会舆论和教育承袭而流传下来,从而在人们的心中变得相对稳定和习以为常时,就成为一种有效的控制规范了。

10.4.4　家族成败与内部控制现状休戚相关

通过第 1 章的介绍,人们已经发现,小企业中家族企业居多。家族企业是由家族创立,家族对经营决策具有重要影响的企业。美国学者克林·盖尔西克认为,"即使最保守的估计,家庭所有或经营的企业在全世界企业中也会占 65%～80%"。在世界"500 强"中,有 40% 是家族企业。

家族企业的发展源头是"家"——一种极具凝聚力的企业精神、一种极具家长制的管理风格、一种亲情式的制约机制。在早期的家族企业里,"家"大于"企",企业的事情似乎都能归结为家里的事情。现代家族企业在维护家族制权威的同时,注重以人为本与内部控制。

约翰·A. 戴维斯表示:"家族企业的绩效好于非家族企业,而且寿命更长。"但如何在家族的需求和企业的健康之间取得平衡几乎是全球所有家族企业的困惑。失衡与失控的家族企业往往在第二代、第三代时就因为行业变化、家族冲突、管理不善、继承等问题而快速消亡,正如中国人说的"富不过三代",巴西人说的"富爸爸、贵儿子、穷孙子",意大利人说的"从牛棚到太空再到牛棚不过三代而已"。

2005年中华全国工商联合会编写的《中国民营企业发展报告》显示,家族企业是我国民营企业的主体部分。三百多万家私营企业中,90%以上是家族企业,在这些企业中,绝大部分实行家族式管理。据统计,全国每年新生15万家民营企业,死亡10万多家,有60%的民营企业在5年内破产,有85%的民营企业在10年内死亡,其平均寿命只有2.9年。

《中国家族企业发展报告(2011)》[中国民(私)营经济研究会家族企业研究课题组]对2010年全国私营企业抽样调查数据显示,若以广义家族企业定义,中国85.4%的私营企业是家族企业。4 309家私营企业的平均寿命约为9年。与1990年前后民营企业的平均寿命仅为3至5年、60%以上的企业在创办后不到5年就破产或倒闭相比,寿命虽已大幅提高,但与国际水平仍有较大差距。据20世纪90年代美国学者的研究统计,欧洲和日本的公司平均生命周期为12.5年。日本神户大学教授测算日本企业(会社)的平均寿命为35年。

在2014年7月8日"家族企业财富保全与传承论坛"上,中国中小企业协会公布的一组数据显示,我国家族企业的平均寿命只有24年,只有不到30%的家族企业能进入第二代,不到10%的家族企业能进入第三代,而进入第四代的只有大约4%。

中信银行私人银行与胡润研究院联合发布《2018中国企业家家族传承白皮书》,截至2018年1月1日,在大中华区的千万资产高净值家庭中,企业家的比例为60%;在大中华区的亿万资产超高净值家庭中,企业家的比例为80%。由此可见,企业家目前仍然是国内超高净值人群的主要构成部分,其中绝大多数是民营企业家,而家族型企业在民营企业中的占比超过80%。与此同时,一个不容忽视的现状是,在全球范围内,家族企业的平均寿命只有不到25年,家族企业中只有1/3能够传承到第二代,仅有不到10%能够传承到第三代,淘汰率高达90%。

建信信托与胡润研究院联合发布《2019中国家族财富可持续发展报告——聚焦家族信托》将"可持续发展"概念应用于家族财富管理领域。家族财富通过有序规划,实现长期稳定的发展,摆脱财富无法持续传承的困局,以求达到家族永续、基业长青的目标。

创立于1888年的"李锦记"已经走过一百二十余年,在其百年成长史上,曾两次因接班人的决策分歧让企业深陷难题,甚至因此关闭半年。第三代接班人李文达痛定思痛,探索出一个使家族企业持续发展的方法,即以契约制度保证家业的传承。有血缘关系的家族成员才能持有公司股份;下一代无论男女,只要有血缘关系就有股份继承权;董事局一定要由非家族人士担任独立董事;酱料和保健品两大核心业务的主席必须是家族成员,主席每两年选举一次;集团董事长必须是家族成员,CEO可以外聘。

对于是否接手家族生意,下一代拥有自主选择权。后代要进入家族企业,必须符合三个条件:第一,至少读到大学毕业,之后至少在外部公司工作3至5年。第二,应聘程序、入职后考核必须与非家族成员相同,必须从基层做起。第三,如果无法胜任工作,可以给一次机会;若仍无起色,将被炒。第四,如果下一代在外打拼有所成,"李锦记"需要时可将其"挖"回。

有亲情在,家族企业的纽带通常更坚韧,但往往会因为亲情和利益的纠缠,厘不清家族和企业的关系,使得家族企业很脆弱。家族是为企业服务的,而不是企业为家族服务。能够传承下去应该作为家族企业的终极目标,而不是满足于一时的利益所得。家族企业只有做好顶层设计和治理结构,理性处理亲情与利益的关系,才可以确保企业有延续、有未来、有传承。

能否"富过三代"不只是家庭、家族及企业的繁荣问题,实质上与产权、内部控制、法律制度安排多方面密切相关。因为家族制并不是导致企业"富不过三代"的根源,家族企业之所以短命,关键在于家族企业的治理模式与内部管控没有与时俱进,从而产生了重大问题。

据"胡润排行榜"统计,持续经营100年以上的企业中,日本企业最多。截至2017年年底,日本百年企业的数量已达到22 000家,堪称"百年企业的宝库"。其中,经营超过200年的企业超过了全球百年企业数的一半。成立于公元578年的寺庙建筑企业"金刚组",成立于公元705年的"西山温泉庆云馆",其经营时间均超过了1 000年。同属东方文化圈,日本企业为何能长盛不衰?一是不忘初心的企业传承,二是孜孜矻矻的品质管理,三是承前启后的信誉坚守。

据2016年统计,德国具有200年历史的企业多达837家,超过百年历史的企业已经上千。不少企业家总想着做大企业,但德国人却另有逻辑:小也可以强。在德国巴伐利亚州阿尔卑斯山的山脚下,有个不到8 000人的湖边小镇"瓦根"。1902年,有个叫罗西·魏克斯勒的村民在这里开始研制奶酪,创办了乳制品企业,并推出了"Bergader Edelpilz"奶酪品牌。1945年,罗西·魏克斯勒去世,他的女儿夏洛特·斯蒂芬接管了企业。她继承父业,经营有道,企业的生产规模越来越大。德国的一些家族企业之所以能传承百年而不衰,除了《私有财产保护法》外,与他们特别注重技术开发、市场和客户管理、全球市场开拓以及员工关系并且拥有比较务实、注重长远发展、致力打造产品质量的德式家族企业精神密切相关。

能较好地解决传承问题,需要具有前瞻性思维。如果子女没有能力经营,就应建立持续发展机制,唯才是举,广纳贤才,给经营者最大的发展空间。如果接班人有能力经营,则把企业精神传递给子女,发扬光大;同时,通过有效的教育方式,把子女打造成真正懂企业、爱企业的接班人。[1]

家文化的内核应该是"LOVE 文化",即"爱"的文化。从外延看,就是爱自己的企业、爱自己的团队、爱自己的客户;从内涵看,就是学习态度、执行能力、价值创造、效能评估(如图 10.4 所示)。

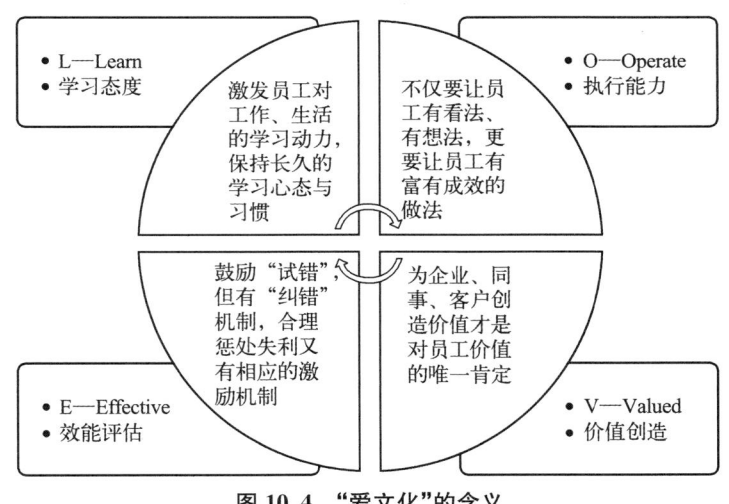

图 10.4 "爱文化"的含义

老法师提醒 10.2 | 警惕"螃蟹效应",遏制失态局面

"人"字一撇一捺,需要相互支撑,依靠团结协作形成合力。所以,要制止"三个和尚没水吃"的局面发生,警惕"螃蟹心理"对管控活动的干预。能力伯仲之间的管理者更需要克服"一山难容二虎"的心理,学会权力与责任对等和制衡。

用敞口藤篮来装螃蟹,一只螃蟹很容易爬出来。多装几只后,就没有一只能爬

---

[1] 摘自《德国家族企业为何能打破"富不过三代"的魔咒?》,《羊城晚报》,2018-4-28。

出来了,原因是螃蟹相互扯后腿,最终均未能"成功突围"。

"螃蟹效应"是很不道德的职场行为和伦理观念。藤篮中的螃蟹目光短浅,只关注个人利益而忽视团队利益,只顾眼前利益而忽视持久利益,相互内斗,进而整个团队会逐渐地丧失前进的动力,如此便会出现"1+1<2"的局面,而且随着"1"增加到 N 个,最终的能量"和"会远小于 N,从而出现严重的失控状况。

10.4.5 循环周转与持续运行

控制的全过程离不开信息及其各种变换,控制系统正是通过信息处理与信息反馈来达到控制的目的。小企业应当坚持持续运行,促使内部控制形成建立、实施、监督及持续改进的管理闭环,以确保内部控制五个要素同时存在并能持续运行,如此才能自强不息。

小企业可以通过内部控制五要素来分析相关风险存在的可能性并加以管控,将内部控制监督的结果纳入绩效考核的范围,促进内部控制的有效实施,从而形成管控闭环。

例如,在信息失控与信息化管控方面,我们可以进行如下调研并进行信息反馈:

控制环境:董事会或高管是否了解小企业信息风险的概况?是否了解如何应对不断变化的信息化风险?

风险评估:小企业及重要的利益相关者是否对其运营、报告以及合规目标进行评估,并收集信息以了解信息化风险对这些目标的影响?

控制活动:小企业是否制定了控制活动,包括信息系统一般控制,使小企业在风险承受水平内管理信息风险?该控制活动是否通过正式的政策和程序实施?

信息与沟通:小企业是否明确了信息化风险内部控制所需要的信息?是否已确定支持内部控制持续运行的内部和外部的沟通渠道及方案?如何发现风险事故,将如何应对、管理和沟通风险事件?

监督活动:小企业如何选择、制定和执行与信息化风险相关的控制设计及执行的有效性的评估?当缺陷被识别后,应如何进行沟通、优化并整改?小企业正在通过哪些措施来监督信息化风险?

在讨论、调研、分析每一个内部控制要素时,应展现各个要素之间是如何相互关联的,以及如何基于内外部信息开展持续的、动态的风险评估。通过从上述多角度分析风险,小企业可能会重新考虑如何应对变化来完善具体的控制手段,以减少信息化风险对小企业目标的影响,从而促使小企业将安全性、警惕性和可恢复性设定为信息化风险管理的优先目标。随着时间的推移、技术的发展以及黑客手段的日益成熟,网络风险可能变得更加难以管理。从现在开始,投入网络风险管理、优先关注信息监控具有战略意义。

有效的管控活动在于充分发挥内部控制各要素的作用并依据闭环管理或PDCA原理循环进行(如图10.7所示)。

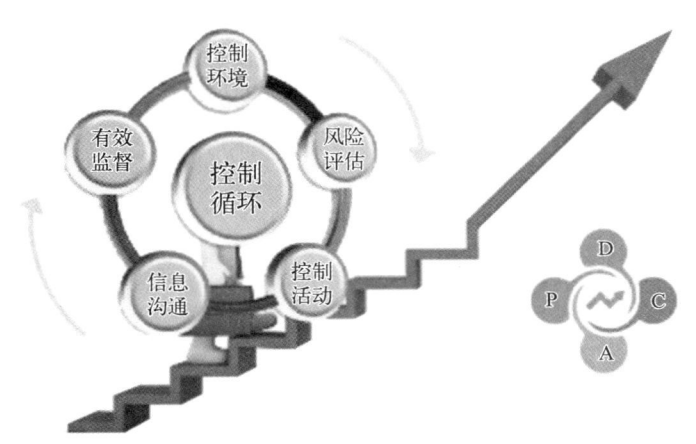

图10.5 内部控制五要素循环周转与整体运行机制

闭环也称反馈控制系统,是将系统输出量的测量值与所期望的给定值相比较,由此产生一个偏差信号,利用此偏差信号进行调节控制,使输出值尽量接近期望值。依据闭环管理所确定的闭环管理程序:一是确立控制标准;二是评价活动成效;三是纠正错误、偏差,消除偏离标准和计划的情况。PDCA循环是将管理分为计划(Plan)、执行(Do)、检查(Check)、处理(Action)四个阶段,这是管理工作的一般规律,是能使一项活动有效进行的一种合乎逻辑的工作程序。

总之,内部控制应当形成一个从建立、实施、监督到持续改进的管理闭环,以确保内部控制五个要素同时存在并能持续运行。为了持续运行内部控制,建立和实施适合小企业实际情况的内部控制体系进而强化内部控制长效运行保障机制是必不可少的。

———— 经典案例评析 ————

错误会使你变得与众不同吗?

从"草根"到全球知名的互联网公司,马云和阿里巴巴可谓传奇。马云认为,

小企业内部控制

"成功的经验不一定能带给创业者生机,但失败的教训能使人警醒"。成功的企业大多会有失误,关键取决于对失误的态度,能否从失败的教训中站起来。把失利的责任推给别人、推给外部环境,基本上很难再爬起来。犯过错误的企业认识到错在哪里,去思考如何改进,就仍有"回归"的可能。灾难中倒下去的企业,80%以上是自己犯错。

《这些年,马云犯过的错误》是著名财经作家吴晓波对马云成长观察研究的心得:马云的成功缘于他对失败的警惕性特别高。

马云是从小企业开始做起的,是从失败与教训中走过来的。"我用了7年才上完中学,人家用了5年。我想进重点初中、重点高中都失败了,考大学我失败了3次。然后申请工作,我失败了差不多30次。当年高中毕业想在肯德基找一份工作,24个人去了,23个人被录取,我是唯一没有被聘用的;我试着去考警察,5个同学去,4个被录取,我又是那个没被录取的;开始阿里巴巴创业时,我见了超过30个投资人,没有一个愿意投给我们。"马云说,自己犯了那么多错误,每一次失败、每一次被别人拒绝都是一次训练,是"错误"使他变得与众不同。

马云于1994年创立第一个机构——海博翻译社。第一个月收入700元,房租却要支付2 000元。马云独自背起麻袋去义乌,摆小摊养活翻译社。

1995年,马云意外地在美国西雅图接触到互联网,遂认定互联网是未来的方向。他回国后筹集了20 000元创立海博网络,并且启动了中国黄页项目。但是,与杭州电信合作后,双方产生分歧,马云决定放弃网站。

1997年年底,马云受邀担任中国外经贸部商务中心总经理,开始接触外经贸业务,马云做B2B网站的想法逐步成熟。1999年,35岁的马云决心南归杭州创业,开始自己的又一家创业公司——阿里巴巴,其是马云曾经犯过无数个错误后的"作品"。"我没料到这会改变我的一生,我本来只想成立一家小公司,然而它最后却变成了这么大的一家企业。"

很多人会觉得很多公司在初创时期缺少资金是最难熬的,甚至很多人会认为公司初创时,可供发展的资金越多越好。阿里巴巴也有这样的烦恼。创业初期,"十八罗汉"只凑出50万元,准备"烧"10个月。但没等"缺金少银"的困难期来临,创业当年阿里巴巴就拿到了高盛公司、新加坡亚汇基金管理有限公司、瑞典银瑞达集团、新加坡科技发展基金联合500万美元的投资,还获得了软银2 000万美元的投资。但巨额资金的投入逐渐让阿里巴巴有点分不清方向——阿里巴巴要"国际化",要"迁都",接着出现了各种"水土不服"的症状。到了2001年1月,经过一番折腾,阿里巴巴的账上只剩下700万美元。当时甚至有谣言称"阿里巴巴的模式就是"假大空'"。随着2000年后互联网泡沫破碎,马云发现"烧钱"模式并不是成功发展的路子。知错能改,迷途知返,经营管理一定要有自控能力,只有自控才能自强。

企业需要有钱,但钱不是必需的,不是钱改变世界。如果钱能改变,就没有我们的机会了。阿里巴巴在第一个10至15年存活下来的重要原因是"我们没钱",尤其是在第一个5年,所以每一分钱都花得很小心。大多数企业在泡沫时代阵亡了,不是因为他们没有钱,而是因为他们有太多钱。想要聘用大公司的优秀人才,如果公司并没有准备好,却请了比如跨国企业的专业人才,就等于是在"谋杀"自己。所以,当我们没有钱的时候,我们不会犯这样愚蠢的错误。最好的人才不是在外面,而是在企业内。

在马云看来,企业成功的经验各有不同,但失败的教训是相似的。"我最大的心得就是思考别人是怎么失败的,哪些错误是人们一定要犯的。"马云表示,做企业着实不易,"95%的企业倒下了",避免犯倒下的人犯的错误,"把错误变成营养",就能成为那幸存的5%。阿里巴巴想做102年的公司。

马云对失败问题很重视。他在一次演讲中提到失败时是这样说的:"我花时间最多的,是研究国内外企业是怎么失败的。这两年我给公司所有高管推荐的书,都是讲别人是怎么失败的。因为失败的原因都差不多,就是那么四五个很愚蠢的决定。"

失败不可怕,可怕的是重复同样的失败。失败是迈向成功的学费,但没有吸取教训,学费就白交了。比尔·盖茨认为:庆祝成功是好事,但汲取失败的教训更重要。

附：小企业内部控制规范(试行)

第一章 总 则

第一条 为了指导小企业建立和有效实施内部控制,提高经营管理水平和风险防范能力,促进小企业健康可持续发展,根据《中华人民共和国会计法》《中华人民共和国公司法》等法律法规及《企业内部控制基本规范》,制定本规范。

第二条 本规范适用于在中华人民共和国境内依法设立的、尚不具备执行《企业内部控制基本规范》及其配套指引条件的小企业。

小企业的划分标准按照《中小企业划型标准规定》执行。

执行《企业内部控制基本规范》及其配套指引的企业集团,其集团内属于小企业的母公司和子公司,也应当执行《企业内部控制基本规范》及其配套指引。

企业集团、母公司和子公司的定义与《企业会计准则》的规定相同。

第三条 本规范所称内部控制,是指由小企业负责人及全体员工共同实施的、旨在实现控制目标的过程。

第四条 小企业内部控制的目标是合理保证小企业经营管理合法合规、资金资产安全和财务报告信息真实完整可靠。

第五条 小企业建立与实施内部控制,应当遵循下列原则:

(一)风险导向原则。内部控制应当以防范风险为出发点,重点关注对实现内部控制目标造成重大影响的风险领域。

(二)适应性原则。内部控制应当与企业发展阶段、经营规模、管理水平等相适应,并随着情况的变化及时加以调整。

(三)实质重于形式原则。内部控制应当注重实际效果,而不局限于特定的表现形式和实现手段。

(四)成本效益原则。内部控制应当权衡实施成本与预期效益,以合理的成本实现有效控制。

第六条　小企业建立与实施内部控制应当遵循下列总体要求：

（一）树立依法经营、诚实守信的意识，制定并实施长远发展目标和战略规划，为内部控制的持续有效运行提供良好环境。

（二）及时识别、评估与实现控制目标相关的内外部风险，并合理确定风险应对策略。

（三）根据风险评估结果，开展相应的控制活动，将风险控制在可承受范围之内。

（四）及时、准确地收集、传递与内部控制相关的信息，并确保其在企业内部、企业与外部之间的有效沟通。

（五）对内部控制的建立与实施情况进行监督检查，识别内部控制存在的问题并及时督促改进。

（六）形成建立、实施、监督及改进内部控制的管理闭环，并使其持续有效运行。

第七条　小企业主要负责人对本企业内部控制的建立健全和有效实施负责。

小企业可以指定适当的部门（岗位），具体负责组织协调和推动内部控制的建立与实施工作。

第二章　内部控制建立与实施

第八条　小企业应当围绕控制目标，以风险为导向确定内部控制建设的领域，设计科学合理的控制活动或对现有控制活动进行梳理、完善和优化，确保内部控制体系能够持续有效运行。

第九条　小企业应当依据所设定的内部控制目标和内部控制建设工作规划，有针对性地选择评估对象开展风险评估。

风险评估对象可以是整个企业或某个部门，也可以是某个业务领域、某个产品或某个具体事项。

第十条　小企业应当恰当识别与控制目标相关的内外部风险，如合规性风险、资金资产安全风险、信息安全风险、合同风险等。

第十一条　小企业应当采用适当的风险评估方法，综合考虑风险发生的可能性、风险发生后可能造成的影响程度以及可能持续的时间，对识别的风险进行分析和排序，确定重点关注和优先控制的风险。

常用的风险评估方法包括问卷调查、集体讨论、专家咨询、管理层访谈、行业标杆比较等。

第十二条 小企业开展风险评估既可以结合经营管理活动进行，也可以专门组织开展。

小企业应当定期开展系统全面的风险评估。在发生重大变化以及需要对重大事项进行决策时，小企业可以相应增加风险评估的频率。

第十三条 小企业开展风险评估，可以考虑聘请外部专家提供技术支持。

第十四条 小企业应当根据风险评估的结果，制定相应的风险应对策略，对相关风险进行管理。

风险应对策略一般包括接受、规避、降低、分担等四种策略。

小企业应当将内部控制作为降低风险的主要手段，在权衡成本效益之后，采取适当的控制措施将风险控制在本企业可承受范围之内。

第十五条 小企业建立与实施内部控制应当重点关注下列管理领域：

（一）资金管理；

（二）重要资产管理（包括核心技术）；

（三）债务与担保业务管理；

（四）税费管理；

（五）成本费用管理；

（六）合同管理；

（七）重要客户和供应商管理；

（八）关键岗位人员管理；

（九）信息技术管理；

（十）其他需要关注的领域。

第十六条 小企业在建立内部控制时，应当根据控制目标，按照风险评估的结果，结合自身实际情况，制定有效的内部控制措施。

内部控制措施一般包括不相容岗位相分离控制、内部授权审批控制、会计控制、财产保护控制、单据控制等。

第十七条 不相容岗位相分离控制要求小企业根据国家有关法律法规的要求及自身实际情况，合理设置不相容岗位，确保不相容岗位由不同的人员担任，并合理划分业务和事项的申请、内部审核审批、业务执行、信息记录、内部监督等方面的责任。

因资源限制等原因无法实现不相容岗位相分离的，小企业应当采取抽查交易文档、定期资产盘点等替代性控制措施。

第十八条 内部授权审批控制要求小企业根据常规授权和特别授权的规定，明确各部门、各岗位办理业务和事项的权限范围、审批程序和相关责任。常规授权是指小企业在日常经营管理活动中按照既定的职责和程序进行的授权。特别授权是指小企业在特殊情况、特定条件下进行的授权。小企业应当严格控制特别授权。

小企业各级管理人员应当在授权范围内行使职权、办理业务。

第十九条　会计控制要求小企业严格执行国家统一的会计准则制度,加强会计基础工作,明确会计凭证、会计账簿和财务会计报告的处理程序,加强会计档案管理,保证会计资料真实完整。

小企业应当根据会计业务的需要,设置会计机构;或者在有关机构中设置会计人员并指定会计主管人员;或者委托经批准设立从事会计代理记账业务的中介机构代理记账。

小企业应当选择使用符合《中华人民共和国会计法》和国家统一的会计制度规定的会计信息系统(电算化软件)。

第二十条　财产保护控制要求小企业建立财产日常管理和定期清查制度,采取财产记录、实物保管、定期盘点、账实核对等措施,确保财产安全完整。

第二十一条　单据控制要求小企业明确各种业务和事项所涉及的表单和票据,并按照规定填制、审核、归档和保管各类单据。

第二十二条　小企业应当根据内部控制目标,综合运用上述内部控制措施,对企业面临的各类内外部风险实施有效控制。

第二十三条　小企业在采取内部控制措施时,应当对实施控制的责任人、频率、方式、文档记录等内容做出明确规定。

有条件的小企业可以采用内部控制手册等书面形式来明确内部控制措施。

第二十四条　小企业可以利用现有的管理基础,将内部控制要求与企业管理体系进行融合,提高内部控制建立与实施工作的实效性。

第二十五条　小企业在实施内部控制的过程中,可以采用灵活适当的信息沟通方式,以实现小企业内部各管理层级、业务部门之间,以及与外部投资者、债权人、客户和供应商等有关方面之间的信息畅通。

内外部信息沟通方式主要包括发函、面谈、专题会议、电话等。

第二十六条　小企业应当通过加强人员培训等方式,提高实施内部控制的责任人的胜任能力,确保内部控制得到有效实施。

第二十七条　在发生下列情形时,小企业应当评估现行的内部控制措施是否仍然适用,并对不适用的部分及时进行更新优化:

(一)企业战略方向、业务范围、经营管理模式、股权结构发生重大变化;

(二)企业面临的风险发生重大变化;

（三）关键岗位人员胜任能力不足；

（四）其他可能对企业产生重大影响的事项。

第三章 内部控制监督

第二十八条 小企业应当结合自身实际情况和管理需要建立适当的内部控制监督机制，对内部控制的建立与实施情况进行日常监督和定期评价。

第二十九条 小企业应当选用具备胜任能力的人员实施内部控制监督。

实施内部控制的责任人开展自我检查不能替代监督。

具备条件的小企业，可以设立内部审计部门（岗位）或通过内部审计业务外包来提高内部控制监督的独立性和质量。

第三十条 小企业开展内部控制日常监督应当重点关注下列情形：

（一）因资源限制而无法实现不相容岗位相分离；

（二）业务流程发生重大变化；

（三）开展新业务、采用新技术、设立新岗位；

（四）关键岗位人员胜任能力不足或关键岗位出现人才流失；

（五）可能违反有关法律法规；

（六）其他应通过风险评估识别的重大风险。

第三十一条 小企业对于日常监督中发现的问题，应当分析其产生的原因以及影响程度，制定整改措施，及时进行整改。

第三十二条 小企业应当至少每年开展一次全面系统的内部控制评价工作，并可以根据自身实际需要开展不定期专项评价。

第三十三条 小企业应当根据年度评价结果，结合内部控制日常监督情况，编制年度内部控制报告，并提交小企业主要负责人审阅。

内部控制报告至少应当包括内部控制评价的范围、内部控制中存在的问题、整改措施、整改责任人、整改时间表及上一年度发现问题的整改落实情况等内容。

第三十四条 有条件的小企业可以委托会计师事务所对内部控制的有效性进行审计。

第三十五条 小企业可以将内部控制监督的结果纳入绩效考核的范围，促进内部控制的有效实施。

第四章 附 则

第三十六条 符合《中小企业划型标准规定》所规定的微型企业标准的企业参

照执行本规范。

第三十七条　对于本规范中未规定的业务活动的内部控制,小企业可以参照执行《企业内部控制基本规范》及其配套指引。

第三十八条　鼓励有条件的小企业执行《企业内部控制基本规范》及其配套指引。

第三十九条　本规范由财政部负责解释。

第四十条　本规范自2018年1月1日起施行。